JN257769

IMPERIAL ECLIPSE

1945
予定された敗戦
ソ連進攻と冷戦の到来

小代有希子
Koshiro Yukiko

人文書院

1945 予定された敗戦——ソ連進攻と冷戦の到来

IMPERIAL ECLIPSE: Japan's Strategic Thinking
about Continental Asia before August 1945 by Yukiko Koshiro,
originally published by Cornell University Press
Copyright © 2013 by Cornell University
This edition is a translation authorized by the original publisher,
via The English Agency (Japan) Ltd.

目次

序章　「ユーラシア太平洋戦争」と日本

一九四五年一月以降、大本営は米軍の日本本土攻撃の可能性を「侵寇」と呼ぶ一方、ソ連軍の攻撃の可能性は「進攻」「来攻」と呼び両者を区別した。実はここに日本が見出した終戦への方途があった。第二次世界大戦の末期、日本人はこの戦争が終わったら東アジアはどのように変わるのか、その中で日本はどう復興できるのかと真剣に考え始めていた。従来の通史では、日本の指導者は日本の勝利を妄信し、国民も神風が吹くことを信じたまま、八月一五日に突然敗戦を迎えたことになっている。しかし、当時の軍・政府関係資料で、日本やアメリカの公文書館などにひっそりと保管されてきたものを今あらためて読み直してみると、必ずしもそうでないことがわかる。人々は、大戦の進展とともに急速に変化していく国際関係を冷静に観察し、日本の植民地の将来を予測し、何とか敗北した日本が生き残る可能性を考えていた。

こうした人々の思想や活動、そしてそういう人々がいたという事実自体が、日本人の戦争に関する記憶に存在しない。理由はいくつかある。戦争の歴史は勝者が描くもので、敗者は勝者が選択した事実を受け入れ記憶していく。日本の降伏後、アメリカは日本を単独軍事占領し、学校教育やマスメディアを総動員していわゆる「太平洋戦争史観」を日本に定着させた。日本が戦った戦争とは、勝てるはずのないアメリカを相手にした太平洋戦争のことで、当然の結果としてアメリカに負けた、という実に単純でわかり易いあらすじだ。しかもその話には続きがある。戦争で間違いを犯した日本は、罰としてアメリカに占領され、二度と同じ過ちを犯さないようにアメリカの指導のもと「正しい」国家に作り変えられ、平和な国になった、という「戦後史」の始まりだ。

日本が戦った戦争を考える場合、「太平洋戦争史観」の枠内に入りきらない出来事は山のようにある。一九三一年九月の満州事変に端を発する日中戦争、一九四五年八月九日未明に起こったソ連の対日参戦、そして南洋群島から台湾、朝鮮、南樺太に至る大日本植民地帝国の崩壊など、アメリカの勝利というだけでは説明ができないものばかりだ。ところがこうした出来事は、戦後日本人が覚えていかなければならない戦争の記憶から消えてしまった。アメリカ占領軍の圧倒的存在感を目の前にして、日本人は「太平洋戦争史観」のみを受け入れた。アメリカ軍を相手にして何と無茶な戦争をしてしまったものか、と反省するほうがアメリカによる占領の事実は受け入れやすい。日本植民地帝国がなぜ崩壊してしまったのか、日中戦争の結果はどうなったのかといったことは、アメリカ占領中に全く考えないことになった。

戦後日本とアメリカの外交関係が安定するにつれ、太平洋戦争以前の日本史解釈にも変化が起こった。つまり、マシュー・ペリーの黒船が来たときから、日本はアメリカと運命をともにしていく関係にあったのではないか、日本とアメリカとは互いに一蓮托生なのではないか、と人々は考えるようになった。「太平洋戦争におけるアメリカの勝利」の事実が、日本の近現代史自体を江戸末期にさかのぼって上書きし始めたのだ。

そもそも日本の戦争とは、植民地帝国の興亡をかけた戦いであった。パール・ハーバー攻撃まではアジア大陸が主戦場だった。戦争中の日本人は、これらのことを十分に承知していた。アメリカとの戦争が始まってから、日本の戦場は、アジアからヨーロッパにまたがる大陸に南太平洋も加わった「ユーラシア太平洋戦争」と呼ぶべきものになったのだ。日本人は、太平洋方面でのアメリカ軍との戦いのみを考えていたわけではない。中国大陸と太平洋の両方の戦場を経験した日本兵は少なからずいた。一九四四年春以降から日本統治下の南洋群島では、アメリカ軍を迎え撃つために、関東軍の兵士がサイパンやパラオ、ペリリュー島に配備された。

ドイツとの枢軸同盟が日本にとって重要であった限り、日本の軍・政府の指導者たちはヨーロッパの戦況を見極めながらアジアと太平洋における戦略を立てなければならなかった。ヨーロッパの戦場で、アメリカとソ連が意見を異にする様子が明らかになった頃、アメリカは戦後のアジアにも関わってくるつもりなのだろう、そのときソ連はどうするのだろうかと考えるようになった。日本が中国で戦っていく中で、蔣介石が率いる国民党と毛沢東が指導する共産党の内戦の行方を同時に考えていくことも、必要不可欠となった。この戦争が終わり日本がアジアの盟主でなくなった後、日本に取って代わるのはソ連だろうか、アメリカだろうか。どちらの国が満州、朝鮮を手に入れるのだろう。そうなった場合、全てを失った日本はどうなるのだろう。このように日本人は、大戦中に出現した新しい難問に取り組みながら、戦後の見取り図を何とか作成しようとしていたのだ。

戦後の日本にとってアメリカの影でずっと日陰のような存在になってしまったのが、ソ連である。二〇世紀の初頭から日本が植民地帝国を建設し拡張していく際、北方にそびえるロシア・ソ連の脅威も絶対に無視できないものだった。ソ連は脅威であると同時に、日本に西欧文化と共産主義を伝える師でもあった。戦前の日本人が東アジアの新秩序を構想していたとき、ソ連についてはアジアの構成員とごく自然に考えていた。

それに比べて、太平洋を隔て日本から八〇〇〇キロ以上離れたアメリカは、地理的にも人種・文化的にもアジアとの接点がない。それだけでなくアメリカは日本移民排斥政策をとって、そもそもアジアと関わらない姿勢を明確にしていた。アメリカがアジアに本格的に介入する姿勢を見せるようになったのは、第二次世界大戦末期からだ。それゆえ太平洋戦争を戦いながら、アメリカが戦後アジアの再建にどう関与してくるつもりなのかを予想するのは難しかった。

戦後七〇年を経た今、日本人が忘れてしまった戦争の本質とその克服に取り組む日本人の姿を再構築する意義は大きい。アメリカという一つの敵しか存在しない「太平洋戦争史観」から得た敗北感は、戦後日本復興の原動力になった。しかし大戦中の日本は、アメリカのみと南太平洋の島々で戦っていたわけではない。日本が戦った複数の敵とその戦場を思い出す必要がある。そうすれば、そこから抜け出そうとする指導者たちの戦略思考も、戦後日本を復興させる手がかりになったことがわかる。

戦前の日本人が思い描いていた世界地図では、日本海の向こうにユーラシア大陸が圧倒的な存在感で横たわっていた。日本にとって生命線であった朝鮮半島から中国東北部一帯と、さらにその向こうにそびえるソ連が、はっきりと感じられた。戦後日本人が思い描くようになった世界地図では、ユーラシア大陸自体が消えたようになってしまい、その代わり、イメージの中ではさほど広くない太平洋とその向こう岸のアメリカばかりが目立つようになった。その後、環太平洋地域という新しい地域分類も登場したが、なぜかアメリカが中心的存在となっている。日本人にとって、自分の国の両側に広がるユーラシア大陸と太平洋の両方を同時に、同じくらい重要に感じることはまだ難しいのだ。

日本人が戦った最後の戦争を思い出すにあたってもう一つの問題がある。これまで日本や海外の研究者が行ってきた第二次世界大戦・太平洋戦争研究では、日本の指導者が戦争末期に立案した世界戦略を考察するものは非常に少ない。既存の研究では、ソ連が中立条約を破って一九四五年八月に対日参戦してくることを、日本の指導者は全く見抜けなかったという定説ができており、そこから当時の国際政治の分析の甘さを批判するのが常套である。

しかし一九四四年秋頃には、日本政府と大本営はともに、ソ連がやがて日ソ中立条約を破って対日参戦してくると確信していた。ソ連が中立条約を必要とするのは、ドイツを倒すためにヨーロッパ戦線に全力を尽くしたいからであって、いったんドイツを打倒してしまえば、極東戦線に兵力を動員してくるはずだ。日本の指導者はこう見ていた。日本政府はアメリカとの和平仲介をソ連に依頼しようとしたが失敗した、というエピソードは、戦時中の日本政府の読みの甘さを証明するものとして有名である。確かに日本政府はソ連とそのような外交交渉を行っていた。しかしその最中にも日本の指導者は、ソ連が着々と対日参戦の準備を始めている兆候をさまざまな方面からの報告で入手し把握していたのだ。

日本の指導者たちがソ連の対日参戦は当然と考えながらも、それを阻止するための積極的な手を打たなかったことには、いくつかの理由がある。日本は一九三〇年代半ばから中国や満州国、朝鮮などで展開される抗日独立運動の本質を見極めようとしていた。そしてソ連とアメリカが彼らに与えている援助についても、さまざまな調査から把握していた。その結果、東アジアの抗日革命勢力の間には、アメリカよりソ連の影響力のほうが深く浸透していることを知っていた。つまりソ連がアジアに勢力圏を拡げることは止められない、と覚悟していた。

ソ連自身が一九四四年末頃から、ドイツを倒した後のヨーロッパの国際政治において存在感を確立しようと野心を示すようになり、同じ目的を持つアメリカと互いを牽制しあうようになっていった。この二国の間に高まる競争意識については、大戦が終わらないうちから世界中が気づき始めていた。ソ連が対日参戦して日本を降伏させた後、東アジアにもリーダーシップを確立させようとするなら、アメリカがそれを黙って見過ごすはずがない。大日本植民地帝国の処分をめぐって、ソ連とアメリカは互いの野心を抑制しあうはずである。その結果、東アジアの戦後に勢力均衡が生じるなら、戦後日本はそうした状況を利用して何とか復活を図れるのではないか。日本の指導者たちは、こう予測したのだ。

つまりこういうことだ。ソ連が対日参戦してくれれば、アジア太平洋方面の戦争もアメリカの一人勝ちでは終わらない。そうすればアメリカが日本に代わる覇権国家としてアジアを支配することはできなくなる。そうした状況こそが敗北した日本が立ち直るチャンスと見たのだ。当時の日本の指導者の手記、覚書、作戦要綱などには、このような思考過程がはっきりと記されている。

ソ連の対日参戦が東アジアの秩序にもたらしうる変化と、それが日本の戦後復興に与えうる「価値」について考察分析が始まったのは、ちょうど日本政府が最高戦争指導会議を設置した頃にあたる。サイパンがアメリカ軍に陥落した一九四四年七月、政策・軍事指導の両面で行き詰まった東条英機内閣は倒れ、かわって朝鮮総督だった小磯國昭《こいそくにあき》が内閣総理大臣となった。小磯は一九三一年三月、軍部独裁政権を打ちたてようとするクーデター未遂事件に関与していたことが原因で、軍や裕仁天皇、さらに木戸幸一内大臣などの不審を買っており、決定力を欠く内閣と揶揄されていた。そうした状況下の一九四四年八月四日、大本営政府連絡会議を改称して新たに設置されたのが、最高戦争指導会議である。

大本営とは、戦時において陸海軍を支配する最高統帥機関で、政府側の文官は総理大臣といえども含めないのが決まりだった。ところが日中戦争が勃発した数ヵ月後の一九三七年十一月、軍と政府間が意思疎通を促すために、大本営政府連絡会議を設置した。その後戦局が悪化するにつれて、軍も戦争指導に関して政府との緊密な協力関係を強化しなければならなくなった。それで小磯内閣組閣をきっかけに最高戦争指導会議が設置されたのだ。[1]最高戦争指導会議の構成は、参謀総長、軍令部総長、首相、外務大臣、陸軍大臣、海軍大臣の六名からなり、後に連合国からは「ビッグ・シックス」（Big Six）と呼ばれた。会議には必要に応じて他の国務大臣や参謀次長などを列席させ、重要案件の審議に際しては天皇が臨席し「御前会議」（天皇列席の閣僚、軍部首脳合同会議）の名称で会議を行った。

こうして政府と大本営が情報を共有しながら戦争指導を行っていくようになると、彼らが策定した戦争指導は、起案した部署がさらなる研究を行い、部内外の担当部署と作戦のより踏み込んだ調整を行うことも可能になった。[2] 戦争指導のあり方に、このような構造的変化が起こったことで、ソ連対日参戦の可能性を検討する際、軍事戦略面のことだけでなく、それが戦後アジア全体のあり方に及ぼす政治的・外交的影響までをも複合的に考えることができるようになったのだ。

大戦末期にも、日本はかなり能動的に世界政治の動向を観察し、戦後国際秩序のあり方を予想し続けていた。しかし先に述べた「太平洋戦争史観」が戦後の日本に定着していけばいくほど、大戦中に指導者が下した判断は全て愚かしいものという解釈が「史実」となってしまった。極東国際軍事裁判（以下、東京裁判と略す）で下された「勝者の裁き」は、そうした「史実」に対して戦後最初に信憑性を与えたものである。東京裁判は、戦時中の日本の指導者たちを、迷走するばかりの非合理的なアジア主義者で、国民を破滅の淵へと追い立てたと断罪した。

「迷走する日本の指導者」というイメージは、アメリカによる原爆投下の正当化にも役立った。彼らは日本の優秀性を狂信していたため、勝てるはずのない戦争をあきらめて降伏するという理性的決断ができずにいた。そこでアメリカは、原爆というショック療法を施して日本に降伏を強いた。さもなければ米軍は、日本を降伏させるために本土上陸をせざるを得ず、地上戦が行われたら、日本は原爆以上に壮絶な破壊を免れなかったはずだ。このような話は、ハリー・トルーマン大統領が原爆投下を決意した真意として一九四七年にアメリカの雑誌に発表されて以来、またたく間にアメリカ史の定説となった。つまりアメリカが原爆投下を正当化するためには、日本の指導者に考える能力があっては不都合だったのだ。

一九六〇年代のアメリカには、トルーマンが原爆を使用したのは、ソ連を牽制して戦後世界の指導権を確保するためであったという修正主義的解釈が登場し、それを支持する人々は当時激化する冷戦下の核兵器競争を非難した。しかしこうした修正説にしても、日本の指導者の思惑については東京裁判記録の英語翻訳版に依拠し続けたので、彼らの国際情勢判断は間違っていたという「史実」は変わらなかった。[3]

日本の指導者も、大戦中に自分たちが描いた世界観や戦略について、東京裁判では語らなかったし、それらを戦後の世界に伝えようとしなかった。それどころか、あえて伝えないように努めた。ポツダム宣言を受諾して降伏する直前、日本政府や軍は、大戦中に作成した公文書を大量焼却廃棄することを決めた。来るべき戦犯裁判を意識して証拠物件を消そうとしたためとされているが、それによって彼らの戦略思考自体を存在しないものとして隠滅・消去しようとしたのだ。

広島に原爆が投下された翌日、そしてソ連参戦の一日前の八月七日、外務省は「外務省記録文書は、その内容の如何を問わず、如何なる事態においてもこれらを第三者の手に委ねることがあってはならない」という命令のもと、大戦に関する文書の処分を開始した。[4] 焼却には、中国関係の文書が筆頭で、次にソ連関係、枢軸関係の文書と優先順序をつけた。参謀本部も、全陸軍部隊に対して機密書類処分命令を下した。市ヶ谷台で文書の大量焼却が始まったのは八月一四日午後だったので、軍よりも外務省のほうがもっと早期にかつ迅速に行動したことになる。内務省に関しては、戦後誰にどういう迷惑がかかるかわからないのでかまわず全てを燃やしたという。

不思議なことに、処分せずに公式記録として戦後に残した戦争指導関係書類や外交文書のほとんどは、戦時中の軍と外務省の失態を強調するような内容であった。大戦中の日本政府や日本軍が戦争の進展状況に関していかに間違った判断を繰り返したか、といった失態を証明する資料ばかりが戦後に残った。日本の指導者側についても、降伏する以前から戦争の歴史についての書き換えを始めたようだ。

重要文書が指導者自らの手で処分されてしまったとはいえ、政府・軍・外務省・植民地総督府などが戦時中に行っていた国際情勢分析、戦略思考などの実態を知る手立てはある。防衛研究所や外交資料館、さらにアメリカ議会図書館などには、一見そうとはわからないようなカタログ・タイトルをつけられて、さまざまな資料が保管されている。さらに戦時中発刊された雑誌や新聞には、当時の国際政治を冷静に分析したり、急変する世界情勢の中で戦後日本が存続し続ける可能性を考察した論文が、相当数発表されている。そうしたバックナンバーは隠蔽も捏造もほどこされずに、日本各地の図書館書庫に保存されており、誰でも読み返すことができる。

使用し尽くされた感のある資料も、注意深く読み直すと見落としていた事実が見つかる。既成概念を持って資料にあたると、探したいことしか目に入ってこず、なじみのない事項は無意識にその存在を拒絶してしまう心理作用が原因だ。例えば最高戦争指導会議の記録については、一九六七年に出版された『敗戦の記録』という資料集に、加除訂正なしの原文書が収められている。この記録をていねいに読むと、最高戦争指導会議ではつねにソ連参戦の可能性が検討されていたことがわかる。一九四四年八月から終戦まで計四回、天皇が臨席する「御前会議」が開催されているが、一九四五年六月八日の記録によれば、ソ連がやがて対日参戦してくること、それを防ぐ手立てが日本にはないことを、東郷茂徳《とうごうしげのり》外務大臣が天皇の前で論じている。[5]

実際の戦闘部隊への命令であった「大陸命」「大陸指」にもソ連が対日参戦することを前提とした命令が散見される。実は「大陸命」「大陸指」の原本にも、一九四五年八月十四日に焼却指令が出されたのだが、参謀本部作戦課が大陸命・大陸指綴を焼却せず、アメリカの占領が終了するまで複数の個人宅で秘密裏に保管していたため、戦後にその実態を残すことができたのだ。[6] 一九三七年から一九四五年八月まで、大本営は合計一三九二の大陸命を伝宣したが、一九四五年五月以降、朝鮮、中国、満州などでソ連の対日参戦が起きた場合の作戦が着実に準備されている。[7]

大本営陸軍部第二〇班（戦争指導班）による業務日誌『機密戦争日誌』は、戦争指導上の国策事項の決定経緯を網羅した、非常に貴重な資料といわれる。敗戦にあたり、大本営内各部課が作成していた業務日誌の多くも焼却されたが、この日誌も秘かに隠匿されて今日まで保存された。

日誌は担当者が交代で執筆したもので、個人的見解や感情が前面に表れる記述も少なくないため、この日誌は大本営公式記録ではないという批判もある。しかし作戦指導班は小規模ながら、長期的、総合的な観点から戦争指導や国防国策の企画・立案を行う任務を負い、しかも大本営政府連絡会議や最高指導会議に提出する議案の作成・審議にも参画していた。さらに陸海軍省、軍令部、外務省などの担当部局との折衝も行い、政治・外交・経済問題にも関わっていたのだ。[8] 一九四〇年六月から一九四五年七月までの時期、大本営が国際政治の分析、とくにアメリカとソ連の動向に大きな関心を払っていたことがわかる。[9]

戦時中出版されていた学術専門誌、一般雑誌、新聞には、率直な戦局の考慮、大胆な国際政治分析が掲載されることは珍しくなかった。日本国内の共産主義の動向は検閲対象であっても、国外の共産勢力の活動を報道すること、肯定的に批評することは問題なかったようだ。戦後の国際社会はどう変わるか、ソ連は戦後世界の指導権をどの程度握るだろう、その中で日本はどう生きていくべきか、といった問題を論じる論文や社説が堂々と掲載されている。国際情勢報道の正確さ、緻密さは、戦時中の新聞に掲載されていたと思えないほどのレベルだ。

これら戦時中の出版物は、これまであまり戦争研究に使われることがなかった。大戦中の検閲は全てのメディア、活字の内容を愛国・国粋主義と日本必勝に塗り替えてしまった、というイメージがまかり通ってきたので、戦争中に出版された国際政治に関する論文、論説、エッセイなどはさぞかしレベルが低く、およそ研究対象になり得ないと研究者たちは思い込んでしまったのだろう。戦時中の出版物は、当時の思考をそのまま裏付ける雄弁な証言者だ。むしろ戦後、「言論の自由」の原則のもとに出版編集された戦争指導者たちの自伝、回顧録、エッセイなどのほうが、戦後作り出された「太平洋戦争史観」に合致するように、わざわざ過去の事実を書き直した形跡さえ見られるのだ。

戦争末期になると、雑誌類は入手困難を極め、購読者は決して多くなかったにしても、新聞は毎日配達されていた。新聞をていねいに読んでいたなら、国際事情に関しては、今日の常識で評価しても驚くほど詳しく正確な情報を入手することができた。戦後の通説では、日本政府はヤルタ会談でヨシフ・スターリンとフランクリン・ルーズベルトの間でソ連の対日参戦に関する密約が交わされたことを知らず、最後までソ連が日米和平を仲介してくれるだろうと甘い計算をしたことになっている。ところが『朝日新聞』一九四五年二月一日付の紙面には、アメリカ、イギリス、ソ連の三国代表が地中海地域または西ヨーロッパの地で会談を行うことになっているが、ソ連の動向に注目しなければならないと論じる記事が掲載されている。

当時ヨーロッパの戦線で、ソ連軍はドイツを降伏させるために最後の力をふりしぼって猛攻勢をかけていた。こうしたソ連の大活躍を目の当たりにして、アメリカもスターリンに一目置かざるを得なくなっている。つまりスターリンは、この三国会談を自国に有利に進める切り札を握っているに違いない。この記事はこのように解説して、アメリカとソ連が、ドイツと日本に対する戦いを終わらせるために何らかの政治的取引を行う気配があり、アメリカがソ連に何を約束するのか、日本としてはぜひ警戒すべきだと伝えているのだ[10]。

ヤルタ会談が終了した数日後の『朝日新聞』一面には、同盟通信社リスボン支局発の次のような記事が掲載された。

会談の広報においては、日本に関する事項は一言も触れられてないが、国際消息筋の間では対日問題、特にソ連の対日態度が重要な問題になったに違いないとの憶測が有力である[11]。

ヤルタ会談で、アメリカのルーズベルトと、ソ連のスターリンが日本降伏に関して何らかの合意に達したであろうことは、秘密でも何でもなかった。新聞が一般市民に伝える公の情報だったのだ。そしてこうした記事を読んだ一般市民も、ソ連はやがて対日参戦してくるのでないか、と考えるようになっていったとしても不思議ではない。

通説では、戦争終盤に向かう日本の庶民は「一億玉砕」を叫び、アメリカ軍が実際に上陸してきたら、婦女子も含めて竹槍で敵を迎え撃つよう訓練を受けていた。しかし全国紙は、必勝をめざす勇ましい日本軍の戦いぶりを繰り返すのと同じ紙面で、このように正確な国際情勢ニュースも同時に一般市民に伝えていたのだ。一般市民がこうした国際状況を確かに把握していた証拠はある。

大戦末期に特高や憲兵が内務省に提出していた全国各地の治安状況記録を読むと、普通の一般市民がヨーロッパ情勢を論じ、スターリンと蒋介石の関係を考え、アメリカの世界戦略について批判したりしている。そして戦後日本はどうなっていくのだろう、どの国に降伏したら一番よいのだろうと論じている姿が、そこには鮮明に浮き上がってくるのだ。戦後七〇年間、語り継がれてきた戦争の歴史には存在しないような「考える人々」は、確かにいたのだ。

戦後つくられた日本の戦争の歴史に欠けているもう一つ重要な要素は、明治以来日本が国運をかけて建設し、最後にはその全てを失った大日本植民地帝国の存在だ。十九世紀末から日本が戦ってきた戦争は、どれも新しい植民地を獲得するきっかけになった。台湾、樺太の南半分、朝鮮、ミクロネシアの島々は、欧米列強の承認を受けて日本の植民地となった。植民地を所有することは、政治・経済・社会・文化面の近代化を果たした強国のみが手に入れることができる帝国主義的特権であり、日本は非西欧世界の一員として唯一、そうした欧米列強の仲間入りを果たした国だった。

ただし日本の国家的地位は、欧米諸国と全く平等ではなかった。英米アングロ・サクソン系白人を最優位とする人種階層が、世界政治における力関係も定義する限り、日本はどれだけ物理的な近代化を果たしても、欧米諸国と対等な同盟国とは見なされず、不利な状況に追いやられてしまう――日本の指導者たちは、このように焦った。国内にも、英米との協調路線を軟弱と批判する声が高まると、ついに、アメリカ・イギリスという当時の二大大国との協調路線を日本は捨てて、アジアにおいて欧米の干渉排除をめざすようになる。そして日本がアジアに植民地帝国を拡げ、アジアのリーダーとなって地域を豊かにし発展させていくという壮大なビジョンに従って、単独行動をとっていくようになったのだ。

十五年戦争の長い過程は、一九三一年の満州事変から始まった。その結果、関東軍が建国した満州国を認めない国際連盟から、日本は脱退した。欧米列強が所有するほど広大な植民地帝国を持たない日本にとって、自国の一・五倍の面積を持つ満州国は、生存していくために絶対に必要な生命線と定義された。満州国は、中国大陸に日本の勢力圏をいっそう拡げるための基地でもあり、ソ連の脅威から日本を守る防壁でもあった。さらに、万が一アメリカと戦うことになれば、満州の豊かな資源が日本軍に供給されることも期待された。満州国建設が、日中戦争、太平洋戦争へと至る過程の始まりとなったのだ。

一九三三年五月、関東軍と蔣介石の中国国民政府軍の間に、塘沽《タンクー》停戦協定が締結され、満州事変以後存在した緊張状態はいったん収束する。しかし一九三七年七月の盧溝橋事件をきっかけに、日本と中国は全面戦争に突入した。ところがこの後日本は蔣介石の国民党軍だけでなく、毛沢東が率いる共産党軍も相手に戦うようになり、日本が中国で戦う意味はどんどん多元化していった。

日本軍は、国民党と共産党両方に対して、スパイによる情報収集、通信傍受情報収集を行い、彼らの究極の目的が何なのかを研究した。支那派遣軍の特務機関、特殊情報班の他に、華北地域の侵攻作戦と占領統治を行った北支那方面軍が暗号解読を手がけた。[12] 北支那方面軍は、中国の農民が共産党を支持していることに注目し、国民党と共産党の内戦がやがては共産党の勝利で終わり、毛沢東は混乱した中国の統一に成功すると予測するようになった。彼のアメリカ・ソ連を相手にした外交手腕も観察し続け、彼が果たして中国を中国人の手に取り戻すことに成功するかを見極めようと、終戦直前まで努力を続けた。

朝鮮総督府、さらに朝鮮を管轄していた日本陸軍も、朝鮮人による独立運動の傾向と派閥を詳細に研究し、定期的に報告書を作成し続けた。ソ連やアメリカが朝鮮半島の支配に関心を強めていくかどうかの動向の観察も怠らず、さらに中国の蔣介石と毛沢東がそれぞれ抱く朝鮮への関心の強さにも注意を払い、日本が去った後の朝鮮はどうなるか予測をやめなかった。

植民地帝国を守り、さらに拡大させるために始めた戦争であったが、日本政府と大本営は戦況の悪化に伴い、植民地帝国が崩壊した後のことを考えるようになった。日本敗北ののち出現しうる東アジアの新しい国際情勢の中で、全てを失った日本はどう生存していけるのか戦略を練ったのだ。そうした青写真にソ連を含めることは必要不可欠だった。この発想だけは、戦後日本を占領支配するアメリカには知らせたくなかったのではないだろうか。

日本の戦争というのは、異なるイデオロギーと文化を背景に、性格の異なる複数の国と同盟を結び、共通点のない複数の敵を相手に戦っていた面があった。「太平洋戦争史観」によれば日本の戦争は「アジアの盟主日本」対「西欧の新リーダー、アメリカ」、「有色人種」対「白人」、「ファシズム」対「デモクラシー」といったわかり易い対立構造を持っていたことになっている。しかし実情はそのように単純明快ではなかった。

ソ連とアメリカは、連合国として同盟を組みながら西欧の新リーダーの場を争っていた。アメリカは、日本の植民地帝国を解体した後、南洋群島や朝鮮に即時独立を認める気は全くなかった。一方、アジアの盟主を名乗る日本であったが、中国の毛沢東もアジアを真の解放に導く理想に基づいて内戦を戦っていたことを承知していた。また日本はアングロ・サクソンの欺瞞を批判したが、満州国における白系ロシア人に関しては、「五族協和」の理想を具現化する貴重な存在とみなしていた。

日本の戦争の名称は「十五年戦争」「大東亜戦争」「日中戦争」「太平洋戦争」「第二次世界大戦」「日米戦争」「日ソ戦争」そして「アジア太平洋戦争」などと、統一性なく呼ばれてきた。これは「太平洋戦争史観」の圧力を受け入れながらも、さまざまな日本人が広大な戦場におけるさまざまな経験と思い入れを記憶し続けてきた証明でもある。しかし太平洋戦争をのぞく日本の戦争の実情——とくにそれぞれの戦場における日本の敵、味方、目標——は、未だに混沌としたままだ。そのために、そうした戦争がどのように終わったのか、そしてどのように戦後が始まったのかという理解と記憶もぼやけたままで、戦後七〇年が経ってしまった。しかしこれは日本人だけの責任ではない。戦後の国際社会もまたアメリカ主導の「太平洋戦争史観」を鵜呑みにして、日本の戦争を「悪」とひとくくりにし、マクロ的な世界史の文脈に位置づけて理解することを怠ってきたのだ。

「十五年戦争」という名称はアジアにおける日本の侵略が満州事変以来の長きにわたって行われたことを示し、「第二次世界大戦」という名称を使えば、日独伊三国同盟によって日本の戦争がヨーロッパの戦争に深く連結したことを強調できる。「太平洋戦争」という表現だと、日本の最大の敵アメリカが戦後唯一の同盟国になったという一九四五年以降の時系列のほうが即時に浮かび上がるし、

「日中戦争」なら、中国だけでなくアジアの他地域でも日本が犯した軍事侵略の罪をあぶり出し、アジアに対する日本の謝罪と償いという重い課題がのしかかってくる。

一九四五年八月九日未明に始まった「日ソ戦争」は、戦後長い時期タブーとなっていた戦争で、一九九一年のソ連崩壊後にようやく日本でも本格的に研究が始まったものだが、これが日中戦争、太平洋戦争、さらに第二次世界大戦の大きな文脈においてどのような位置を占め、どのような役割を果たしたのか、簡潔に説明できる人は多くはいまい。

一九九〇年代、日本の戦争の二重性を表現できる「アジア太平洋戦争」という名称が登場したが、これではヨーロッパの戦場とソ連は全く不在となってしまう。いっそ日本が戦った戦争を「ユーラシア太平洋戦争」と呼ぶほうが、日本が戦略的考慮をほどこした地理的範囲を全て網羅できる。実際日本の戦争というのは、アジアや太平洋などの局地的戦争として理解することは不可能で、二〇世紀世界史の大きな流れの中で戦われたものだったのだ。

戦後長い間このことに気がつくことができなかったのは、アメリカが主導する「太平洋戦争史観」が日本の戦争の記憶から、植民地帝国を、そしてソ連を、見えないところに押しやってしまったからだ。日本の戦争からソ連の存在を消し去ってしまったことで、日本の戦争の話はかなり簡潔になった。しかしソ連こそが、日本の植民地帝国存続のカギを握る切り札的存在であったこと、そしてそのことを日本の指導者たちも十分自覚していたことに注目し直さないと、日本がどのように戦争を戦ったのか、その実態を思い出すことは不可能だ。ソ連との関係を軸に、日本が中国、アメリカと戦った戦争を俯瞰してみて初めて、日本の戦争というのは、避けられない植民地帝国の興亡とその後生き残る術を確保する戦いだったことがわかる。

戦後アメリカによる単独軍事占領のもと、日本の人々はアメリカに負けたことだけを反省する「戦後」を歩み始めた。敗戦から数えてわずか十一年目の一九五六年、内閣府は『経済白書』においてもはや「戦後」は終わったとのべた。一九八九年に昭和の時代が終わったときも、天皇の逝去とともに「戦後」も終わったと感じた人々は少なくなかったのでないか。しかし日本の戦争は、その複雑な正体を明らかにすることがないまま現在に至り、その負の遺産は今もアジア各地で膨れ上がっている。正体がつかめないものは、終わらせることはできないし、その遺産を処理することもできない。

戦後日本は奇跡の復興を遂げた。だがもしそれが戦争末期の生き残り戦略と関係していたとしたら、日本人はそれを恥じるべきか、誇るべきか。侵略を始めた当事者が、大戦中に出現したアメリカとソ連の競争関係に乗じて、何とかして生き残ろうとした。そしてそれに成功して、ユーラシア大陸に造った植民地帝国のことは全て忘れて、太平洋中心の世界で生まれ変わって戦後の経済発展に専念した。この変わり身の早さは、あまりに身勝手だったといえようか。「太平洋戦争史観」に沿えば、パール・ハーバーで一度は裏切ったアメリカに戦後追従していくことが、日本にとって戦争への贖罪を意味した。より広範囲で複雑だった日本の戦争におけるソ連と植民地の記憶を再生し、日本の生き残りをかけた戦争末期の戦略構想をも再生し、日本はどのように戦争を終わらせて戦後を歩み始めたのかを理解することが、「太平洋戦争史観」を克服して真の「戦後」を始める第一歩となる。

第1章 アメリカより身近な隣国——戦前日本のソ連認識

第二次世界大戦後、日本はアメリカの対アジア安全保障戦略の要となり、経済上の最重要パートナーにもなった。在米日本大使館のホームページでは、日本とアメリカのように戦争を戦い終えるや否や強力な同盟を結んだ国というのは世界史上見当たらないと、戦後の日米友好を誇っている。大戦中、アメリカの指導者の間では、日本人は基本的に反共産主義的なので、ロシア人よりアメリカ人のほうを絶対に好むはずで、敗戦したらアメリカに接近してくるはずだ、という自信があった。そして結果的にその予想は当たったようである。

しかし戦前の日本人にとって、ソ連はアメリカよりはるかに身近で大きな存在だった。そもそもソ連は、地理的に日本に最も近い西欧の国である。戦前の日本人にとっては、太平洋の向こうのアメリカ大陸よりユーラシア大陸のほうが、心理的にも文化的にも近い存在だった。朝鮮半島と満州国を領土とする大日本帝国にとって、モスクワとベルリンは地続きであり、それらヨーロッパの都市は、距離的にもニューヨークやワシントンより近かった。日本統治時代、朝鮮と満州国にはりめぐらせた鉄道網は、シベリア横断鉄道に接続していた。戦前の日本人がヨーロッパに行く場合、東京、横浜、大阪などの主要駅で各都市行きの切符を買い、電車でまず下関まで行き、フェリーに乗り換えて釜山に渡り、そこからさらに列車を乗り継いで最終目的地まで行けたのだ。そうした旅行の場合、モスクワはヨーロッパの玄関口だった。

一九三七年時点で、東京からモスクワまで行くのには十日から十一日かかり、モスクワ経由でベルリンへは十三日、パリには十四日かかった。一方、横浜からホノルル経由の航路でアメリカ西海岸各都市に行くには、二週間かかり、そこからアメリカ大陸横断鉄道に乗ってシカゴ経由でニューヨークやワシントンにたどり着くには、さらに二日以上かかった。つまり時間的にも空間的にも、モスクワの方が、ニューヨークよりはるかに近かったのだ[1]〔地図1―1参照〕。

ソ連は、アメリカとは異なる近代西欧文化を日本に紹介した。日本人はそれらを通じて、複雑で繊細な世界観を形成した。戦前の日本人は、自分たちの国の将来はユーラシア大陸とともにあると考えていたので、ソ連の存在は絶対に無視できなかった。ユーラシア太平洋戦争を戦っていく間の日本人は、アメリカの政治家が予想したように、アメリカとソ連を区別して、アメリカ人を好んでいたわけでなかったし、アメリカを倒すことだけを考えていたわけでもない。ユーラシア太平洋戦争を戦いながら日本が見ていた国際社会、思い描いた理想の戦後世界、それを実現するために立てた戦略を知る

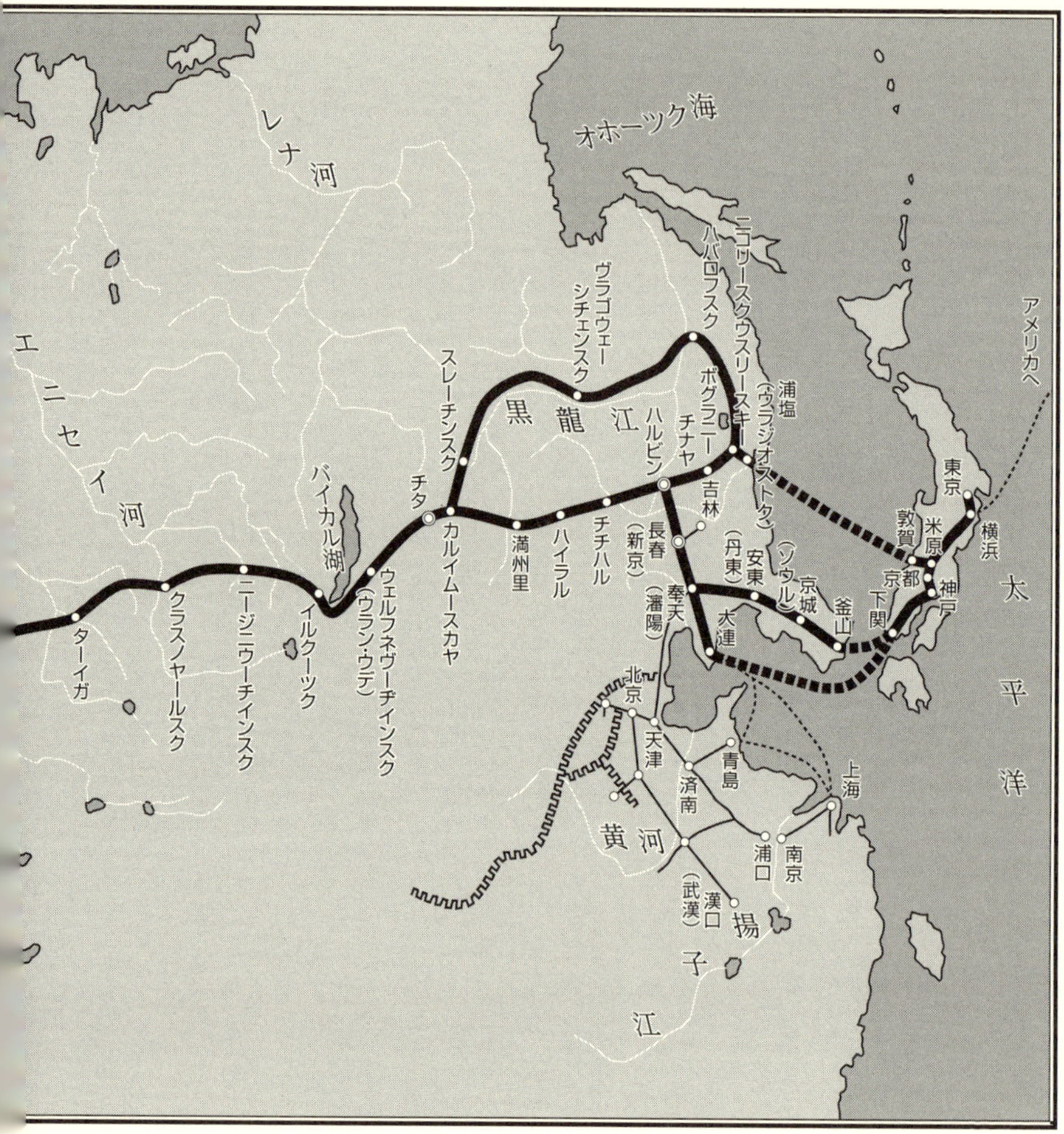

ホルム、ウィーン、さらにはトルコのイスタンブールをめざせる。フランスのカレーから、フェリーでドーバー海峡を渡ってロンドンに行くことも可能だった。
なおカッコ内に、現在の地名、またはなじみのある呼び方を加えた。
［出典：『近代欧米渡航案内記集成』第八巻（ゆまに書房、2000年）］

地図 1-1　西シベリア経由欧亜交通路略図（1927 年）

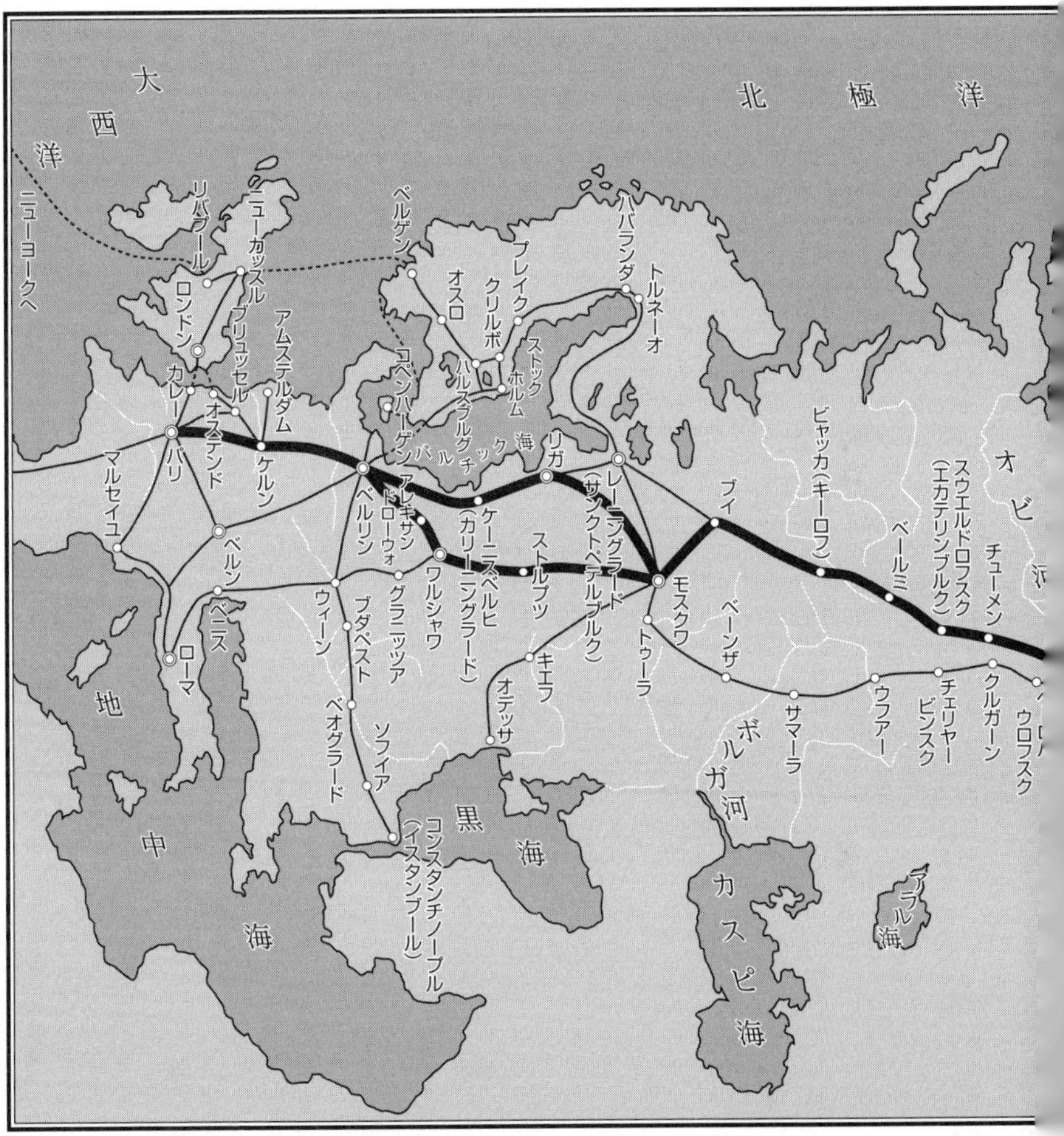

上村知清著『欧州旅行案内』（海外旅行案内社、1927 年）にて紹介されたユーラシア鉄道地図。下関または敦賀と、大連、釜山、ウラジオストクを結ぶフェリー航路（破線）を使ってユーラシア大陸を横断し、ヨーロッパ各都市をめざすことが可能だった。シベリア横断鉄道でモスクワまで行けば、そこからさらにパリ、ベルリン、ローマ、ストック

ためには、戦前の日本がソ連とアメリカをどう見ていたかを比較する必要がある。

日本が最初にロシアと軍事衝突したのが日露戦争だ。日本はロシアに勝利して獲得した南満州鉄道と遼東半島を防衛するため、一九〇七年に関東軍を創設した。それ以来、関東軍はつねにロシアの存在と向き合ってきた。一九一七年、ロシアで社会主義革命が起こると、イギリス、フランス、アメリカなどが干渉に乗り出し、日本もシベリア出兵を行った。

ソ連は日本にとって軍事的、イデオロギー的に二重の脅威であったのだが、隣接する国家同士として、共存して実益を取ろうと努力していたことも事実だ。例えば一九二五年、日ソ基本条約を結び両国の外交関係が確立した際、日本政府は、日本国内における共産主義活動の取り締まりと、ソ連への友好は全く別の物であると宣言し、またソ連政府も日本の政治体制、とくに天皇制を尊重し、それらには不干渉を貫くと答えた。[2]

一九三二年、日本が満州事変によって占領した中国東北部に満州国をつくり、広大な地域にまたがってソ連と国境線を共有するようになると、日本の対ソ政策はいっそう危機をはらんだものになった。一九三六年十一月、日本はドイツと防共協定を締結し、世界平和を脅かす国際共産主義を防ぐ防衛のため協力しあうことをうたい、ソ連を仮想敵国とした。日中戦争が始まった一年後の一九三八年、ソ連、朝鮮、満州国の国境が出合う丘陵地帯の張鼓峰において、日本とソ連は大規模な軍事衝突を起こした。さらに翌年一九三九年、モンゴルと満州の国境地区ノモンハンで、両国は再び衝突し、日本は多大な損害を蒙った。

この後日本は対ソ連基本姿勢として、防衛強化でなく「静謐保持《せいひつほじ》」という方針を選んだ。ノモンハン事件停戦からわずか一年七ヵ月後の一九四一年四月に両国が結んだ「日ソ中立条約」は、満州国から朝鮮に続く長い国境沿いにおいて「静かで何事もなく落ち着いている状況を保ち続ける」という対ソ戦略の根幹となった。日中戦争を継続させるためには、ソ連との国境を安定させておくことが絶対条件である。さらに東南アジアへの勢力拡張を始めた日本にアメリカが強い警戒を示したため、ソ連とアメリカに挟み撃ちされる可能性だけは避けなければならない。こうしてソ連と戦闘状態に入らないことを保証した日ソ中立条約は、日本が中国、アメリカと戦うことを可能にする絶対条件となった。[3]

日本がアジア世界の将来を予測する際、ソ連はアメリカ以上に無視できない存在だった。一九三八年、近衛文麿総理大臣が発表した「東亜新秩序」を支持する政治指導者、知識人たちは、日本がアジアに新文化を創造する役割を担いつつ全地域を統合していくという汎アジア主義を夢見た。そしてその夢が革命的性格を持つ限りにおいて、地域統合の手段として共産主義を取り入れることは可能だと考えていた。つまりイギリスとアメリカが牛耳る世界政治経済体制に挑むような新国際秩序をアジアに創出させるためには、ソ連流のやり方をアジア地域に導入することも彼らは厭わなかった。東亜共同体論や新体制運動を唱導した昭和研究会のメンバーや、日ソ中立条約を締結した松岡洋右外務大臣などは、まさにこういう考えを持っていたのだ。

戦後忘れられた日本の戦争の初期の様相を思い出すためには、日本にとってソ連はどういう存在だったのか振り返る必要がある。

ユートピアの夢

明治日本でユートピア社会の追求が始まったのは、政府が富国強兵政策を掲げると同時に民権運動の弾圧に乗り出した頃だ。反政府活動家たちは、海外に理想郷のあり方を学ぼうとし、とくにロシアとアメリカそれぞれの社会にみなぎる変革性に注目した。どちらか一国を選ぶというよりは、場合に応じてそれぞれを模範に日本の既成制度や価値観を変革させようとした。十九世紀末は、さまざまな急進的思想運動が生まれ世界を駆け巡った時期だ。ロシアで生まれシベリアを横断した思想と、アメリカで生まれ太平洋を横断した思想が合流する地点が、日本だった。

日本の開国と言えば、ペリー海軍提督率いる黒船の業績のみを思い浮かべがちで、ロシアが果たした役割はこれまで過小評価されてきた。[4] だが、ロマノフ王朝は江戸時代の初期頃までに、ロシア領土を太平洋沿岸まで拡張させており、それ以後オホーツク海にはロシア人探検家や狩猟者が進出していた。こうしたロシア人が、カムチャッカ半島やアリューシャン列島付近に漂流してしまった日本人を見つけ、ロシアに連れて帰ることもあった。最も有名な漂流者には大黒屋光太夫《だいこくやこうだゆう》がいる。彼はロシア帝都サンクトペテルブルクでエカチェリーナ二世に謁見して帰国の許可を得、ついに一七九三年、十年ぶりに日本に帰国し、江戸幕府にロシア事情を伝えた。

ロシアもこうした漂流者から日本の事情を聞き取り、十九世紀に入るとイギリス、アメリカと争って日本を開国させようとした。アメリカ海軍ペリー提督が浦賀に入港したわずか一ヵ月半後の一八五三年八月、ロシア海軍エフィーミイ・プチャーチン提督は長崎港に入った。ペリーは幕府と交渉する気はなく、開国を要求する大統領親書を一方的に幕府に手渡したが、プチャーチンは、江戸幕府が唯一外国船の来航を認めていた長崎にわざわざ出向き、開国と通商に関して幕府と外交交渉を始めた。

すなわち「黒船」の衝撃はアメリカとロシアからほぼ同時に与えられたのだ。幕末の志士、吉田松陰は、ペリー艦隊のポーハタン号に忍び込みアメリカに密航を図ったことで有名だ。冒険小説『宝島』の作者ロバート・ルイス・スティーブンソンは、鎖国の眠りから目を覚まし、アメリカから学ぼうと命をかけた松陰を褒めたたえた。ところが彼は、最初はロシアに行こうと長崎に向かったのだ。長崎に到着するとプチャーチン艦隊はすでに長崎を発っており、それで翌年、江戸湾に戻ってくるはずのペリー艦隊に乗り込もうと予定を変更したのだ。

松陰の師である佐久間象山は、十八世紀初頭に西欧化改革を行いロシアをヨーロッパ列強の一員にしたピョートル一世（大帝）を尊敬していた。[5] 松陰がロシア行きを希望したのは、短期間で近代化に成功したロシアについて師から学び、日本はロシアから多いに学ぶことができると判断したからだ。予定を変更してアメリカ行きを決めたのは、それはそれで、日本に危害を加える大国の実情を学び、敵を知ることもできると考えたからだ。

明治維新を経た日本は、もっぱらイギリス、フランス、アメリカ、ドイツなどから近代化のノウハウを学んだ。ロシアに関しては、クリミア戦争以来の仇敵イギリスが「ツァーリの腐敗政治と絶望的な貧困に苦しむ農奴の国」のイメージを日本に広めたこともあり、文明開化の手本とはならなかった。

たとえば福沢諭吉は、ロシアと比較したならアメリカのほうがより望ましい社会と考えていた。帝政ロシアの立憲独裁を批判していただけではない。貧困にあえぐロシアの人民が反乱を起こしたとしても、権力者はそれをいとも簡単に鎮圧し、彼らをいっそう抑圧する、ロシアにはこの繰り返しばかりが延々と続くと、その将来を悲観した。一方のアメリカについては、一八六〇年と一八六七年の二度の渡米で見た豊かな生活に感銘を受けて、富こそが安定したアメリカ共和制度の基盤となっていると考えた。つまりアメリカはロシアと異なり、より多くの人々が富を享受できるから民主主義がゆるぎないものになっているということだ。

その後、明治日本が自由民権運動の時代に入ると、イギリスの圧制から自由と権利を戦い取って独立したアメリカを賞賛する人々だけでなく、ツァーリ政府の横暴を打倒しようと力を尽くすロシア人の革新的運動に魅せられる人々も出てきた。アメリカの独立戦争は、その時点ですでに百年前の出来事だが、ロシアの革命運動は現在進行形で起こっている現実であった。実際、日露戦争の最中に日本に政治亡命してきたロシア人政治活動家たちは、日本軍の捕虜になったロシア兵に反ツァーリ革命思想を教え込もうとしたほどだ。

同志社大学で教鞭を執ったアメリカ人経済学者ドワイト・ウィットニー・ラーンドは、日本の大学で初めて共産主義、社会主義について講義し、学生たちにその歴史と理論に関する本を翻訳させたりした。その本の前書きで、彼の日本人学生たちは、この思想がアメリカに根付くのは難しいだろうが、日本ではより多くの人々の間に広まることを期待すると述べた。[6]

日本の労働運動は、初期には主にアメリカを模範として発達した。とりわけ社会主義運動は、アメリカに渡った幸徳秋水や片山潜などが、アメリカの土地で思想を学び、日本で実践しようとしたものだった。片山潜の場合、一八八四年にアメリカに渡り、その地でキリスト教社会主義に目覚め、日本帰国後、社会民主党を結成した。そして日露戦争の最中に第二インターナショナル（社会主義者の国際組織）のアムステルダム大会に出席し、ロシア代表と握手を交わし反戦の立場を表明した。その後日本社会党の創設に失敗して、アメリカに亡命し、誕生したばかりのアメリカ共産党、メキシコ共産党の結党に尽力した。一九二一年にはソ連に渡り、コミンテルン（共産主義インターナショナルまたは第三インターナショナル）常任執行委員会会部となり、モスクワから日本共産党の結党を指導した。

一九一七年にソ連が誕生すると、日本とアメリカ両政府は反共の立場を表明し、ボルシェビキ革命に武力干渉を行った。第一次世界大戦後、日本政府は民主主義と自由貿易を推進するウィルソン主義を支持したが、日本に理想的社会を建設しようとした人々の間に社会主義、共産主義の力を信じる気持ちは強かった。この頃プロレタリア文学運動が成熟期を迎えたこともあり、文学と学術の両分野でソビエト・ロシア研究は成長を続けた。自由と平等を尊ぶアメリカこそ、プロレタリア革命が起こるにふさわしい場所と考える日本人も現われた。とくに抑圧されているアフリカ系アメリカ人こそが、アメリカにおけるプロレタリア革命の先駆者となると期待する人々も現われた。ある日本人共産主義者は一九三〇年代、アフリカ系アメリカ人作家の文学作品を日本語に翻訳し、虐げられた人々が自由のために戦う姿を紹介した。[7]

アメリカの日本移民の間でも、世界規模で繰り広げられる反帝国主義闘争に飛び込む者が出てきた。彼らは、アメリカで印刷した社会主義・共産主義を紹介するパンフレットを、太平洋横断航路の船員などに託して日本に運んでもらったりした。アメリカ西海岸の日系移民の中には、アメリカ共産党員になる者も出てきて、彼らは日本共産党創始者の一人である野坂参三と連絡を取りあい連帯行動を取ろうとした。彼らの活動は日本政府とアメリカ政府両方の弾圧を受け、一九三一年から一九三四年の間に、十七人の在米日本人共産主義者が逮捕されてアメリカから追放され、アメリカ共産党の助けを借りてソ連に亡命した。

こうした中で日本政府は、太平洋をまたぐ共産党員のネットワークに警戒を強めていった。戦前の日本では、戦後の日本人が考える以上に、社会主義や共産主義の影響力が大きかったのだ。また共産主義の脅威は、ソ連から単独に襲ってくるだけではなく、このようにアメリカを経由して日本に入ってくる場合もあった。さらに共産主義は、中国や朝鮮においても日に日に存在感を増していた。日本人が世界を考えるとき、共産主義の存在を無視することはあり得なかったのだ。

希望の国、ソ連

ソ連政府は日本と隣国同士の外交関係を維持しつつ、自国の革命的使命の遂行は怠らなかった。一九二八年度の日本の外務省の調査によると、コミンテルンがアジアにおける共産主義者の養成のためにモスクワで運営する東方勤労者共産大学（クートヴェ）には、三〇人から四〇人の日本人が在籍して、世界革命史、レーニン主義、労働組合史などを学んでいた。[8] しかし一九二四年のレーニン没後、世界革命の「一国社会主義建設」を唱えるスターリンと、「永続的革命による世界社会主義の達成」を主張するトロツキーが後継者の地位を争い、スターリンが勝利すると、一九二九年にはトロツキーをソ連から国外追放した。スターリンは、欧米列強の国力に短期間で追いつくべく、農業から軍事産業まで網羅する経済発展計画を国家優先事項とし、しばらくは他国の革命運動への干渉は控えるように見られた。

一九二九年から一九三〇年にかけて日本政府が日本共産党員の大量検挙を行った際、日本政府は、東京のソ連大使館が彼らに資金援助をしてきたと疑っていた。ところがソ連大使館はそれを否定し、日ソ政府は互いの特殊な政治・経済・社会制度を尊重しつつ友好を保つと約束している、それを自分たちは守っている、と反論した。

ソ連大使館は日本政府に対して、かつて第三インターナショナルは、上海で中国共産党員と思われる人物に多額の資金を注ぎ込んだところ、使命感もスキルもないただのろくでなしだとわかり大損した経験があるので、それ以来正体のわからない外国の者にたやすく資金提供はしない、とわざわざ文書で説明してきたほどだ。亡命ロシア人がハルビンで発行しているロシア語の新聞は、このいきさつを報道した記事において、どうせモスクワは日本共産党との関係について真実を言わないに決まっているのだから、東京はとりあえずモスクワを信じたほうが、外交的には良い結果が出るだろうと論じている。[9] 結果的に日本政府は、まさにその通りの対応をとった。ソ連を脅威と見るのみでなく、ソ連が日本に与えうる利益も考慮し、柔軟な姿勢を選択するようにしたのだ。

日本人ビジネスマンも、イデオロギーにかかわらず、ソ連との経済交流の増大を望んでいた。一九二四年にアメリカ政府が排日移民法を成立させて以来、日米関係がぎくしゃくしていたこともあり、彼らは日ソ貿易の活発化を強く願ったのだ。日本とロシアの親善促進のために設立された「日露協会」は、日本の著名人を名誉会員にして、日ソ友好を宣伝した。ソ連は資本主義国である日本との貿易を強く望み、しかも日本からのテクノロジー移転にも意欲的なはずだ、自国の経済を急速に成長させるためには、資本主義、帝国主義との共存もいとわず実利を取るであろう、と判断したのだ。[10]

ノモンハンでの軍事衝突の休戦からわずか一ヵ月後の一九三九年十月末に『報知新聞』に掲載された社説は、日本とソ連の間に存在する「国家的建前」の違いよりも、隣国同士の共通利益を重視していくべきだ、と述べた。つまり国家利益の追求という点では、ソ連も他の資本主義国家と全く同じ本音を持っており、それに従って行動するだろうという認識が、国民の間にも広まっていたようだ。戦前の日本は非常に反共産主義的であった、と一面的に思い込んでしまうと、日本とソ連のこうした関係を理解できなくなってしまう。戦前の日本の対外政策には、想像以上の柔軟性があったのだ。

ソ連から入ってくる文化は、絢爛豪華な帝政時代のロシア文化と同様に日本人を魅了した。十九世紀末、イワン・ツルゲーネフの『猟人日記』が邦訳されたのを皮切りに、ロシア文学は性別、年齢、地域、階層を問わず日本人に最も愛される外国文学に成長した。大正から昭和の初頭にかけては、ソ連発のアバンギャルド絵画、イラスト、デザイン、建築、音楽、詩、文学、舞台芸術などが、日本に大きな影響をもたらした。[11]

ソ連の社会文化のしくみ、人々の暮らしなどについて詳しく知りたい人々は、一九三五年に「日ソ通信社」が発刊した『月刊ロシヤ』を読んだ。この雑誌は、日本内地だけでなく、満州国、朝鮮、台湾などの書店でも入手でき、第二次世界大戦末期まで全国新聞の一面に広告を掲載するほどの存在感があった。

『月刊ロシヤ』に描かれたソ連は、文化的に魅力的な隣国で、毎月掲載されている記事は、着々と進む経済成長・軍事力増強計画、アジア各地でますます大きくなる影響力などについて紹介した。芸術・娯楽セクションでは、ソ連国内で催される劇、オペラ、コンサート、食文化、旅行などの紹介に加え、人気の詩、短編小説などの抄訳を掲載した。この雑誌に登場するのは、女性、工場労働者、農民、都市住民、少数民族などの多種多様な人々で、彼らは、物的に豊かでなくても、素朴で清廉、謙虚で人なつこい働き者というソ連人のイメージを日本の読者の間に広めた。

同じ頃、アメリカ文化と社会、アメリカ人の魅力を紹介するような月刊雑誌は皆無だった。明治の初頭に来日したアメリカ人プロテスタント宣教師たちは、日本人改宗者たちとともに、禁酒運動、売春禁止運動、孤児障害児救済のための福祉活動などに努めた。しかし彼らは、スラムで日本人貧困層に寄り添っていたわけでなく、どちらかといえば都市部の富裕層との交流を重視していた。この点でも、日本社会は彼らをさほど好意的には見なかったかもしれない。

大正以降には、ハリウッド映画やジャズに代表される、陽気で享楽的な都市文化がアメリカから日本に押し寄せたのは事実である。典型的な若いアメリカ人男女とは、自家用車を運転し映画を見てダンスをし、酒を飲んで煙草を吸って、恋愛に没頭するような人々に思われた。福沢諭吉が絶賛したように、アメリカは自由の国ということは、明治の頃から言われてきた。しかし、アメリカ型の民主主義や進歩主義が、喫煙や自由恋愛とどのように関係するのか、日本人は当惑したはずだ。さらに、プロテスタントの厳格な道徳観を説きながら、アメリカ人宣教師が日本の富裕層とばかり付き合っている事実も、日本人には奇妙に思えたはずだ。

戦前の日本にとってアメリカは、ソ連よりはるかに重要な貿易相手であったが、ビジネスはごく少数のエリートが独占して行っており、都会に暮らさない大多数の日本人にとっては、アメリカが誇示する豊かな物量と、それに支えられた宗教的倫理観と享楽的娯楽は、自分たちの生活に全く無関係のものだった。

アメリカの対外政策にしても、未曽有の富の蓄積を武器にして世界政治を牛耳ろうとしているのが本音なのに、自由と民主主義を世界に広めるためという正義の建前をふりかざしている、といった批評がだんだんと広まっていった。建国当時からアメリカ社会の中核を成していたアングロ・サクソン系の白人は、アジア人を劣等人種と見下し、自分たちがアジア人の成長を指導し、進むべき方向を示してやらねばならないと信じきっている、ペリーが武力を誇示して日本を開国させたことがその始まりだ、といった反感も増えていった。

アメリカ人が大切にする主義は、アジア人の生活水準の向上に役立つはず、アメリカを信じてついていこう、と言った意見は稀だった。日本人に手の届かないような高い水準の生活をしているアメリカ人に対して、日本人の身の丈にあった生活を送っているようなソ連人のほうに親近感を抱いたとしたら、それは仕方がないことであっただろう。

ソ連が掲げる社会主義に関しては、農村や都会で貧困にあえぐ人々を救済し、植民地の弱者を痛めつけるだけの帝国主義戦争にも反対する優れた思想であるというイメージを日本に広めようと、日本の共産主義者たちは努力していた。一九二九年十一月、共産党員たちは「反帝同盟日本支部」を立ち上げた。帝国主義国の民衆が、自国による他民族侵略と抑圧を自らの解放の問題として認識し、植民地の民衆と連帯しつつ日本の侵略戦争に反対することを活動目的としたもので、当局の弾圧を受けながらの活動は一九三四年まで続いた。

特別高等警察の記録によると、日中戦争勃発から八年にわたる長い戦争の間、農民から労働者、知識階級まで、マルクス主義の影響を受けて、日本の戦争を侵略と批判する人々が、日本各地にいた。一九三七年の記録によると、大阪のある小学校の社会科教師は、四年生、五年生に共産主義を教えて投獄された。彼は「共産主義国家では、国家が全ての生産手段を支配して、国民に生産物を平等分配する。だから金持ちも貧乏人もいない。労働者も農民も苦しまない。それどころか彼らが国家を統治するのだ。国民が病気になったり、年をとって働けなくなれば、国家が無料で彼らの面倒を見る。それが共産主義なのだ」と教えたそうだ。[12]

別の事例では、とある靴職人が近所の人々に、日本もソ連のような計画経済を真似て全ての国民に食料が行き届くよう保証すべきだと語っていたそうだ。この靴職人は、日本が戦争に敗れたら、北のほうから「兄貴」がやってきて日本国民を幸せにしてくれる、と述べて逮捕された。ある鋳掛け屋は隣人に、世界大戦でソ連は絶対に勝つ、なぜならソ連は労働者と貧しい人々の味方をする共産党に支えられているからだと説明していた。ある小売店の主人は村人たちに、日本の戦争というのは資本家と軍産業界が癒着して儲けあっているだけの侵略戦争だと語っていた。別のところでは、バス運転手が職場の同僚に、今の世界大戦が続けば、資本階級は世界中の労働者を搾取して肥えていくだけだと、こぼしていた。

徴兵されて中国の戦線に送られることになった、とある兵士が帽子の裏側にメッセージを書き込み、そっと線路脇に落としていった事件もあった。そこには、国際共産主義が実現すればきっと世界は平和になる、とだけ書かれていた。公衆便所や神社仏閣の壁や柱、果ては学校の黒板、駅舎の伝言板などにも、共産主義を賞賛し戦争を批判する落書きが現われた。[13]

反戦、反軍国主義を唱える知識人の中には、共産主義を支持せず、親アメリカ派の人々もいた。しかし彼らの主張は、国内の弱者にはアピールしなかった。ジャーナリストの清沢洌《きよさわきよし》は、十七歳でアメリカに移民し、働きながらキリスト教系の大学に通い学位をとった苦労人で、日本に帰国すると日本とアメリカの外交関係専門家として活躍した。戦時中も自由主義的立場を貫いた反戦主義者として、彼の評価は戦後高まった。

清沢が一九四二年から四五年の間につけていた日記によると、彼が「自由で自立した考え方」を養えたのは青年時代に受けたアメリカ式教育のおかげだと言う。ただし彼が日記の中で、アメリカ式教育に言及するのは、このほか二ヵ所しかない。彼の知りあいのハーバード大学出身の日本人の若者が、軽井沢にある彼の別荘の庭の手入れをしてくれたとき、次はこの若者が、壊れたワッフルメーカー、冷蔵庫などの家電を修理してくれたときだ。清沢いわく、アメリカ式教育を受けた青年のみがこのように実用的な知識を持ち、しかも礼儀正しく誠意を持って責任感を持って働けるのだそうだ。

清沢はそもそも苦学生としてアメリカで経済的に苦労したのだが、日本に帰国すると、労働者階級や低所得者を見下し、共産主義革命を「財産を持つ者から富を奪おうとする陰謀」と警戒した。彼は軽井沢の別荘で見かける単純労働従事者を軽蔑し、召使を持たない知識階級を哀れみ、軍人は出身が卑しい者が多いので洗練されていない、と日記に書いた。そして自分のような知識人が大戦中でもゴルフをたしなむのは、思考回路を休ませるためで、それが愚かな大衆には理解できないとまで言った。[14] これでは、清沢の言う「アメリカ仕込の自由主義」はたとえ反戦・反軍国主義を唱えたとしても、到底一般の日本人には共感できまい。

大戦中の日本政府は、親アメリカ派のエリートが反戦運動を企てることに目を光らせたが、彼らが大衆を巻き込んだ草の根の大規模反乱を起こせるとは、考えていなかった。アメリカ流の自由と民主主義という原則は、貧困と飢えを解決することに無関係で、富を得た勝者のみが享受できる特権のようなものにすぎなかったのだ。その意味で、戦前の日本社会において、アメリカが標榜する主義や価値観というのは、一般の日本人を魅了する毒というほどに危険な存在にはなりえなかったのだ。

ソ連との同盟

イギリスとアメリカによるアジアの侵略を食い止めるために、日本はソ連と手を結ぶべきであるという発想は、二〇世紀初頭からあった。初代韓国統監だった伊藤博文と、南満州鉄道初代総裁だった後藤新平は、日露戦争でロシアを破ったとはいえ、次はアメリカが日本の対アジア政策に干渉してくるかもしれないので、そうならないようロシアを含めたユーラシア同盟の結成を講じるべきだと提案している。[15] 一九四〇年九月締結の日独伊三国同盟に続き、一九四一年四月に日ソ中立条約を結んだ松岡洋右外務大臣は、まさにソ連を東アジアの防壁とみなしたものだ。

松岡は、青年期を苦学生としてアメリカ西海岸で過ごし、アメリカで高まる対日人種差別を体験した。帰国すると外務省に入省し、一九一二年から一九一三年までサンクトペテルブルクに勤務したが、このときロシア人の人懐こさを好ましく思ったという。[16] アメリカは十九世紀末から南満州鉄道買収を計画し、門戸開放政策の名目のもと、満州を中立化して日本の特殊権益を認めない姿勢を漂わせていた。それで松岡は、何とかロシア・ソ連の存在を利用して、アメリカをアジア大陸に近づかせないようにできないものかと考えたのだ。[17]

ロシアがソ連として生まれ変わった後も、松岡の対ソ連認識の基本は変わらなかった。満州事変の翌年の一九三二年秋、松岡はスイスのジュネーブで開かれる国際連盟総会に日本主席全権として出席する際、モスクワに立ち寄り、ソ連外相マキシム・リトビノフと、外相代理レフ・カラハンと会っている。松岡の回顧録によると、モスクワ滞在中の五日間に三者は日ソ不可侵条約の可能性について話し合った。

その後、松岡が向かう予定だった国際連盟総会では、リットン調査団報告を受けて満州国不承認案が採択されることが予想されており、その場合、日本は連盟脱退も想定していた。このような苦境の中で、松岡がソ連に接近した理由の一つに、日本とソ連は共通の価値観を共有できると考えたことがある。

そもそもソ連は国際連盟のことを、資本主義列強が世界最初のプロレタリア国家であるソ連を攻撃するためにつくった合議体と批判していて、この時点でソ連はまだ国際連盟に加盟していなかった。それゆえソ連なら、国際連盟が維持しようとする世界秩序を必ずしも正義とは見ていまい。松岡はこう考えて、スターリンに接近を図ったのだ。[18]

一九三三年三月、満州国を承認しなかった国際連盟から、日本は脱退してしまった。その年ソ連は、ようやくアメリカから承認を受けて米ソ国交を樹立させ、翌年国際連盟にも加入した。日本とソ連は、ちょうど国際連盟を入れ替わったかたちになるが、日本の指導者たちはそれでソ連が欧米列強国の一員として迎え入れられるほど話は簡単でないと見ていた。ソ連は増大化する軍事力をもってしても、アメリカ、イギリス主導の世界秩序の中では周辺国でしかない。これは近代日本の体験と重なる。日本の指導者たちは、このようなソ連の疎外性に、日本との提携の可能性を見出したのだ。

一九三七年に日中戦争が勃発すると、近衛文麿首相が唱える「東亜新秩序」を実現する過程で、アメリカとイギリスのアジア介入を阻止するためのさまざまな方法が考えられた。近衛の私的政策研究団体である「昭和研究会」の場合、イギリスはアジアから締め出し、アメリカとフランスに関してはアジアで中立の立場を取らせることを考えたが、ソ連に関しては融和策を考えるにとどめた。

蠟山政道《ろうやままさみち》は、一九三九年八月に締結された独ソ不可侵条約を、東アジア・ブロックが実現する過程の第一歩と歓迎した。つまりナチス・ドイツとソ連は、イギリスとアメリカの権益が主導する現状の国際秩序を打破する革新勢力であるので、その二国がヨーロッパで手を結んだ状態というのは、日本が提唱する東アジアの新秩序と共存することができると期待したのだ。海軍きっての戦略家、高木惣吉《たかぎそうきち》も、独ソ不可侵条約が作り出す新しい国際環境の可能性に期待して、日本もこれに参加してドイツ、ソ連とともに自国の国益を守っていくべきと主張した。[19]

一九三九年九月、ドイツによるポーランド侵攻が引き金となって、第二次世界大戦が勃発した。翌一九四〇年九月に締結された日独伊三国同盟は、ヨーロッパとアジアの新秩序におけるそれぞれの国の指導的地位を相互に認め合ったものだった。この三国間条約を締結した際、松岡洋右は、これはまもなく我々がソ連と握手をかわす前哨に過ぎないと述べたという。[20] つまり松岡は、日本、ドイツ、イタリア、ソ連の四ヵ国がユーラシア・ブロックを形成して、イギリスとアメリカのアジア侵略、とくにアメリカの中国内政への干渉を阻止しようとしたのだ。[21] この日独伊ソ四ヵ国連合構想には、近衛首相、イタリア大使の白鳥敏夫《しらとりとしお》、ドイツ大使の大島浩《おおしまひろし》なども賛同した。[22]

日独伊ソ四ヵ国連合を待望する声が聞かれるようになってくると、社会主義的評論を多く掲載した総合雑誌『改造』は一九四〇年十一月号において、日独伊三国同盟の次に来るのは日ソ不可侵条約だと予言した。[23] そして実際に日ソ中立条約が締結された頃、『改造』一九四一年五月号はそれを評価する論文を四点掲載した。そのうち二本は、日ソ中立条約をぜひ日独伊三国同盟と連携させるべきであると主張していた。[24]

松岡は外務大臣として一九四一年三月からドイツ・ソ連・イタリアを歴訪し、それぞれの指導者に対して、四ヵ国連合構想の重要性を説明した。モスクワでスターリンと会見した際、スターリンは四ヵ国同盟に関心を示したという。しかし日ソ中立条約が締結された数ヵ月後、独ソ戦が始まって独ソ不可侵条約は無効となり、四ヵ国同盟構想自体もろくも崩れさった。ドイツは日本に、極東方面からの対ソ攻撃を依頼したが、日本はソ連との中立条約を守った。その一方で、一九四〇年六月、ドイツがパリに侵攻し、フランスがドイツに降伏したのに乗じて、日本軍はフランス領インドシナの北部に進駐し、フランスはこれを承認した。

東南アジアは、十九世紀以来イギリス、フランス、オランダ、アメリカが有する植民地帝国であり、日本は進出を禁じられていた地域であった。そこでアメリカは、イギリス政府からの要請を受けて、日本の軍事行動に抗議した。石油禁輸や在アメリカ日本資本の凍結などの経済制裁を使って、日本軍をフランス領インドシナだけでなく中国からも撤退させようとするアメリカに対して、松岡は日独伊ソ四ヵ国同盟さえ実現していれば、アメリカに圧力をかけて交渉の場に連れ出すことができたのに、と考えたという。

あくまで交渉によってアメリカに譲歩させようと考えていた松岡は、パール・ハーバーの知らせにがく然としたと言われている。しかし太平洋戦争が始まってしばらくの間、軍部や外務省には日独ソ同盟待望論が残った。ソ連が日本と中立条約を維持している限り、それはイギリスとアメリカが主導する反ファシスト闘争の連帯感に水をさす材料になる。さらに日本とソ連が中立を誓い合っている限り、アジア人共産主義者の抗日運動のイデオロギー的正統性に傷がつく。日ソ中立条約は、アメリカと中国の対日戦争に理論的脆弱性を与える好材料でもあったのだ。日本のメディアは太平洋戦争の最中でも、ソ連について、共産主義について肯定的に語ることが可能だった。人々は、ソ連動向について書かれた新聞や雑誌記事を読み、世界大戦の矛盾を考えた。

一九四三年一月、スターリングラードにおいて、ソ連がドイツ軍に大打撃を与えると、その五ヵ月後スターリンはコミンテルンを解散させて、ソ連は世界共産主義革命の実現よりも反ヒットラー闘争を優先すると宣言した。スターリングラードの勝利で、反攻の契機を得たスターリンとしては、ソ連が大戦中も世界革命をたくらんでいるという猜疑心をアメリカやイギリスに持たせないよう配慮して、共通の敵ヒットラーに対する攻撃に協力させようとしたためこの宣言を行った、と言われている。実際のところは、大戦中に世界各地で展開された共産主義運動は、さまざまな目的を持った運動に変化を遂げる一方で、ソ連が単独で指導していくことはもはや非現実的である、という判断もあったようだ。

コミンテルンの解散のおかげで、日本はソ連との中立条約を継続させることができ、その一方で、アジア全体がソ連の指導下で共産主義化するという心配を減らすことができた。共産主義が日本の国体を脅かすことは事実でも、ソ連の革新的世界観、つまりアメリカ・イギリスの資本主義世界支配に挑戦するような世界秩序を創出しようとするビジョンは相変わらず魅力だった。満州国の国境の向こうにある大国は、うまくすればアジアの番人にすることができる。日本にとってソ連は、ユーラシア太平洋戦争の大義を全うするために必要な諸刃の剣だったのだ。

アジアの一員としてのロシア人

戦前の日本人は、共産主義のイデオロギーとは関係なく、満州国と南樺太の国境のすぐ向こう側に暮らすソ連人を、自分たちの隣人で、かつアジア秩序を構成する一員と当然のように考えていた。

ヨーロッパからアジアまでユーラシア大陸をまたいで存在するソ連には、多民族と多文化が共生しており、ソ連人もアジア人であった。

ソ連と日本は文化的に人種的に理解し合える、という期待は大戦中にも存在し続けた。だからこそ日本人がユーラシア太平洋戦争を戦う過程で、アメリカのいないアジアの将来を考えることはできても、ソ連を排除したアジアを想像することは不可能だった。つまり日本が大東亜共栄圏の行方について考えるとき、ソ連の存在を抜きにして戦略を立てることは、地政学的にも文化人種的にもあり得ないことだったのだ。

日ソ中立条約を締結した際、スターリンは松岡洋右を抱擁して「我々は同じアジア人」と告げたという（カバー写真参照）。これはスターリンが中央アジアのグルジア人の血をひくことを指したのだが、松岡はこの発言を、アジア人同士の結束とみて歓迎したという。[25] 皮肉なことにヒットラーも、ロシア人をアジア人と呼んだ。ただしこちらの場合、ロシア人は野蛮なチンギス・ハンの末裔で、モンゴル人の血が混じった劣等民族だから、ユダヤ人と同様に共産主義などを妄信する、という軽蔑的な意味合いを含んでいた。[26] いずれにしても、他のヨーロッパ人からもソ連が純粋な白人国家と見られていないことは、彼らが「大アジア主義」の下に日本と協力しあう余地がある、という解釈につながった。

アメリカ人は、太平洋のはるか向こうの離れたところに暮らしているに過ぎない。アメリカは当然アジアに属さない。アメリカも移民の国であるが、戦前にはアジア人移民を全面排斥して、さらには黒人、ユダヤ人、先住民をも差別する「白人支配の国」だった。ソ連と比べてアメリカは、アジアにおいて連携しともにアジアの将来を築いていく国である必要性もなければ、そうなる可能性も全くないようにしか見えなかったのだ。
太平洋戦争の勃発から半年後、日本外務省情報局が発行する月刊雑誌『国際事情』は、モスクワの街で感じられるアジアらしい情緒についてしばしば好意的に紹介している。一九四三年秋、日本政府がアジア各国の親日派首脳を東京に招いて大東亜会議を開催した時期、ロシア専門雑誌『月刊ロシヤ』は、ソ連に暮らすトルクメン人、ウズベク人、タジク人、カザフ人、キルギス人などのアジア系民族について読者に紹介した。そして「人種のるつぼ」を具現化したソ連がアジア的な性格を持つのは当然なのだと解説した。[27]
『外交時報』一九四四年五月号に掲載された匿名著者によるエッセイも、ソ連が、ヨーロッパとアジア両方の地理的・人種的要素を備えた二つの顔を持つ国家であることを強調した。そして日本も明治以来、アジア的個性を残しつつ西洋化していった両面性を持つ国家であるから、日本とソ連には共通の特徴があり、それゆえに平等と相互理解を推進するような外交を展開できるはずである、と主張した。[28]
皇族の一員であり、戦時中に防衛総司令官・陸軍大将を務めた東久邇宮稔彦王《ひがしくにのみやなるひこ》の日記には、彼のさまざまな知人が、ロシア人がアジア人としてのアイデンティティを持たせるよう仕向けていくべきだと意見する様子が記されている。例えば一九四二年春、石原莞爾《いしわらかんじ》中将が彼を訪ねてきた際、石原は「わが国はソ連と親善関係を結び……アジアの一国たらしめ、決して白人側に立たしめてはいけない」と述べたという。また初夏の頃には朝鮮総督に新しく就任した小磯國昭大将も、「ソ連にアジア的な国という自覚を持たせて、ウラル以東に親日政権を立てることが良い」と語ったようだ。

さらに一九四四年秋には、実業家で政治家の久原房之助《くはらふさのすけ》も、ソ連人を東洋人にして、アジアのことはアジア人で処理するという理想のもとに日本とソ連が協力し、アメリカとイギリスを一歩も踏み込ませないようにすべきだと語り、東久邇宮もそれに同意した様子が、彼の日記に記されている。さらに一九四五年五月には、近衛文麿のブレーンだった政治活動家、後藤隆之助が、ドイツが降伏した今、日本の戦局はますます厳しくなっているが、とにかくソ連にアジア的観念を持たせるようにして、日本と協力してアメリカ、イギリスに対抗させよう、と東久邇宮に語ったと言う[29]。

ソ連人、またはロシア人が、アジア人を差別しないという思いは、二〇世紀の初め頃から日本人が彼らと実際に接しながら感じたことでもあった。ボルシェビキ革命に反対して、国外に脱出、亡命した人々のことを白系ロシア人と呼ぶ。戦前、彼らは日本内地を含めた大日本帝国のあちこちに定住して、日本人の隣人として生活していた。彼らが持ち込んだ西欧文化が、大正時代のコスモポリタン文化を豊かなものにした。満州国建国後、大連やハルビンなどに暮らすロシア人は、大日本帝国と西欧を結ぶ絆として重用された。「五族協和」のスローガンのもと、ロシア人は、日本人、中国人（漢族）、満州人、朝鮮人、モンゴル人と満州国で共存共栄するよう勧められた。

戦前の日本内地も含む大日本帝国内の各地で、日本人がアメリカ人とロシア人それぞれと交流・接触する様子を比較すると、明らかな違いがある。アメリカ人は、人種の壁を越えて日本人と交流しようとはしなかった。しかし大日本帝国内に暮らす白系ロシア人は、慎ましく社会に溶け込んで日本人と共存していた。この点からも、日本人がロシア人を、そしてソ連人を、アジアの隣人とみなし、同盟を結ぼうとしたのは自然な成り行きであった。

日本社会のアメリカ人

十九世紀後半からアメリカが次々に成立させた反アジア移民法は、一九二四年には日本人をも排斥対象とし、近代化（西欧化）を果たして欧米列強の仲間入りをしたと自負する日本人の心情を大いに傷つけた。アメリカ大統領セオドア・ルーズベルトは、このような日本人の優越感と劣等感が入り混じった心理を理解し、日本を「名誉白人」国家として扱うような外交配慮をした。

だが戦前のアメリカ社会では、有色人種がアメリカ国籍を申請して帰化することは許されず、白人と有色人種の結婚を禁じる州が大半だった。外交上のジェスチャーとして、西欧諸国に準じて扱うことはできても、アメリカ社会で、有色人種の外見をした日本人移民を「名誉白人」と扱うことは不可能であった。それでアメリカは排日移民法を通過させたことで、日本人を白人と同じ社会で共存させることはできないと、世界に向けて宣言してしまったのだ。

戦前日本で暮らすアメリカ人人口は十九世紀末からつねに増加傾向にあり、一九三六年に日本がドイツと防共協定を結んだ後も、在日ドイツ人の人口を上回っていたほどだった。それにもかかわらず、日本人はアメリカ人を身近に感じることは少なかった。日本に暮らすアメリカ人は多くがプロテスタントの宣教師で、日本人に神の意志を教える使命感を持って日本に暮らしていた。このこともあり日本に暮らすアメリカ人というのは、他の西欧人といろいろな面で大きく異なった集団だった。

戦前日本に暮らすアメリカ人が従事した職業は、約三九パーセントがキリスト教宣教師、約二六パーセントが教員で、「日本人を導く」役割についているものが、他の西欧人グループと比較して多かった。一九三二年当時の日本には、合計八八一名のキリスト教宣教師がいたが、そのうち二四六人（二八パーセント）がアメリカ人、西欧人教育者に関しては、合計七五九名のうち、二五三人（三四パーセント）がアメリカ人であった[30]〔表1―1、一九二四年統計として表1―2、表1―3参照〕。

宣教と教育の分野で存在感を誇ったアメリカ人だが、日本人は日常社会で彼らと触れ合っていない。アメリカ人宣教師は、日本人の庶民たちから隔絶した、いわゆる山の手で暮らし、下層階級の日本人は粗野で倫理観に欠けるとして交流することを努めて避けたようだ。戦後アメリカきっての日本通として在日アメリカ大使に抜擢されたエドウィン・ライシャワーは、彼の父がまさにこのような方針をもっていたことを、そしてそのために彼の家族は、彼自身も含めて「普通の日本人」を知る機会が全くなかったことを、悪びれずに自伝に書いている[31]。

アメリカ人宣教師から学んだ日本人プロテスタント信者たちも、こうした選民意識を身につけて、普通の日本人との間に距離を置くようになっていった。日本は、プロテスタント国家になることで初めて、アメリカのように高潔で徳の高い、デモクラシーと自由の国になることができると、彼らは考えた。『武士道』の著者、新渡戸稲造は、ペリーの日本遠征こそアメリカ合衆国の精神を日本に伝えんとする神の意志の表れであると、真剣に考えていた。そして日本こそが、そのようなアメリカの使命を受け入れる最初のアジアの国となるべきだと祈った[32]。

新渡戸の弟子で、東京帝国大学で初めてアメリカ研究講座を担当した高木八尺《たかぎやさか》も、良心的個人主義

表 1-1　日本在住外国人国別人口（1876-1937 年）

	国名						
年度	中国	アメリカ	イギリス	ドイツ	ロシア	フランス	合計
1876	2,449	274	1,279	231	51	260	4,972
1895	3,642	1,022	1,878	493	222	391	8,246
1905	10,388	1,612	2,114	616	58	531	16,558
1911	8,145	1,762	2,633	815	112	530	14,970
1924	16,902	1,870	1,848	930	818	398	24,122
1932	17,819	2,015	1,969	1,040	1,537	462	26,885
1937	15,526	2,347	2,360	1,959	1,590	583	30,838

総務省統計局監修、日本統計協会編『日本長期統計総覧』1 巻（日本統計協会、1987 年）52 ～ 53 頁。合計数は、6 ヵ国以外の出身者を含む。

表 1-2　日本在留外国人職業別人口表：国別（1924 年度）

アメリカ（1,870 名：うち職業従事者 922 名）

キリスト教宣教師・尼僧	359（38.9%）
学校教師・教授	243（26.3%）
貿易商・会社・商店員	220（23.9%）
エンジニア（技師・技手）	47（5.1%）
官吏	33（3.6%）
新聞通信記者	14（1.5%）
医師	6（0.6%）

イギリス（1848 名：うち職業従事者 810 名）

貿易商・会社・商店員	432（53.3%）
キリスト教宣教師・尼僧	150（18.5%）
学校教師・教授	124（15.3%）
エンジニア（技師・技手）	60（7.4%）
官吏	33（4.1%）
新聞通信記者	8（1%）
医師	3（0.4%）

ドイツ（930 名：うち職業従事者 434 名）

貿易商・会社・商店員	230（53%）
学校教師・教授	74（17.1%）
エンジニア　（技師・技手）	66（15.2%）
キリスト教宣教師・尼僧	49（11.3%）
官吏	11（2.5%）
新聞通信記者	2（0.5%）
医師	2（0.5%）

フランス（398 名：うち職業従事者 269 名）

キリスト教宣教師・尼僧	118（43.9%）
学校教師・教授	101（37.5%）
貿易商・会社・商店員	34（12.6%）
官吏	11（4.1%）
エンジニア（技師・技手）	5（1.9%）
新聞通信記者	0（0%）
医師	0（0%）

「内地在留外国人職業別人員表」（1924 年 12 月）『在本邦外国人に関する統計調査雑件』1 巻［k-3 -7-0-15］外務省外交史料館（東京）に基づき作成。

表 1-3　日本在留外国人職業別人口表：職業別（1924 年度）

キリスト教宣教師・尼僧（総数 775 名）

アメリカ	イギリス	フランス	カナダ	ドイツ
359	150	118	49	49

学校教育者（総数 661 名）

アメリカ	イギリス	フランス	ドイツ	中国	ロシア
243	124	101	74	38	26

貿易商・会社・商店員（総数 3399 名）

中国	イギリス	ドイツ	アメリカ	インド	スイス	ポルトガル	フランス
2060	432	230	220	114	46	37	34

「内地在留外国人職業別人員表（1924 年 12 月）」『在本邦外国人に関する統計調査雑件』1 巻［K-3-7-0-15］外務省外交史料館（東京）より作成。カッコ内の総数は、表に示されない国の出身者を含む。

といったアメリカ風のプロテスタントの伝統こそが、アメリカを民主主義国家とならしめていると考えた。そして日本人が真の民主主義を育てていくためには、まずピューリタン精神を身につけないとならないとした。日本人がプロテスタント主義を受け入れない限り、アメリカのデモクラシーが理解できるほど崇高な精神の持ち主になれない、と言うことだ。

そんな彼らにとって排日移民法とは、プロテスタント信者（文明的）であっても異教徒（非文明的）であっても、日本人である限りはアメリカ文明に同化できない、とアメリカ政府が断定したに等しく、彼らのプロテスタント教徒としての選民意識はこなごなに砕けてしまった。日本とアメリカをつなぐ架け橋であるはずの彼らだったが、排日移民法が廃止されない限りは二度とアメリカには足を踏み入れないと誓い、今のアメリカには腐敗した魂しかないと批判した。[33]

排日移民法成立後の日本とアメリカの友好は、プロテスタント教徒に代わって、帝国主義的野心にあふれた両国の資本家、実業家たちが支えた。一九三二年から一九四二年まで在日アメリカ大使を務めたジョセフ・グルーは、この難しい時期に日本とアメリカの外交関係を好転させようとした功労者と見なされている。しかし彼が付きあいを大切にした日本人とは、天皇をはじめとする皇族、華族、ビジネス界の重鎮、または欧米に留学や滞在経験を持つリベラル・エリートや和平主義者など、上流階級の人々であり、彼らと楽しむグルメな食事会が、ともにデモクラシーを謳歌する場であった。[34]そうした上品な交流は、もちろん庶民には無縁のものだったのだ。

日本に暮らすアメリカ人が、特権階級の日本人を付きあいの対象に選んだことは、軽井沢を見るとよくわかる。十九世紀末、アメリカ人とカナダ人のプロテスタント宣教師が夏のキャンプ場として開拓したのがこの地の始まりだ。瀟洒な欧米コミュニティーのレプリカのように発展した軽井沢には、欧米風生活を真似ながら欧米人と社交することを夢みる、財力のある日本人が集まるようになった。戦前の軽井沢は、天皇一家をはじめとして政府・軍の高官、実業家などが夏を過ごす高級避暑地となった。

一九三二年の特高調査によれば、軽井沢に別荘を持つ欧米人全体の約半分はアメリカ人で、さらに軽井沢で夏を過ごす欧米人宣教師の五六パーセント、欧米人教員の五五パーセントがアメリカ人であった。[35]まさに軽井沢は、アメリカの富と宗教的精神を象徴する場所だった。

戦前の日本に最も親しんだアメリカ人ウィリアム・メレル・ヴォーリズにしても、ごく普通の日本人との交流はまずありえないような生涯を送っていた。一九〇五年、キリスト教伝道者として来日した彼は、滋賀県の高校で英語教師を勤めた後、華族の子爵令嬢と結婚し、一九四一年一月に日本国籍を取得した。その後、近江兄弟社の創立者としてメンソレータムを日本に普及させ、同時に建築家として、学校・病院・個人宅などの設計を手がけた。琵琶湖のほとりで彼が創立した近江キリスト教伝道団(近江ミッション)は、療養院、幼稚園、図書館なども併設し、全体がアメリカ・コロニアル様式のコミュニティーの様相をなして、軽井沢以上に「本物のアメリカ」を日本の土壌に移植したものだった。

また彼が設計した建物は、山の上ホテル、軽井沢テニスコートハウス、明治学院チャペル、同志社大学図書館、個人宅としての欧米風大邸宅、避暑地別荘などで、クライアントの多くは上流階級の日本人であった。[36]彼は建築を通じて、人道主義と個人主義を日本人に伝えようとしたそうだが、豪邸を所有する余裕などない日本人には、そうしたアメリカ流ゴスペルは当然伝わらなかった。

イリノイ州出身で、太平洋戦争勃発直前まで九州のエリート高校で英語を教えていたロバート・クラウダーは、アジアに暮らすアメリカ人を当時から批判的に見ていた。つまり、アメリカ人はアジアの地に暮らしながらアジアの生活様式を見下して、アメリカ様式そのままのコミュニティーをつくりあげて、そこから一歩も出ずに暮らし、地元民の文化に触れ合おうともしない、と見抜いていたのだ。[37]

日本人の側にも問題がある。戦前彼らが対米関係をうまく成熟させられなかった理由の一つに、日本独自のアメリカ研究を成立させられなかったという事情がある。

「日本のアメリカ学創設者」と言われる高木八尺は、新渡戸稲造の弟子で、敬虔なクエーカー派キリスト教徒であった。東京帝国大学を卒業後、大蔵省に入省。その二年後、母校でアメリカ憲法、歴史、および外交講座を担当するよう任命され、ハーバード大学に派遣された。アメリカ建国の父トーマス・ジェファーソンから、フレデリック・ターナーのフロンティア理論、アメリカ経済史、と広く学び、帰国後は教鞭を執りながら、太平洋問題調査会常任理事も務め、日米友好のために、日米両国の著名学者、有力政治家、ビジネスマンなどとの親交を深めた。しかし彼の学問的業績は、テーマにも理論にも一貫性がなく、ついに日本人研究者ならではの「アメリカ像」を構築しアメリカ人に提示することはなかった。

バプティスト派キリスト教徒で社会主義者であった阿部行蔵《あべこうぞう》が執筆し一九四四年に出版された『アメリカ精神とアメリカキリスト教』という書物は、一般の人たちも読む機会があったようだ。阿部によると、アメリカ人は自分たちを選民とみなしており、その自惚れゆえに世界中に自分たちの価値観を拡張させようとする。世界中どんな国の人も、自分たちは特別だと思いたがるものであるが、アメリカ人の場合は、神の御心によってアメリカにやってきたピューリタンの子孫という思い込みがあまりに強いので、その分自分たちが世界を救ってやらねばならない、と信じている。

アメリカが諸外国の人々と政治的、外交的、文化的に交流する際、彼らは罪人を救済してやるような態度で、大変な使命感を持って接してきた。こうした選民意識は、今ではすっかり宗教的な純粋性を失っており、アメリカが物質的に世界中に拡張していくことを正当化するだけの、アングロ・サクソン的優越感に成り下がってしまった、と阿部は説明した。[38]

日本に暮らすアメリカ人が、特権的で孤立した生活様式を貫いている様子は、まさにそうした選民意識を具現化しているようだった。日本人とは同じ空間に隣り合って共存できない、という心情はすでにアメリカ西海岸での日本人移民排斥で明確になっていた。たとえ日本人の側がハリウッド映画、ジャズ、野球などに関心を持つようになっていっても、アメリカ人の存在は、どうにも身近に感じることはできなかったのだ。

日本社会のロシア人

谷崎潤一郎は、ロシア人がアメリカ人と異なる白人であることを早くから指摘している。谷崎は初期の文学作品で、欧米人は日本にとって甘美な毒であると表現していた。日露戦争後には、ロシア人を「露助《ロスケ》」と卑しむ風潮もあった。しかし一九四三年発表の『細雪』に登場するロシア人は、日本人を無条件に魅了し誘惑するような存在ではなくなっていた。神戸を舞台にしたこの作品では、主人公の日本人と彼女たちの周囲にいるロシア人は、対等の立場でお互いに触れ合っていた[39]。

日本人とアメリカ人の間にあったような人種の壁は、ロシア人との間には現われなかった。ロシア人は、青い目で金髪であっても、なぜか日本人は彼らに劣等感を抱くことはなく、心理的、物理的距離は生じなかった。戦前日本人にとってロシア人は、気安い存在であった。

ロシア人が日本人に差別感情を持たなかったわけではない。「黄禍論《こうか》」とは、十九世紀末ロシア皇帝ニコラス一世とドイツ皇帝ウィルヘルム二世が交わした書簡に登場した表現である。黄色人種の台頭は、白人文明とキリスト教の存続を脅かすもので、欧米諸国は結束してこれに対抗しなければならない、という趣旨で、当時台頭しつつあった日本を警戒するキャッチフレーズとなった。

日露戦争後のロシアに出回った日本人のイメージといえば、出っ歯でつり目のちびであって、アメリカやイギリス社会に出回っていたものと変わらない。しかし一方でロシアでは、日本人は自分たちと同様に芸術を愛し、美的感覚に優れ、精神性を大切にする、といった肯定的なイメージも広まっていた[40]。

日本人がロシア人に対して苦手意識を持たなかった理由の一つに、戦前日本の各地で、ロシア人がごく普通の隣人として生活していたことがある。ロシア帝国にボルシェビキ革命が起こると、一九一七年から一九二一年の間に約二〇〇万人のロシア人が国外逃亡し、そのうち六〇万人がドイツへ、四〇万人がフランスへ、残りがバルチック諸国、バルカン諸国、アメリカ、カナダ、オーストラリアなどに亡命し、日本と日本の植民地にも数千人がやってきた。
一九二二年に国際連盟が、さらなるロシア人亡命希望者に世界各地で通用する国際証明書を発行し、日本政府もその持ち主を受け入れる意向を示したため、その後もロシア人が日本にやってきて定住者は増えた。一九二四年時点で、植民地を除く日本内地には一一六七人の白系（反ボルシェビキ系）ロシア人が定住していたが、一九三〇年には一六六六人になった。記録からもれたロシア人もいたことも考慮すると、戦前の日本本土には二〇〇〇人ほどのロシア人が暮らしていた。[41] さらに南樺太に約一七〇人、朝鮮に一〇〇人ほど、台湾に十二人、そして満州国には、五万三六〇〇人ほどのロシア人が暮らしていた。[42]

亡命ロシア人が日本にやってきたのは、ちょうど大正デモクラシーの全盛期で、コスモポリタン文化への関心が高まっている頃だった。トルストイの劇『復活』が人気を博し、劇中歌われた『カチューシャの歌』が大ヒットしていたことも、彼らが日本に定住する過程をスムーズにしたのだろう。彼らロシア人は「青い目の外人」として、さまざまな西洋文化を日本に持ち込み社会に定着させる貴重な役割を果たしたのだ。

一九一七年から一九二三年の時期に日本にやってきたロシア人難民の第一波は、帝政ロシアのブルジョワ階級出身者が多く、それ以後やってきた第二派以降の人々は、農民、商店主、物売りなどの平民が主だった。それで彼らは全体として、ロシアの持つ重層的で多様な社会経済文化を、日本人に示すことができた。

サンクトペテルブルクとモスクワのまばゆいばかりの貴族文化、バレエ、クラシック音楽、オペラなどを日本に定着させる役割を果たした人もいれば、純朴でまじめに働くロシア人労働者と農民は、ロシア人の勤労倫理を日本人に示し、尊敬を勝ち取った。同じ頃日本に暮らすアメリカ人が、排他的で金持ちのエリートとしてしか存在していなかったのに比べ、ロシア人ははるかに多様で豊かな西欧のイメージを日本人に示したのだ。

日本において著名な芸術家・エンターテイナーとして活躍した白系ロシア人は少なくない。エマヌエル・メッテルは、大阪放送管弦楽団の指揮者となり、朝比奈隆、服部良一などを育てた。一九一四年設立の宝塚歌劇団は、亡命ロシア人音楽家、舞踏家を教授に任命し、劇団員の指導を仰いだ。ロシア人ピアニスト、バイオリニストの公演を通じて、日本人観客は欧米のクラシック音楽によりいっそう馴染んだ。

亡命者以外のロシア人も来日して活躍した。アンナ・スラビーナとその娘エカテリーナとニナは、帝政ロシアでのキャリアをもとに、日本の近代演劇と映画の誕生に貢献した。アンナは一九一七年、朝鮮の釜山で興行していた女流奇術師である松旭斎天勝に見出され、日本に招待された人材だ。天勝団の団員として来日した彼女はやがて独立し、娘のエカテリーナとともに、スラビーナ劇団を結成し、西欧風の劇と舞踊を中心とした興行で日本各地を回るようになった。

娘のエカテリーナは、近代日本映画の黎明期に西欧人役を演じる女優として活躍した。それまでの日本映画では、日本人が大きな作り物の鼻をつけて金髪のかつらをかぶって西欧人を演じていたので、日本語が達者なエカテリーナの活躍は貴重だった。彼女は、国際的な友情や恋愛をテーマにした映画では主役を演じた。『光に立つ女』（一九二〇年）では釜山出身の亡命女優のメロドラマを、『極光の彼方へ』（一九二一年）では、カムチャッカを舞台にした若き日本人開拓者と西欧人女性のロマンスを演じた。後者のラストシーンは、開拓者を演じた人気俳優、諸口十九《もろぐちつづや》と永遠の愛を誓いキスを交わすところを雪上の二人のシルエットで表現したもので、日本映画史上初めてキスシーンを盛り込んだ画期的な作品である。

戦後生まれた神話によると、アメリカ占領軍は、抑圧的で封建的な日本社会を自由なものにするため、日本映画史上初のキスシーンを盛り込んだ映画『はたちの青春』（一九四六年）をつくらせ、大変話題になったという。だがその四半世紀以上前、すでにこのような映画が日本人によって自主的につくられていたのだ。

一九二六年、エカテリーナは日本国籍を獲得すると、日本舞踊を学び始め、ついに欧米人として初めて名取となり、弟子を取るまでになった。一方で母親のアンナは、一九二〇年に松竹キネマが俳優養成学校を開設すると、指導者に任命され、どのように洋装すればよいか、歩き方から食べ方、動く仕草など、どうすれば欧米人のように見せられるかを、日本人学生に教授した。[43]

白系ロシア人は、西欧の食文化も日本に伝えた。新宿中村屋は、亡命ロシア人のパン焼き職人を雇ったが、中にはサンクトペテルブルクの宮殿で皇帝に仕えていたパティシエもいた。彼らは、ロシアケーキ、ピロシキなどの味を中産階級の日本人に紹介した。一九一〇年創業の不二家も、亡命ロシア人パティシエを雇って西洋菓子づくりの技術を学んだ。ロマノフ朝皇帝に仕えたこともあったマカロフ・ゴンチャロフは、ロシア革命を逃れて来日し、一九二三年、神戸で菓子屋を創業し成功した。バレンティン・モロゾフの一家は一九二五年に来日し、ゴンチャロフと同様にチョコレート、キャンディなどの西洋菓子を日本の都市文化の一部として定着させた功労者だ。[44]
スポーツの分野でも亡命ロシア人は活躍した。A・ボロビヨフは、早稲田大学レスリング部で活躍し、一九三六年にはミドルウェイト級日本チャンピオンになった。「青い目のスポーツ選手」として戦前日本で最も有名だったのは、東京ジャイアンツの投手、ビクトール・スタルヒンである。一九二五年、家族とともに日本に到着したビクトールは小学校から普通の日本人学校に日本人の級友とともに通い、(旧制) 旭川中学校で野球を始めた頃はすでに絶対エースだった。旧制中学を卒業後、東京ジャイアンツに入団し、一九三五年にはアメリカ・ツアーにも参加し良い成績を残した。長身で青い目の金髪でありながら、物腰は全く日本人で、チームメートと日本語で話す彼を、アメリカの観客とマスコミは好奇の目で見つめたという。一九三九年には、日本記録となる最多勝を獲得し、一九四四年まで東京ジャイアンツ投手として活躍を続けた。[45]

これらの著名なロシア人とは別としても、普通のロシア人の生活は、日本の高級住宅街で孤立して生活するアメリカ人や他の西欧人たちと非常に対照的だった。このことは日本に暮らす他の欧米人たちも感じていた。エドウィン・ライシャワーは、戦前日本で見る欧米人といえば、宣教師・教師・外交官・貿易商、たまに観光客くらいで、肉体労働をする白人といえば白系ロシア人と決まっていた、と回顧している。[46]

外務省が定期的に行っていた彼らの生活状況調査からも、在日ロシア人は他の在日欧米人に比べて、非常に慎ましい暮らしをして日本社会に溶け込んでいたことがわかる。一九二四年の調査では、八一八人のロシア人の約九四パーセントは、日本全国に分散して、パン屋、行商、お針子、小売店経営、牧童、漁師、召使、興行師などの職種についていた。

一九四二年の調査によると、東京に暮らす五七名のロシア人には、紳士服仕立て屋、美容師、毛皮商、工場労働者、帝国ホテル勤務のパン職人、東亜研究所の清掃員などがいた。加えて四名が、東京帝国大学、日本歯科大学、早稲田大学、東京慈恵会医科大学で学んでいた[47]〔一九三七年までの統計結果は、表1―4参照〕。

当時最も多くのロシア人が従事していた商売は行商で、村から町へと家々を訪問して、背中に背負った着物や布類、とくに羅紗《ラシャ》を売り歩いた。エキゾチックな風貌の彼らは、西洋の布、小物、化粧品について熟知しているように見え、それを達者な日本語で丁寧に説明するので、日本人はついほだされて買ってしまったそうだ[48]。

函館に暮らすロシア人の多くは漁業に従事しており、函館に定着したロシア人女性の中には、日本人商家に嫁ぐものもいたという。また近隣の銭亀沢《ぜにがめざわ》村には、ロシア正教の一派である古儀式派の人々が生活していた。農業と養蜂を中心に自給自足の生活を行い、近隣の日本人に自家製パンや蜂蜜、ジャムなどを売って生計を立てていた[49]。

荒涼とした風景も、ロシア人がいると日本人好みのコスモポリタンな雰囲気になる、と作家やジャーナリストが満足気なコメントをすることもあった。北原白秋などは、列車の駅で、バスケットに甘いパンを入れて売り歩くロシア人の子供は、まるでアンデルセンの童話から抜け出してきたようだと語っている[50]。

表1-4　日本在住亡命ロシア人　職業別人口（1924-37年）

1924年度（全人口818名）

教育者	26	学生	4
技師・技手	8	会社・商店員	50
貿易商	14	呉服太物行商	32
毛織物行商	209	牧畜業従事者	10
漁業従事者	5	遊芸家・芸妓	5
舞踏家	3	音楽家	15
雇人僕卑・労働雑役	17		

1932年度　（全人口1167名）

宣教師・尼僧	17	学校教師	17
銀行・会社・商店員	50	技師・技手	4
音楽家	15	洋服被服商・洋服行商	133
呉服太物行商	55	毛織物行商	81
洋服裁縫師・裁縫業	29	菓子パン製造業	5

1937年（全人口1,385名）

宣教師・修道士・修道女	2	看護婦	1
学校教師	8	遊芸家・芸妓	4
学生	11	理容術営業	1
新聞雑誌通信員	3	革加工業	1
彫刻家	1	毛皮商	1
著述業	1	洋服商	8
会社員	9	食料品商	3
商店員	1	菓子パン商	2
事務員	1	化粧品商	2
タイピスト	2	宝石行商	1
野球選手	1	洋服行商	79
音楽家	2	化粧品行商	12
あんま師	2	ラシャ行商	6
毛布行商	2	食料品行商	1
洋服裁縫職・裁縫業	5	雇人僕婢	2

「内地在留外国人職業別人員表（1924）（1932）」『在本邦外国人に関する統計調査雑件』1巻［k-3-7-0-15］外務省外交史料館（東京）、「在留外国人国籍別職業表の件（1937年4月）」『在本邦外国人に関する統計調査関係雑件：在留外国人国籍別人員表』2巻［K-3-7-0-15-1］外務省外交史料館（東京）より作成。亡命ロシア人が従事していた職業全てを網羅しているわけでない。また職業従事者の家族は数字に含めない。なおソ連人人口も含めない。

大東亜共栄圏とロシア人

太平洋戦争が始まると、日本人は「鬼畜米英」のスローガンのもと、西欧の文明文化を真っ向から否定し、外来語を禁止し、国粋主義に猛進した、という「記憶」は正しくない。一九四四年、日本政府はバンジョー、スチールギター、ウクレレを禁止したが、それはこれらがアメリカ(ハワイ)特有の民族楽器だからだった。同年十月には、日比谷公会堂で大東亜交響楽団によるコンサートが開かれ、聴衆はバッハの「バイオリン協奏曲」、ビゼーの「カルメン」「アルルの女」を楽しんだ。戦争の最中であっても、西洋文化そのものは日本社会で愛され続けたのだ。

ドイツ・イタリアと枢軸同盟を組んでいたことからも、日本が西欧文化自体を排除したわけでないことは明らかである。日本政府は、ドイツを代表するチュートン民族とイタリアのラテン民族は日本の大和民族同様に全体主義を好む傾向にあり、英米のアングロ・サクソン民族が「西側陣営は一体となってデモクラシーのために戦う」と主張しているのは全くの的外れだ、と発表している。つまりデモクラシーは決して白人全体を通じての文化を規定するイデオロギーではあり得ない、と日本政府は主張したのだ。[51] 西洋文明全体を完全排除して「純粋な」アジアを作り出すというのは、決して日本の戦争目標ではなかった。東西文化を融合させた大日本帝国こそが理想だった。

パール・ハーバー攻撃の直後、神戸でチョコレート店を経営する白系ロシア人のバレンティン・モロゾフは、日本への愛国心あふれる演説をしたことが、日本の警察記録に残っている。一九四一年夏以来、アメリカが仕掛けてきた経済制裁と心理戦を乗り越えて、今ついに日本がアメリカに立ち向かったことを知り、自分はまばゆい太陽の光を浴びているような誇らしい気分である、とモロゾフは語ったそうだ。[52]アジアにおいて東西文化融合の夢を実現させるために、ロシア人またはソ連人の協力を取り付けられるなら、それは非常に好都合な有り難いことであった。

「日本バレエ界の母」と言われるエレーナ・パブロバは、一九一九年、家族とともにロシアから日本に亡命してきた。サンクトペテルブルクのマリンスキー劇場で踊ったキャリアを持つ彼女は、自らバレリーナ、振付師を務める傍ら、鎌倉七里ヶ浜で日本初のバレエ学校を創設して日本人バレリーナを育てた。彼女は公の場には着物姿で出席し、天皇を敬愛した。一九三七年秋には、家族全員が日本国籍を取得した記念リサイタルを皇居近くの軍人会館で開いた。彼女はその場をかりて、今後も自分の才能を日本のために捧げると観客に誓った。

一九三八年秋、パブロバは、日本と西洋の楽器に合わせて踊る日本風の舞踊「梅」を振り付けて自ら踊った。一九四一年三月には陸軍の要請で中国戦線慰問公演に旅立ち、古典バレエ作品はもちろん日本の民謡、わらべ歌に合わせても踊った。彼女の十八番「瀕死の白鳥」に涙する日本兵も多かったという。一九四一年五月、彼女は破傷風がもとで亡くなった。日本政府は彼女の軍属としての活躍と貢献を称え表彰した。[53]

この頃日本で活躍したもう一人のロシア人バレリーナ、オルガ・サファイアは亡命ロシア人ではなく、日本人外交官と結婚して日本国籍を取得している。プリマドンナとして古典バレエを踊るだけでなく、日本舞踊も踊った。一九三八年には「東洋の印象」という二幕もののバレエ作品を振り付け演出した。彼女は、この作品によって日本の芸術的水準が西欧並みに高く、東洋における真のリーダーであることを証明したいと語った。一九四二年には満員の宝塚劇場で「シェヘラザード」を踊り、一九四三年には「ビルマの孔雀」という新作を披露し、日本政府がビルマに対して承認した独立を祝った。[54]

こうした活動の全てが、彼らの本心からのものなのか、日本政府を意識した政治的行為でもあったのかは、必ずしも明確でない。というのも太平洋戦争が始まると、北海道に住む白系ロシア人が日本を裏切って、ソ連またはアラスカ経由でアメリカのためにスパイ活動を始めるかもしれない、と日本政府は彼らを疑っていたからだ。[55]長崎に住むロシア人の中には、満州国ハルビンから訪ねてきた友人を接待しただけで、警察から尋問されたり投獄されたりした人もいた。[56]日本人がロシア人に抱いた信頼感情は、長続きしなかったようだ。

一方で満州国に暮らす白系ロシア人は、日本が掲げる大アジア主義が文化・人種を超越した普遍的な価値を持つことを証明する大切な切り札的存在とされた。

日本の各植民地に定住したロシア人は概して、内地の同胞と同じような生活を送っていた。教員、音楽家、舞踊家、小売商から、給仕、女給、警備員、床屋、菓子屋、客引き、コック、レストラン経営、宿屋経営、養鶏業、酪農業、靴屋、行商など多彩な職についていた。南洋群島サイパンにも、ロシア人が住み、かみそり、バリカン、化粧品、服などを売っていた。彼は、神戸に家族を置いて単身でサイパンに移ってきたそうだが、地元のチャモロ人家族から部屋をかりて生活し、日本人が経営するカフェやパン屋によく顔を出しては、おしゃべりに興じていたらしい。[57]

満州国ではロシア人人口は増える一方だった。一九三五年ソ連政府が満州国を承認し、さらに満州国への不干渉を約束すると、日本政府は無国籍、またはすでに中国国籍を取得した白系ロシア人を、積極的に満州国に招待した。一九三〇年代半ば、満州国には六万七〇〇〇人ほどの欧米人が暮らしていたが、その約八〇パーセント、五万四〇〇〇人ほどがロシア人だった。[58]

当時満州を訪れたアメリカ人は、当時の世界常識を覆す人種関係のあり方を見て驚いたようだ。ハルビンのホテルでは、白人であるロシア人がエレベーターボーイをして、日本人ゲストに深々と頭を下げる。レストランでは、ロシア人のウェイトレスが礼儀正しく、愛想よく、日本人客に給仕をする。満州国のどこにいっても、社会経済的地位の高いポジションにいて、堂々としているのは日本人だった。アメリカ本土やハワイから来た日系アメリカ人は、いっそ満州国に移住したほうが、アメリカより良い将来が待っているのでないかと考えたそうだ。[59]

アメリカでは異人種間の性的関係はタブーだったが、満州国では容認された。ハルビンには日本語が上手なブロンド、青い目のロシア娘が、日本人客をもてなすクラブがいくつもあった。アメリカ帰りのジャーナリスト清沢洌は、日本人の友人に連れて行かれたクラブで感じたことをエッセイにしている。ハルビンでは白い肌のロシア娘が、日本人、中国人、ユダヤ人娘と一緒になって踊ったり、ホステスを務めたり、カフェのウェイトレスをしたりして日本人客を歓迎してくれる。清沢は自分は娼婦には断固反対すると断ったうえで、それでもアングロ・サクソン的厳格な道徳観など全く通じないハルビンで、彼女たちと楽しい時間を過ごしていると、何ともいえない解放感と自由を感じたそうだ。[60]

満州国では満州族・漢民族・蒙古人・朝鮮人・日本人の五民族が共存共栄する、という意味のスローガン「五族協和」は、コスモポリタニズムも奨励していた。それで満州国の日本人官僚たちは、ロシア人が六番目の民族として、満州国を真のユーラシア国家にするべく大いに活躍することを期待していた。そもそも十九世紀末からロシア人は東清鉄道（一九三三年、北満鉄道と改称）沿線開発に関わってきたので、その地域の建築や都市計画には、ロシア的要素が強く漂っていたが、日本人官僚はそれらを非常に大切にした。

南満州鉄道が出版した観光案内では、ハルビンは豊かなロシア文化が香るコスモポリタンな街、と紹介されている。当時日本人に向けて販売されたハルビンの絵葉書は、ロシア正教会、ロシアの物産、食品を売る店をはじめとして、公園や川沿いでくつろぐロシア人の姿、祭りを祝うロシア人、西欧風のしゃれたレストランでロシア人と食事を楽しむ日本人などの姿を紹介した。[61] つまり満州国におけるロシア人の存在は、それ自体が満州国のユニークさを証明していたのだ。

満州国に暮らす日本人の家にもペチカが置かれ、近隣のロシア人との交流は大切にされた。[62] 満州国の日本人官僚は、ロシア正教の賛美歌、コサックの合唱などを満州文化を豊かにするとして歓迎し、彼らのための劇場をつくり、公演活動を支援した。

ソ連からウスリー河を越えたところにある三河《サンガ》地方には、八〇〇〇人ほどのロシア人コサックが移住してきていた。ロマノフカ村に暮らすロシア正教会の古儀式派教徒たちは、慎ましいながらも着実に生活を豊かにしていった。ロマノフカ村の家屋、建物、村人の服装、宗教儀式などには、中世ロシア文化の影響が色濃く残っており、村全体がこの世のものと思えない神秘的雰囲気をかもし出していた。満州国関係者は、ロマノフカ村を「東洋の桃源郷」と名づけて自慢し、訪れた日本人ジャーナリスト、写真家、画家たちもその名に同意した。[63]

一九三九年に発表された『満ソ国境紛争史』という書物は、軍事衝突を描いたものだったが、その本ですらロマノフカ村の存在を無視することはできず、白樺でつくられた丸太小屋に住む農民、牛の乳を搾るロシア人娘、放牧に出した牛馬を畜舎に戻そうとする少年、村中に響く教会の鐘の音の魅力に触れていたほどだ。[64]

ただし、彼らロシア人が自発的に強い親日感情を抱くかどうかについては、あいかわらず確証がなかったため、彼らの同化には力を入れ続けた。一九三七年、陸軍特務機関は「白系露人事務局」を設立し、元ロシア軍将校を局長に任命し、ロシア人の生活状況、日本への同化程度について監督させた。[65] 満州のロシア人学校ではロシア語の使用は許可されたが、満州国建国理念についての勉強を必須にした。ロシア人の中には日本語で高等教育を受けようとする者も出てきた。満州国の首都新京（長春）にある建国大学は、満州のリーダーを養成する国立大学で、ロシア人学生にも年間五名の定員数が割り当てられた。ハルビン医科大学も年間十人のロシア人学生の正規入学を許可した。今日も六本木のクリニックで現役医師として活躍しているユージン・アクショノフ博士の場合、一九二四年ハルビン郊外で生まれ日本語教育を受けて育った。早稲田大学で日本語を学んだ後、東京慈恵会医科大学で学位を取得し、そのまま医者として日本に定住した。[66]

詩人の長谷川濬《はせがわしゅん》は、満州文学をコスモポリタン文学と位置づけ、西欧的規範とは異なるアジア的世界精神を養っていくジャンルとなるべきであると主張した。長谷川は、山河地方のコサック村、シベリアの樹海と狼の吠え声などを、満州国文学のモチーフに取り入れた[67]。一九三八年創刊の文芸雑誌『満州浪漫』は、満州文学というジャンルを確立することを目的とし、中国人、満人作家に加え、ロシア人作家にも積極的な投稿を呼びかけた。

ニコライ・A・バイコフは、シベリアの荒野を舞台にした野生動物の物語を得意とし、シベリアの針葉樹林を支配する虎を主人公にした『偉大なる王』(一九三六年)などは、日本でも人気だった。バイコフは一九四二年十一月東京で開催された大東亜文学者大会に満州代表として招待された。

満州国の日本当局はおしなべて白系ロシア人を協力的とみなしていた。一九四二年三月六日付の満州憲兵隊の報告書によると、彼らは日本の大アジア主義をよく理解していると評価されている。ロシア人は、神社の祭事に参加し寄付もする。彼らは心の底では母国が恋しいため、完全に日本に同化することは納得していないが、満州国あってこそ彼らは生存できるのだから、当面は満州国の発展に協力するであろうと、報告書は結んだ[68]。

大戦の後半に入り、日本の敗北が明らかになってくると、ロシアと文化的に共存することで日本のアジア主義をさらに豊かにするというビジョンは弱まっていった。ソ連が対日参戦してきたら、大日本帝国中の白系ロシア人は日本を裏切るのでないかと、日本側は警戒し始めた。一九四四年三月、東京の警察は、生活に困窮している都内のロシア人三〇人ほどに小さな町工場での仕事を斡旋した。これは彼らの動向を観察するためであった[69]。

白系ロシア人の忠誠心は揺れ動いた。日本の戦争大義に賛同し、寄付献金を続ける者もあれば、自分の息子に日本軍への入隊を勧める者もいた。一方、日本の敗北を予想してソ連国籍取得を考え始める者も出てきた。

外務大臣の重光葵《しげみつまもる》は、大東亜共栄圏の実現のためにあらためてソ連自体の参加を呼びかけるべきと考えた。一九四四年九月、最高戦争指導会議において重光は、ソ連がアジアの一員であることをここでもう一度強調し、日本とソ連は「東亜民族の解放と独立」という共通の原則を共有していることを確認しあうべきだと主張した。日本が掲げる大東亜共栄圏の理念は、ソ連が重視してきたアジア民族のナショナリズムを擁護することと同じである。このように日本とソ連が共有できる原則を確認しあうことで、ユーラシア大陸に新しい秩序を作り出すためにともに協力し合えることをソ連に伝えるべきであると述べた。[70]

それからわずか数ヵ月後の十一月、スターリンが日本を侵略者と批判してからは、日本とロシアの文化的共存のビジョンはますます弱くなった。大戦末期、東京とモスクワの外交関係が緊張をはらんだものになると、文化的共存に関する意見は全く交わされなくなった。

それでも中国と朝鮮を含めた東アジアの戦後秩序を考える際、ソ連は考慮に入れるべき絶対的存在であることに変わりはなかった。ロシア文化が日本の大日本帝国に大きな影響を与えたように、ソ連の共産主義イデオロギーは、中国や朝鮮のナショナリストたちに多大な影響を与えているのは事実だった。ソ連抜きのアジアの戦後を考えるのは不可能だった。だからこそ大日本帝国の崩壊を考え始めた日本の指導者たちは、中国での内戦や朝鮮独立運動の行方を予測する際、必ずソ連の動向を観察分析し続けたのだ。

第2章 毛沢東の魅力？——日本の中国評価

日中戦争（一九三七～一九四五年）は東アジアで起こった局地的紛争に過ぎない、というのは大きな誤解である。日本の指導者は、その戦争の行方と結果は、アジア地域を越えた国際社会のあり方に大きな影響を及ぼす、と当初から考えていた。日本が日中戦争に勝てない場合、中国大陸の新しい支配者は誰になるのか、そのような中国とともに東アジアはどう変わるのか、そして中国は欧米諸国にとってどのような存在感を示すのか、とつねに彼らは問い続けていた。

日本の中国専門家は、共産主義の台頭に早い時期から注目していたので、ソ連が中国の内戦にどう介入してくるか観察を怠らなかった。そして同時に、ソ連に対抗するべくアメリカが中国に対してどう動くかも見守った。アメリカはパール・ハーバー以前から蔣介石の国民党政府に軍事的支援を送っていた。太平洋戦争勃発以降は一九四三年、カイロ会談に蔣を招待し、連合国の指導者の一人として扱った。しかし蔣は、毛沢東が指導する中国共産党との抗日協力を重視せず、中国国民の批判が高まった。アメリカも次第に、蔣が中国の最高指導者としてふさわしいのか疑問視するようになった。日本側は、アメリカが太平洋戦争で圧倒的優位に立っていても、それが必ずしも蔣による統一中国の誕生を確約するわけでないことを承知していた。

日中戦争以前から中国共産党の動向に注目する日本人の中には、中国専門家の他に、国際情勢通の知識人も少なくなかった。中国専門家は、中国共産党こそ中国を急進的に変え成長させていくだろうと早い時期から期待を表明していた。やがて日中戦争が泥沼化する中、軍部も中国共産党の動向を詳細に観察し続け、やがて毛沢東が中国統一を果たす可能性を真剣に考え始めた。

一九四四年秋、日本の傀儡として設立された南京国民政府の主席であった汪兆銘《おうちょうめい》が死亡すると、日本が南京政府を介して蔣介石の重慶政府と和平を結ぶ可能性は絶たれてしまった。その和平策に代わるように、この時期、日本政府は中国共産党への接近を試みるようになった。当時大東亜大臣と外務大臣を兼任していた重光葵は、佐藤尚武《さとうなおたけ》在ソ連日本大使に、日本は延安に拠点を置く中国共産党を中国の独立政権として承認することを伝え、ついで国内メディアに今後中国共産党に対して敵対的な表現を避けるように要請した。

一九四四年夏、日本は太平洋戦場でサイパンを失っている。日本の指導者たちは、戦争が終わるまでに何とか「アジアに対する日本の使命」を全うさせたい焦りがあった。つまりアジアから米英の干渉を排除し、アジアを自らの手で活性化させるという「戦争の大義」である。その中で蔣介石より毛沢東のほうが、統一中国を実現しアジアを自立させる可能性を秘めているのではないか、という発想が浮上したのだ。

戦前の日本が国際社会を見渡すとき、そして東アジアのあり方を考えるとき、ソ連が無視できない存在だったことは前章で見た通りである。日本はソ連のことを、アジア人と共存しながら、欧米諸国をアジアに近づけないようにする能力を持つ国と評価していた。しかしだからといって、ソ連が日本に代わって東アジアのリーダーとなることは望まなかった。

日本政府や軍部の中国専門家は、中国内戦では中国共産党が優勢と分析していたが、モスクワ主導の国際共産主義の勝利を歓迎していたわけではない。日中戦争勃発以前から、彼らは毛沢東とスターリンの間にある微妙な空気に注目していた。そして毛沢東が中国の指導者となったとしても、中国はソ連の衛星国にはならないだろうと予測していたのだ。

日本の指導者たちが見極めようとした日中戦争の行方をたどり直すことで、彼らが感じていた日本の戦争の目的と限界、そして彼らが予期した戦後国際社会の姿を浮かび上がらせることができる。

中国共産党研究

一九三四年から一九三六年にかけて、中国共産党軍は、蔣介石の国民党軍の攻撃をかわしながら一万二五〇〇キロを徒歩で移動し、革命の根拠地を江西省瑞金《ずいきん》から陝西省延安に移すのに成功した。この「長征」の偉業を、日本のメディアも大きく取り上げた。国民党軍の包囲討伐に多大な人的被害を出しながら長征を完了させた毛沢東のリーダーシップに魅せられた日本人の間には、孫文の遺志をついで未完の革命を成就させるのは彼ではないかと考える者が出てきた。

毛沢東のカリスマ的指導力に注目したのは、一般の日本人、中国専門家だけでなかった。関東軍、外務省、南満州鉄道調査部（以下、「満鉄調査部」と略す）、その他さまざまな調査研究機関も、中国共産党研究に着手し始めたのだ。

中国研究の第一人者と見られていた尾崎秀実《おざきほつみ》は、ジャーナリスト時代に「中国の将来と日本、アジア、そして世界の将来を知ろうとするなら中国共産党のことをもっと勉強しよう」と日本の読者に呼びかけていた。中国は国内に半封建制を抱え、外国からは半植民地主義を押し付けられて、二重のくびきのもとに苦しんでいる。中国の農民が立ち上がり自らの意志で戦い始めれば、彼らは半封建的民主主義革命を達成し、同時に帝国主義列強を中国から追い出して、自分たちのために真の独立を勝ち取ることができる。そのように中国の民衆を指導できるのは中国共産党だ、と尾崎は論じたのだ。[1]

日本の研究者が中国の将来を考えるとき、孫文の辛亥革命に援助を惜しまなかった大アジア主義者も、マルクス主義者もどちらも「アジア的近代化」つまり欧米の模倣でないアジア独特の近代化によって中国が活性化することを期待した。

そもそも日本が中国に干渉を始めた理由として自らが課した「使命」の一つには、世界文明史の壮大な文脈の中で古代中国文明の「死」を見守ることがあった。ドイツの歴史学者レオポルド・ランケの弟子、白鳥庫吉《しらとりくらきち》は、西欧におけるオリエンタル世界研究の概念をそのまま使用して、アジア世界の発展には限界があると主張してはばからなかった。ただし白鳥は、日本は西欧化に成功したことで、すでに東洋世界の規範を脱却していると解釈し、それゆえまだ東洋世界に残ったままの中国をより高い文明水準に導く使命があると主張した。[2]

白鳥とともに戦前を代表する東洋学者であった内藤湖南《ないとうこなん》も、中国文明が最高のレベルに到達したのは漢から唐の時代にかけてで、その後の中国は革新的な文明を生み出すことができずに衰退の一途をたどったと説いた。内藤は中国史を人間の一生にたとえ、二〇世紀初期の中国は老境にある人のようなもので、あとは死を待つばかりという悲観論を展開していた。

そうした老いさらばえた中国に比べ、西欧化・近代化に成功した日本こそは、新たな東洋世界の創始者となるべきで、中国の人々に進歩の意味を示すべきである。ここに日本が、中国のみならずアジア全体の管理人となり、その再生を見守っていく責任がある。白鳥は日本が作り出す新しい東洋世界の可能性について、このように語ったのだ。[3]

一方、日本のマルクス主義者は、中国文明が衰退しているという「いわゆる東洋的支那論」は、近代日本の帝国主義政策を正当化する政治的な言い訳に過ぎず、真に科学的な学問研究ではないと批判した。二〇世紀初頭の中国における政治的発展は、確かに日本の欧米化から刺激を受けて起こったものが少なからずあった。中国に共産主義が伝えられた起源にしても、日本経由でもたらされた知識は少なくない。[4] 中国共産党の創設者たちには、日本留学の経験者が少なくなかった。

一九二一年、コミンテルンの手引きで中国共産党が誕生し、翌一九二二年には日本共産党が生まれる。日本共産党員は、中国共産党員と協力して日本と欧米の帝国主義と戦うことを自らの使命とした。

日本のマルクス主義者たちは、日本はすでに近代化に伴う試練を乗り越えているものの、共産主義革命を起こせないことに苛立っていた。そうした彼らの目には、混沌とした社会に生まれた中国共産党のほうが、革命的運動を起こしやすいように見えた。中国には、日本の近代体験を超えるような規模の社会経済発展を軌道に乗せる可能性があるように見えたのだ。中国は停滞文明でなく、共産党の運動次第で全く新しい文明を生み出す素晴らしい実験場になるかもしれない。彼らはこう期待した。

日本における中国研究には、実証研究というアプローチも生まれた。一九〇一年、近衛篤麿《このえあつまろ》貴族院議長が会長を務める東亜同文会が上海に開設した東亜同文書院は、中国大陸で活躍できる日本人を養成し、活発な日中貿易や交流を発展させ、日中が共栄共存すること、そして日中が提携して欧米帝国主義に抵抗することを目標とした。一九四五年までに東亜同文書院で学んだ日本人は五〇〇〇人ほどおり、彼らは中国語で中国の社会、経済、政治について勉強した。外務省の支援がきっかけとなって、日本人学生たちは定期的に中国各地で大規模なフィールドワークを行い、中国の詳細な実態調査を進めた。

関東軍のシンクタンクとして発展した満鉄調査部も、一九三〇年代、マルクス主義的アプローチで中国の現状分析を行い、めざましい成果を上げた。調査部は、満鉄開設のわずか一年後の一九〇七年、本社が置かれた大連に誕生した。当初は満鉄経営のための調査を手がけたが、次第に中国全体の社会・政治・経済の本格調査研究を行うようになり、奉天、ハルビン、上海、南京、ニューヨーク、パリにもオフィスを置き、国際的視野から六〇〇〇件以上の研究報告書を作成した。

満鉄調査部は戦前、日本の社会科学研究所として最高レベルにあった。中国において日本の国益が肥大化するに従い、多数の研究員が必要になった調査部は、日本で活動の場が少なかった有能なマルクス系研究者も多数取り込んで、彼らに自由に研究をさせた。そうした研究者が中国の社会経済的情勢を分析するうちに、中国共産党の伸長は世界史の流れの中で必然的であると主張するようになった。そうした調査研究を満鉄調査部が発行したことで、彼らの主張はいっそう注目されるようになったのだ[5]。

一九三八年に設立した東亜研究所は、戦時国家動員計画をつかさどる企画院の監督下に置かれ、アジアにおける日本の戦争目的を完遂させるために有益な知識を、地域研究、国際関係研究などの手法から収集するのが目的だった。研究所の運営には軍の影響が少なからずあったが、こちらも急進的な研究者を招聘したため、中国共産党発展史、中国共産党とソ連の関係、東アジアにおける革命運動の動向、中国における民族主義思想などの研究で成果を上げた[6]。

もともと左翼的関心が強い傾向にある知識人たちも、中国共産党が革命を起こす可能性に関心を強めた。満鉄調査部が本格的に中国共産党研究を始めるより前、すでに総合雑誌『改造』が、その最新動向に関する記事を定期的に掲載していたことも、読者の興味を引き寄せた一因であろう。一九三七年七月に勃発した盧溝橋事件の数ヵ月前に発売された『改造』は、アメリカ人ジャーナリスト、エドガー・スノーと、アグネス・スメドレーによる毛沢東へのインタビュー記事を日本語に訳して発表している。

スノーによるインタビューで毛沢東は、日本帝国主義を厳しく批判し、アメリカが中国共産党とともに反ファシズム闘争を戦うことを望むと語っている。中国共産党が支配する地域に暮らす人々は、精神的に強く、軍事的訓練も行っている。中国での共産主義革命が成功したら、それはカンボジア、ベトナム、フィリピン、インドなどアジア各地の民衆を奮い立たせ反植民地闘争に向かわせるだろう、と毛沢東は語ったという。[7]

スメドレーによるインタビューでも、毛沢東は抗日闘争の重要性を熱く説明した。抗日のために蔣介石の国民党と協力しているからといって、中国共産党が彼のブルジョア的民族主義を容認したわけでも、階級闘争を放棄したわけでもない。中国の労働者、農民など貧困にあえぐ人々こそが、中国における最大規模の階級を構成しており、彼らこそ中国の基盤なのだ。それゆえ彼らが、抗日運動の原動力になり国を守っていくのだ。人民戦線政府が成立した暁には、我々は日本との講和を受け入れる用意がある。その条件として、日中の完全な平等、満州国解消、北支からの日本軍の撤退、日本人の中国人に対する傲慢で不合理な態度をあらためること、日本による不法貿易の禁止などを要求する。とはいえ、日本政府がこれらの条件に応じるとは思われないので、日本との戦争は止めることはできないだろう。もし国際社会が、日本との戦争で中国を支援しないとしても、中国人民は抗日戦を続ける決意がある。もしも全ての中国人民が、イデオロギーや宗教の違いを超えて、国家統一と再生のために力を合わせるなら、我々は明るい未来を夢見ることができるはずだ。毛沢東はこう語ってインタビューを締めくくったという。[8]

ソ連に関する記事も同様だが、当時の日本のメディアは中国共産党に関しても、このように比較的自由な意見を発表することができた。この号の「編集だより」は、この毛沢東会見記を載せたことを「中国西北部……にあって快気炎をあげる毛沢東の面目躍如として、わが朝野に好資料を提供している」と自賛している。さらに同じ号では、「編集だより」が「本誌今月のヒットとして自信をもって贈る」記事としてスターリンの動向分析が掲載されていた。「現在日本陸軍の最大のソ連通たる秦彦《はたひこ》三郎《さぶろう》大佐」が「ソ連の『帝王』スターリンを縦横に論じ」ており、「レーニン死後からトロツキーとの論争を経て、スターリン独裁政治の実態」をわかり易く解説し、最後には「ソ連政権の将来性に」話が及ぶ。「編集だより」は「必ずや内外の注目を惹こう」と、その旬な論説の紹介に自信を示した。[9]

『改造』は日中戦争勃発後も、好意的に中国共産党を紹介し続けた。日本とのこの軍事衝突が中国民衆を奮い立たせ、彼らは全力で日本に立ち向かうだろう、そうした民衆が支持する中国共産党の成長にこそ、日本人は注意を払わねばならない、という尾崎秀実の論説や、中国共産党こそ中国のナショナリズムを真に代表するもので、彼らは前例のないような急進的な国家建設に着手している、といった論調がひんぱんに掲載された。[10]

『改造』一九三七年十一月号には、エドガー・スノーが本人から直接聞き取り記録した毛沢東の伝記の抄訳が紹介され、十二月号では、中国人記者による八路軍《はちろ》（華北方面で活動した中国共産党軍の通称）のルポルタージュが掲載された。[11] 八路軍兵士は、バスケットボールやテニスで体を鍛える一方、学習時間には革命理論について学ぶ。彼らの士気は高く、規律正しく、農民たちにも平等の精神で接する。毛沢東、朱徳、林彪、周恩来などの卓越した指導者が、人間味あふれる方法で彼らを導いているることがよくわかる、という好意的内容がそのまま日本語に訳された。同様の賞賛は『改造』一九三八年四月号に登場したアグネス・スメドレーによる八路軍の紹介レポートでも繰り返された。[12]『改造』はこうして日中戦争当初から、国民党より共産党のほうがはるかに一般大衆の動員に成功していることを読者に伝えていた[13]。

満鉄調査部は、東亜新秩序建設を実現させるために必要な要因を明らかにすべく、一九三九年に調査部あげての一大プロジェクトを開始し、その成果を『支那抗戦力調査報告』にまとめた。中国内に存在する東亜新秩序建設を促進できる要因と、阻害する要因を分析したが、共産党が展開していた抗日戦にも注目した。国民党は中国のブルジョア階級を動員して近代産業を育てたが、帝国主義者と協力し続ける限り、中国を完全独立に導くことはできない。一方、毛沢東への支持が農村部で劇的に増え続けていることは、彼らが今や革命的変革を求める人民の戦いを始めたことを意味する。日本が中国で軍事的勝利を収めたとしても、それは中国人民に、民主化、階級廃止、近代化、そして完全独立を与えることにはならない。こうして満鉄調査部は、中国に新秩序を作り出そうとする日本の試みは、この戦争では実現しないと、太平洋戦争が始まる前にすでに結論したのだ[14]。

日本軍による評価

石川達三の『生きている兵隊』は、不吉な思いを抱えて中国で戦う日本兵の姿を描いた小説で、一九三八年、総合雑誌『中央公論』三月号に発表されたものだ。第一回芥川賞を受賞した石川は、『中央公論』の従軍記者として一九三八年一月、日本軍が陥落させたばかりの南京に八日間、その後上海に四日間滞在し、精力的な取材をした後帰国し、わずか十日あまりでこの作品を完成させた。人間性を失った日本兵が、中国で略奪、拷問、陵辱、殺害に走る姿を描き、「あるがままの戦争の姿を知らせることによって、勝利に傲った銃後の人々に大きな反省を求めようとするつもりであった」という。[15]

この作品を掲載した『中央公論』三月号が配本され書店に並ぶやいなや、翌日夕方、内務省は「反軍的内容をもった不穏当な作品」が含まれていることを理由に発売中止を通告してきた。全ての雑誌は回収され、石川は警視庁に連行され、投獄された。戦争が終わりアメリカ占領が始まった一九四五年十二月に『生きている兵隊』が復刻出版されるまで、それはうわさを聞いた人々がひそひそと語りあう幻の作品であった。

作品中、南京に向かう主人公の一等兵二人が、立木にかこまれてしんかんとした大邸宅に宿営する場面がある。洋風の玄関扉は鍵がかかっておらず、中に入ると、退却する中国軍がめぼしいものを奪っていったようで、どの部屋も散々にかきまわされていた。二人が二階の客間に入っていくと、朱塗りの大きなテーブル、大理石を張った暖炉、天井のシャンデリアなど、豪奢な生活がしのばれる調度品の中に、精密な日時計があった。一人がそれを取り上げて、おそらくこの家の主人はこれを日常で使っていたのだろうと感嘆し、中国は現代にして現代に非ず、昔の文化を夢見て昔の文化の中に呼吸をしている、と芝居がかった調子で感嘆し、彼特有のロマンチシズムと大言壮語を爆発させる。

支那四億の民、悠々として古きこと長江の如きだ。……支那は全く変わって居らん。支那は永遠に亡びんのだ。蔣介石あたりが新生活運動を云々して見たところで、かくの如き人民を変えることは絶対に不可能だ。それと同時にだ、われわれが如何に支那全土を占領しようともだ、彼等を日本流に同化さすなんどということは、夢の夢のまた夢だ。支那はかくの如くにして永遠にかくの如く在る。恐るべきもんだ。ああ！　恐るべきもんだ。[16]（傍点は強調のために加えた）

『生きている兵隊』に登場する日本兵たちは、自分たちがなぜ中国で人を殺し、殺されているのか、その理由を頭で理解しようとする。だが遅かれ早かれ中国を撤退せざるを得なくなることを折りにふれて直感し、絶望の淵に追い込まれていたのだ。

現実の中国戦場において日本軍は、中国共産党の影響力が確実に伸びつつあることを認め、党の実態調査に乗り出した。関心を強く持った具体的なきっかけの一つは、中国戦場に送られた日本兵を厭戦気分にさせる彼らの宣伝工作の巧みさであった。戦争勃発直後から、日本兵が移動するルートでは、日本語で書かれたチラシがひんぱんに見つかり、そこには俳句、歌謡曲、漫画などが描かれていた。最初のうちは稚拙な内容だったが、次第に日本の大衆文化事情も盛り込んだ優れた読み物となっていった。

日本軍は、こうしたチラシ作成の背後には日本人協力者がいると見た。一九三八年夏頃には、チラシや小冊子は、娯楽だけでなく最近のニュースや知的好奇心を満たすような内容も盛り込んだものになり、活字に飢えた日本兵にとって無視できない存在になった。東京の内閣情報部や、北支那方面軍司令部は、中国やソ連に亡命中の日本共産主義者たちが、中国共産党の宣伝工作を手伝っていると判断した。

実際、野坂参三や鹿地亘《かじわたる》など、日本の共産主義活動の中心人物だったものは「日本兵士反戦同盟」

を結成し、中国側の捕虜になった日本兵を集めて平和やマルクス主義の意味について教える活動を行っていた。それがある程度の成功を収めていることを把握した北支那方面軍は、彼らが今後どのようなメッセージを発してくるか、それに日本兵がどのように反応するかを警戒した。つまり、彼らの反戦メッセージに日本兵が共感してしまう可能性を心配したのだ。[17]

北支那方面軍が作戦地域とする華北方面は、食糧、鉱物資源が豊かなだけでなく、満州国に隣接しており、一九三五年以来、日本軍がこの地方も支配下に置こうとしたため、抗日運動が激化した地域である。編成部隊の規模と兵員においても日中戦争の主役的存在であった北支那方面軍は、日本の占領統治地域の確保を妨害しうる中国共産党の実力を見定めるべく、本格的調査を始めた。

一九三九年春、北支那方面軍司令部は、八路軍が作成した宣伝工作のマニュアル本を入手することに成功し、その内容分析を試みた。それによると八路軍では、日本兵のほとんどを嫌々ながら徴兵された農家の息子たちと見ている。

そうした日本兵には、自分たちこそが日本の腐敗した独占資本主義者と軍閥の犠牲であることを自覚させれば、戦う意欲を失って、和平を望むようになるだろう。そのように彼らの心理を誘導するために、まず彼らのホームシックに理解を示し、軍隊生活の不満を聞いてやること、そして中国共産党は彼らの友人であり、平和のために協力しあう用意があることを伝えるべし。八路軍のマニュアルは、このように日本兵を自分たちの側に引き寄せる策を講じていた。この周到で的を射た内容に、北支那方面軍の分析官は舌を巻いたという。[18]

北支那方面軍がさらに注目したのは、中国共産党が日本兵の情緒に訴える巧みさだけでなく、中国人農民を自分たちの政治目的のために動員することにも長けていることだった。北支那方面軍も華北を日本の影響下に置くため、チラシ、ラジオ放送などを使って中国住民を味方につける必要があった。「新民会」という中国民衆からなる団体をつくらせ、講演会、社交行事、婦人のための催し物などを通じて、日本軍に協力するための教化動員を行おうとした。しかし当然のことだが、民心は得られなかった。それで中国共産党がどのようにして民衆を味方につけているのか、その秘密を探ろうとしたのだ。中国共産党の党内構造、指令系統、戦略立案者などを探った結果に基づいて作成した極秘報告書では、彼らの工作手腕は見事と認めざるを得なかった。[19]

東京の大本営も、北支から送られてくるこのような報告書に注目した。日中戦争における日本の大義とは、日中が軍事経済政治的に協力しあいながらアジアに新しい文化を創造し、ともに繁栄していくことである。簡単に言えば、日本は中国農民を苦しみから解放して、食べ物と教育とその他生活必需品を与え、東アジアの新たな秩序に彼らを組み入れるために、中国にいるはずだ。ところが、中国共産党は日本軍の目の前で、その仕事を日本軍よりよほど上手く行って成功している。

北支那方面軍参謀は、中国共産党の宣伝工作を真似て、中国農民に日本の大義を売り込む計画も始めた。一九四〇年春に完成した極秘報告書によると、例えば各村の政治運営を自治化・民主化させ、農民が豊かになるような経済計画を導入する、そして教育の機会も与え、宗教の自由も認めることなどを提案した。

しかしこれらは、中国共産党がすでに行っていることの真似であった。大本営は、日中戦争に「思想戦」という新たな側面を認めるようになった。つまり中国民衆に日本の正義を伝え、日本に対する態度を改めさせる手段を熟考することが非常に大切である、という自覚だ。そしてこのことは、中国共産党との武器なき戦いから学んだことだったのだ。[20]

外務省も中国各地の領事館警察を動員して、より詳細に中国共産党に関する情報収集を始めた。さらに白系ロシア人、朝鮮人、中国人のスパイや諜報員を中国共産党内部に送り込んだりした。[21]

この頃には、共産党の対日ゲリラ戦の巧妙さは否定できない現実となってきて、中国内戦に最終的に勝利するのは、蔣介石の国民党でなく毛沢東の共産党かもしれないと予測する者も出てきた。

一九四〇年秋、北支那方面軍が作成した極秘報告書は、毛沢東、周恩来、朱徳などの最終目標は中国統一であると断言した。農民、工場労働者、インテリから急進的思想の持ち主まで幅広い人々に対して魅力を発揮している中国共産党は、もはや国民党と協力し合って抗日にあたることに、さほど関心がない。むしろ抗日戦で、国民党軍が疲弊消耗することを秘かに期待し、そうなったら単独で中国統一を果たすことをもくろんでいるのだろう、と考察している。

この極秘報告書はさらに、中国共産党が掲げるイデオロギーが、いわゆる正統共産主義ではなく、ナショナリズムを巧みに融合させた中国特有のものであることにも着目し、それを評価している。つまり中国共産党は、思想啓蒙活動を通じて、一般大衆に「国家的民族的意識」をしっかり植え付けて、中国が国民国家であるという強い自覚を持たせることに成功している。まさにこの点こそが、中国共産党の魅力なのだ、とこの報告書は伝えた。ただささすがに「魅力」と言うのは言いすぎかと報告書の作成者が考えたのか、その後に「?」と付け足している。北支那方面軍の苦慮がわかるようだ。

報告書の後半では、中国共産党の幹部党員が持つ規律、自制心、自己犠牲の心などについて説明し、それは日本の武士道にも相通じると褒めたたえている。こうして報告書は、中国共産党を決して過小評価しないようにと勧告した。[22]

この数ヵ月後、北支那方面軍はこんどは満鉄調査部上海事務所の協力を得て、新たな秘密報告書を作成した。ここではさらに踏み込んで、日本政府に中国共産党の動向をよりていねいに見守っていくように求めている。日本は、明治維新以来たどってきた近代化と同じ過程を中国民衆に押し付けて、それでアジアに新秩序を作り出そうとしているのだろうか。だとしたら、中国民衆を政治的・経済的・文化的ユートピアに導くのは、中国共産党でなく日本だ、と彼らにどう説明するのか。日本のほうが、中国共産党よりもより優れた変革をもたらすと中国民衆に誇示したいなら、日本は中国を単なる投資市場と見なすことをやめて、中国の人々の信頼と尊敬を勝ち取る真剣な努力を始めよ、そうしなければ日本は中国共産党には勝てない。報告書はこのように言い切った。[23]

満鉄調査部のマルクス派研究者が、『支那抗戦力調査報告』で中国共産党の潜在能力を評価したことは、戦後よく知られるようになった。しかし北支那方面軍も、同じような時期に似たような評価を与えていたことはあまり知られていない。一九四〇年夏、大本営は満鉄調査部の研究者を数名東京に招待し、軍高官百余名に中国の現状について説明するよう依頼していた。[24]おそらく満鉄調査部は、中国共産党の動向について説明したであろうし、軍関係者もそれを理解したであろう。

こうして日本政府や軍は、中国共産党が中国統一を実現させる可能性を真剣に考慮し始めた。もし中国共産党が確実に勢力を拡大し続けるなら、東アジアの将来を予測する際、彼らの存在は無視できなくなる。彼らがどのような中国と、東アジアをつくろうとしているのか、見極めねばならない。ソ連も、東アジア世界を構成する必須要件なので、ソ連と中国共産党の関係を、正確に把握する必要がある。中国情勢分析において、ソ連は変数として再び登場してきた。

モスクワと延安の不協和音

ゾルゲ国際スパイ事件の主犯の一人として逮捕された尾崎秀実は、一九四一年十一月に検挙される直前、ソ連を世界中のナショナリズム運動の支援者と呼び、モスクワは中国の独立と社会主義革命の成功を願っている、と語っていた。[25] ソ連が中国共産党の背後で指示を出しているはず、というのが当時の一般的解釈だった。内閣情報部が一九三九年度に作成した八路軍に関する報告書では、中国共産党はコミンテルンの中国支部に過ぎないとされていた。[26]

陸軍も最初のうちは、ソ連が中国共産党軍を指導していると考えていた。[27] 北支那方面軍が一九三九年春までに作成した極秘報告書では、日中戦争を、日本のアジア主義とソ連の共産主義が対立するイデオロギー戦争と定義している。だからこそ日本は、中国民衆に向けて日本の戦争目的をより明確にするために、ソ連に対抗する広報宣伝活動に力を入れなければならない、と報告書は主張している。[28] 中国共産党が民衆に向けて行っている宣伝活動も、実はソ連が指導していると考えていたのだ。

しかし各界で中国共産党研究が進むにつれて、そのような先入観は消えていった。一九四一年四月十三日、モスクワにて日ソ中立条約が締結される頃には、中国共産党とソ連政府は必ずしも親密な関係にないという解釈が定着したのだ。

日本政府は一九二一年に中国共産党が誕生するやいなや、ソ連がどのように関わっているか調査を始めていたが、ソ連が中国人の共産主義者をそそのかして、ソ連の国益に沿うような反日運動を中国で画策している明確な証拠は見つからなかった。

一九二九年、上海で逮捕された共産主義者の佐野学《さのまなぶ》が獄中で書いた手記によれば、中国共産党は早い時期からソ連と距離を置いていたという。中国共産党にとっては、農地改革や大衆動員などの課題をこなすこともさることながら、党内権力闘争や組織作りの試行錯誤など問題が山積みで、ソ連が正統とするような革命の追求は二の次であった。佐野自身、毛沢東を決して神格化しておらず、むしろ毛は田舎にいるため、政治的意見がときどき正しくないことがある、とすら手記に記していた。さらにコミンテルンの資料には、日本共産党と中国共産党がどのような関係を築いていくべきか一切言及がなく、コミンテルンは中国共産党に詳細な指示は送ってきていないことを、佐野は日本政府関係者に伝えていた[29]。

確かにソ連は、中国共産党でなく中国国民党を支持し、蔣介石を中国の指導者とみなしていたから、佐野の説明は納得がいく。コミンテルンは一九二二年一月末から二月初旬まで、「極東諸民族大会」(または極東勤労者大会)をモスクワで開催し、東アジア諸国の革命運動を結合させる必要を確認し合った。この際のソ連側の判断は、中国社会は労働者階級がブルジョア勢力と戦うまでには成熟していないので、中国共産党はまずブルジョア勢力の代表である国民党に協力して国内の封建勢力と戦い、民主的運動を進めるべきである、というものだった。中国共産党はしばらくコミンテルンの指導に従ったが、広大な農村社会を抱える中国独自の問題がなおざりになるなどの失敗と挫折を味わった。毛沢東が農村と農民を対象にした社会主義化運動を展開し始めたのは、ソ連の承認を得てのことではなかったのだ。

総合雑誌『改造』は、毛沢東とスターリンの関係は良好でない、とかなり早い時期から読者に伝えていた。一九三七年六月号には、アメリカ人記者エドガー・スノーによる毛沢東へのインタビューの翻訳が掲載されたが、毛沢東は、中国がソ連の植民地になることを中国共産党は絶対に許さない、と明言している。ソ連が中国に対して抱く関心というのは、革命の実現そのものというより、もっと戦略的なもので、ソ連の国益を反映したものだ、と毛はスノウに語った。

ソ連が日本の中国侵略に反対するのは、中国のことを思いやってではなく、日本が中国国内に軍事基地を確保し、そこを拠点にソ連への進攻をたくらむことを恐れるからだ。その限りで、ソ連が日中間の紛争に介入することは予想できるが、それは世界共産革命を実現させることと無関係だ。記事はこのように、毛沢東の冷徹な対ソ連見解を紹介した。[30]

とはいえスターリンは、蔣介石の国民党を支援したわけでもなかった。日中戦争が勃発した翌月、南京で締結された中ソ不可侵条約は、蔣介石に必ずしも有利なものでなかった。ソ連は確かに、国民党軍が対日戦を戦うために大規模な武器提供と軍事顧問の派遣を約束していた。だがそのかわり、その後五年間は、蔣がソ連以外の国と軍事同盟を結ぶことを禁じたのである。

一方のソ連は一九三九年夏、ノモンハン事件後に日本と和解すると、日本軍の支配がまだ届いていない新疆、内モンゴルへの干渉を強めていき、同時にヒットラーと不可侵条約を結び、日本にいっそう歩み寄る気配を示した。蔣介石こそが、スターリンに翻弄されているようであった。

一九三七年八月号『改造』に掲載された論文では、近衛首相が、日本が中国北部に兵を進めてもソ連はすぐに中国を助けにこないだろうと考えている姿が紹介された。[31] また一九三八年三月号『改造』に掲載された論文では、スターリンは目下のところ国内政治経済の破綻処理に忙殺されているはずなので、彼は明確な対中国政策を持っていないのだろう、という分析が登場した。ただしこの論文では、だからこそソ連が産業経済を回復させ、少数民族問題を解決し、国力に自信を取り戻すときがくれば、東アジア問題に積極的に干渉してくるだろう、と警告することも忘れなかった。[32]

一九四〇年三月に内閣情報部が発表した報告書は、二〇〇ページにわたってソ連の国内事情と世界各地でのコミンテルン活動を考察分析したものだが、この報告書はもはや中国共産党を単なるソ連の駒とはみなしていなかった。より詳細な共産党の内部情報を、国民党などの経由で入手し、党内派閥争いの複雑な事情を把握した結果、そのような結論に達したのだ。

共産党内にはまず「正統派」がある。毛沢東を中心に、共産軍、ソビエト区、湖南、湖北、四川、広東などの共産勢力を包括する実力派である。「留ソ派」（国際派）とは、ソ連に留学し共産主義訓練を受けた人々で、理論派として高い地位にあるメンバーである。「周恩来派」（元老派）は、フランス留学生を中心勢力とする派で、「張国燾派《ちょうこくとう》」は、国共合作を支持するあまり、共産党を全面解体して国民党に合流すべしと主張して除籍された、張とその支持者の派閥である。

「張国燾派」はすでに解消し、その勢力は全て壊滅されており、「周恩来派」の勢力も微弱である。すると毛沢東にとってやっかいなのは、党幹部二十数名を中心勢力として抱え、未だに勢力を伸ばし続けている「留ソ派」である。彼らは、ソ連の指示に従い、国民党と連絡を保ち、接近することもある。「党の頭脳」と見なされている彼らの実質的勢力は侮りがたく、今後さらに勢力を伸ばす可能性もあるので、毛沢東としては彼らの動向を警戒せざるを得なかった。

すなわち中国共産党は決して一枚岩でなかった。内部には、ソ連に忠誠を誓う者がいて、彼らの存在は、党員の結束を固めようとする毛沢東には邪魔でしかない。毛沢東はソ連の存在を苦々しく思っているであろう。内閣情報部が作成した報告書は、このように分析したのだ。[33]

北支那方面軍も、一九四〇年秋に作成した極秘軍事報告書において、中国共産党は決してソ連の操り人形ではなく、独立した意思と目的を持って動いていると判断した。報告書は、一九三九年夏のある会議で、スターリンが、外モンゴルと新疆をソ連の基地としておさえ、そこを起点として満州、中国中央部、朝鮮に革命運動を拡大していく計画について述べたらしいことに注目した。

実際、スターリンがこのように述べたのかどうか確証を得ることはできなかったが、北支那方面軍が注目したのは、毛沢東がこのようなスターリンの意図を受け入れて、その方面に共産主義活動の重点を動かして彼に協力するとは、到底考えられないということだった。毛沢東にとっての最重要課題は、中国統一のはずだ。わざわざ外モンゴルや新疆方面で、ソ連が望むような軍事行動に協力する余裕はないはずだ。ソ連にしても、そのような毛沢東側の事情をわかっているはずなのに、あえてそのような計画を公にするというのも、話がかみあわない。第一、ソ連はまだ蔣介石の軍に武器供給を続けているではないか。北支那方面軍はそのように考えて、スターリンと毛沢東が軍事協力をしあう仲なのかどうか、よりいっそうの調査が必要だと主張した。[34]

太平洋戦争が勃発する頃には、日本の一般の人々も、毛沢東とスターリンの関係が決して良好ではないこと、ソ連と中国共産党は別個のものと知るようになった。そして、日本がソ連と中立条約を結んだからといって、中国共産党もそれにならって日本と和解を結ぶような展開には絶対にならないことを確信するようになった。

ちょうど同時期の一九四一年十一月、「合作社事件」が起きた。満鉄調査部の研究者など五十余名が、行き過ぎた共産主義的運動を行っているとの嫌疑で、満州国の憲兵隊が彼らを検挙した事件だ。ちょうどリヒャルト・ゾルゲと尾崎秀実がコミンテルンのスパイとの疑いをかけられて東京で検挙された翌月だった。

さらに一九四二年夏に『改造』が、共産主義を高く評価して、日本政府のアジア政策を批判する記事を掲載したかどで販売頒布禁止処分を受けたことがきっかけとなり、『中央公論』や朝日新聞や岩波書店などの出版関係者が次々に逮捕された。この事件はのちに四名が獄死する「横浜事件」に発展した。この年の秋『改造』編集長は辞任し、雑誌自体が廃刊処分とされてしまった。さらにこれに先立つ一九四二年六月には、中西功《なかにしつとむ》が、支那派遣軍から機密情報を盗み中国共産党に渡したという理由で逮捕され、同時期から翌一九四三年の夏にかけて、満鉄調査部の研究者四〇名以上も次々に逮捕された。

共産主義そのものというより、中国共産党に理解を示すような研究者、ジャーナリストなどが検挙されたり、取り締まりを受けたりした結果、日本のマスコミからしばらくの間、中国共産党に関する記事は消えた。そして一九四四年夏頃まで、日中戦争といえば、もっぱら蔣介石の国民党との戦いのことだけが報道された。

こうしたマスコミや調査機関の一連の取り締まりは、軍にも及んだ。一九四二年十二月、陸軍省が全陸軍部隊に配布した、陸軍の軍紀および風紀に関する調査報告がある。それは、軍内部に共産主義に関心を持つ者が見られるようになっていること、それはとくに中国の戦場で顕著で、中国共産党に逃亡する日本兵がいることなどの現状を語っている。さらにそうした兵士は中国人から共産主義に関する教化を受けた後、日本の原隊に送り返され、そこで他の日本兵に宣伝活動を行い、軍隊内に細胞を組織しようとしている。中国共産党の脅威が、ソ連とは別個に軍隊内にも接近している、と陸軍は警戒感を強めるようになったのだ。[35]

延安承認へ

アメリカとの戦争が始まると、アメリカが物資および軍事援助を与える蔣介石の国民党を打倒することが、中国戦場における日本の優先的軍事課題になった。しかし同時に日本政府内には、蔣介石との外交交渉を促す声もあがっていた。

一九四二年二月、汪兆銘を主席とする南京政府に日本大使として赴任していた重光葵の要請で、汪兆銘は重慶の蔣介石に使節を送り和平交渉を試みようとした。蔣がこれに応じることはなかったが、日本はその後も南京政府を通じて交渉を行おうとした。

一九四二年十二月の御前会議で、日本と南京政府間の不平等条約を廃棄し、対等な関係を築くことが決定された。翌一九四三年一月、南京政府がアメリカ、イギリスに宣戦すると、日本政府はさらに中国における日本の治外法権を放棄して、日本の租界を中国に返還する用意があることも宣言した。日本政府の思惑は、もし蔣介石がこのことを知って、汪兆銘と妥協を図ることにすれば、和平実現が期待できる、というものだった。さらにあわよくば、蔣が日本とアメリカ、イギリス間の停戦も斡旋してくれるかもしれない、という淡い希望もあった。[36] 一九四三年九月、日本政府は再度、汪兆銘に蔣介石を交渉相手とする和平工作にあたらせた。このときは少なくとも南京と重慶の間にコミュニケーションが成立したが、効果はなかった。

一九四四年四月、日本陸軍は「一号作戦」(大陸打通作戦)という大規模な攻勢に出た。中国湖南省には、アメリカ陸空軍が確保している航空基地があり、アメリカは日本本土を空襲する際にそれらの基地を使用していた。「一号作戦」の目的は、その基地を占領することであった。さらに華北地方と華南地方を結ぶ鉄道路線も確保し、南方の資源を陸上交通で日本に調達できるようにする狙いもあった。

一九四四年十二月までに日本側は、桂州、柳州などで国民党軍が守る米軍基地を奪い、さらにその勢いでインドシナに到達した。その結果、中国―ビルマ―インド戦線で、連合軍に圧力をかけることが可能になり、蔣介石の戦線を総崩れにした。ところが中国における日本のこの勝利にもかかわらず、同年夏には太平洋戦線で、サイパン、テニアンなどのマリアナ群島がアメリカ軍に陥落し、アメリカはそれらの島からB29爆撃機を発進させ、日本本土の大半を射程圏に入れてしまった。つまりアメリカ陸空軍は中国の基地を使えなくなった時点で、マリアナ群島からの日本本土空襲に切り替えたのだ。

いよいよ戦争の行方が絶望的になってきた一九四四年七月、小磯國昭首相は、繆斌《みょうひん》という国民党党員と太い人脈を持つ親日派に国民党との和平交渉を依頼した。一九四五年三月、日本に到着した繆斌は、日中全面和平を実現させる前提として、南京の傀儡政権を即時解消し、日本軍が中国より撤兵することなどを挙げた。そして日中全面和平が実現すれば、日米和平も可能になる、そうなれば東アジアの保全を維持し、世界平和に貢献できると抱負を語った。しかし繆斌本人にここまでの斡旋をする資格が本当にあるのかと、杉山元《すぎやまはじめ》陸軍大臣、米内光政《よないみつまさ》海軍大臣、梅津美治郎《うめづよしじろう》参謀総長、そして重光葵外務大臣がそろって疑問を持ったため、繆斌和平工作は実現しなかった。[37]

アメリカ軍が沖縄侵攻を開始した頃、国民党を相手とする和平交渉の可能性は消えていた。しかし繆斌工作の可能性が浮上した頃、それと並行して、日本政府と大本営は中国共産党を別の角度から観察するようになっていた。太平洋戦争開始時、共産主義に同調する人々は一斉取締りを受けたものの、中国共産党の観察は継続して行われていた。満鉄調査部は、政府と軍両方の認可を受けて中国共産党研究を続け、外務省もまた延安の動向を観察し続けた。[38]

一九四二年五月、上海領事から東郷茂徳《とうごうしげのり》外務大臣に宛てて、一本の極秘報告書が送られた。在上海日本領事館では、その頃毛沢東が熱心に主導していた「整風運動」に関する独自調査を行い、彼が何を達成しようとしているか見極めようとしていた。この「整風運動」はマルクス理論の実現を促進するという名目で、中国共産党が支配を掌握した地域で革命教育を展開していたのだが、実情は党内のソ連支持者――いわゆる「留ソ派」――の粛清であることを、この報告書は暴いた。

この報告書は、ソ連流の理論をよく知らない地方のリーダーを田舎者となじるエリート党員のことを、毛沢東が激しく批判する様子を伝えている。毛は、そのような親ソ連派の党員が自ら「過ち」を認めるよう強制し、それを拒否すると失脚させた。さらに報告書は、毛がソ連留学経験者と激しくぶつかる様子も紹介し、毛沢東はいよいよ党内の親ソ派を徹底的に排除して、党内唯一の指導者としての地位を固めようとしていることを伝えた。報告書は、毛沢東がこの運動を成功裏に終わらせた場合、ソ連は彼を叱責するどころか、天才と認めねばなるまい、と皮肉って結んでいる[39]。

一九四二年夏、牡丹江の日本領事館から東京の外務省に送られた別の極秘報告書も似たような内容だった。つまりモスクワのコミンテルンは、満州国南部や中国北部で、抗日戦を戦っている中国人共産主義者たちを、そう簡単に指揮下に置いてソ連軍のために利用することはできないだろう、とこの極秘報告書は伝えたのだ[40]。

コミンテルンは一九四三年五月、スターリンが解散してしまった。対ドイツ戦にアメリカ、イギリスの連合国の協力が必要だったので、両国の懸念を取り除くためにそうしたこともある。いずれにしても毛沢東は、コミンテルンの解散を喜び、世界各国の共産党が、それぞれ異なる国内事情に沿って独自に力をつけていくことを歓迎した。革命というのは、輸出も輸入もできないものだ。当初コミンテルンが指示や援助を与えたとしても、中国共産党の誕生と成長は、中国の労働者たちが成し遂げたことであり、必ずしもソ連のおかげではない。毛はこう宣言してはばからなかった[41]。

話は一九四四年夏に戻るが、日本軍が「一号作戦」のもと、国民党の支配地域に攻撃をかけて成功していた一方で、共産党軍は日本軍に対するゲリラ攻撃を強めていた。北支那方面軍は、五年前に確信した事実、つまり共産党は大衆を実に巧みに動員していることを再認識しないわけにいかなかった。[42]北支那方面軍のある作戦参謀も、中国農民のゲリラ戦が非常に巧妙であることを認め、軍が得意とする戦闘のタイプは相手に通用しないことを痛感していた。

つまり共産党の正規軍だけを追い回しても、平和と生活の安定を望む民衆の組織を崩すことはできない。北支那軍が中国の民心把握に成功しなかったことは反省すべきであり、今後も中国共産党の政治的、経済的基盤をよく理解し、なぜ民衆が彼らを支持するかを知ることが、日本にとって得策である、とその参謀は述べている。[43]

中国内戦における共産党の優勢を確認すると、日本政府はそれを反映した政策を打ち出した。つまり中国共産党を、蔣介石の政権とは全く別個の半独立政権として扱っていくという方針だ。

ちょうど「一号作戦」がある程度の成果を上げた頃、秦彦三郎参謀次長が、大本営陸軍作戦指導班に、国民党にさらなる打撃を与える作戦を考えるよう命じた。それが「延安（中国共産党）政権承認」政策だったのだ。この案に対して陸軍部の一部幕僚から異議が出たものの、一九四四年七月の大本営政府連絡会議で、重光葵外務大臣の賛同を得て、政策として採択された。[44] 以後日本政府は、中国共産党を軽んじる「中共」「反共」「滅共」といった表現は使わないようにすることも確認した。[45]

支那派遣軍総司令官であった畑俊六《はたしゅんろく》は、この「延安政策」に当惑した一人だった。「一号作戦」が成功したといえ、中国での戦況は日本にとって悪化する一方だ。中国共産党を承認すると言えば、ソ連が喜び、スターリンが日本に好都合に動いてくれるだろうと期待しているのだろうか、と畑は不快に感じていた。[46] この時点で畑が、ソ連と中国共産党は一枚岩であると認識していたことは注目に値する。

実際、この政策が紹介された大本営政府連絡会議においては、これは国民党と中国共産党、さらに中国におけるアメリカ、イギリス、ソ連の対日結束に揺さぶりをかける措置である、と説明されていた。つまり指導者の中には、畑だけでなく他にも、ソ連と中国共産党が一枚岩であるとまだ信じている者がいたようだ。そういう人の中には、中国共産党を中国の政権と承認することで、ソ連のご機嫌取りをして、その勢いでソ連に対米和平交渉を斡旋してもらう気でいるのか、とその「甘い見通し」を批判する者もいたほどだ。[47]

延安政権の承認は、もちろんソ連に対するご機嫌取りではなかった。ソ連と中国共産党が離反する一方であることを、大本営は定期的に確認していた。例えばこの政策決定前、大本営は、出獄を許された佐野学を上海に送り、中国共産党の調査を任せていた。佐野は日本に帰国すると、大本営戦争指導班のメンバーに、党の実情や、アメリカ政府との接触について報告し、その内容は外務大臣にも届いていた。[48]

中国で戦っている現地軍に、今後は延安を政権と認識するべし、という旨を伝達するにあたり、大本営は二点ほど追加した。一点目は、延安政権は思想的には共産主義から民族主義へと逐次脱皮しつつあることを強調すること、二点目は、それによって彼らの抗日戦の目的を解消させるよう努めることである。[49]

二点目は、読みが甘く確かに楽観的であるが、一点目の「共産主義から民族主義に脱皮している」という解釈は的を射ていた。蔣介石の国民党は、急速な近代化と産業化を優先させた際、中国国内に列強諸国が残ることを容認し、それらの国々との不平等条約もそのままにし、彼らに従属するままでいた。しかし中国共産党は、国民党とは異なり、真のナショナリズムをめざしているはずだ。とするなら、最終的には欧米列強を中国から撤退させることを目標にしているのではないか。つまり大本営にとって、延安政権の承認というのは、「アジアをアジア人の手に」という日本の戦争大義に合致することでもあったのだ。

延安政策の決定から約二ヵ月後、外務省はソ連が今後も日ソ中立条約を守っていくことを条件に、ソ連にさまざまな譲歩を示すことを提案した。重光葵外務大臣は一九四四年九月、最高戦争指導会議にて今後、日本がソ連と交渉し、ソ連が中立を維持することに同意するなら、見返りとして日本がソ連に譲歩しうるさまざまな権益の一覧表を提出した。そしてその数日後、再び最高戦争指導会議で、もしソ連が日本の戦争にとって有利に動くことに同意した場合、そのレベルによってソ連に譲歩しうる最小限から最大限の権益一覧表を示した[50]。

日本がソ連に譲歩できる権益というのは全て、中国を含めて現在日本の勢力下にある東アジア各地に、ソ連の勢力が拡大することに関連していた。さらに日本がソ連に示せる最大の譲歩の一つとして、延安政権をいっそう支援するという提案が盛り込まれていた。

いずれにしても在モスクワ日本大使の佐藤尚武は、この提案を外務人民委員（外相）ヴャチェスラフ・モロトフに紹介すべく会見に臨んだ。それにしても、重光がこの対ソ連新政策を提案したときはすでに、ソ連と中国共産党の関係は良好ではないとわかっていた。それなのに、毛沢東を中国の新政権のリーダーと認める、とわざわざソ連に伝えようとしたのはなぜか。日本政府は、ソ連と中国共産党の間に不協和音が聞こえている、それに気がついている、などとはソ連政府にほのめかしていない。第一、佐藤大使自身も、まだそのことは知らされていなかったのだ。

佐藤・モロトフ会談において、モロトフは中国問題に対するソ連の立場を明言しなかった。そして、ソ連は中国内政に干渉する気はなく、今後も国民党とこれまで通りの関係を維持していくとのみ答えたので、佐藤もそれ以上は追及しなかった。[51] 結局、中国共産党の現在と将来のことは、日本とソ連の間で不問のままとなった。

この佐藤・モロトフ会談が行われた時期は、ちょうどダンバートン・オークス会議が開催されており、アメリカ、イギリス、中国、ソ連の代表がアメリカの首都ワシントンで、国際連合草案を討議していた。ただしこの時点でソ連は対日本交戦国でなかったので、中国と同じ会議に出席して戦後世界秩序について話しあうことは、日本を共通の敵と見なす行為になり、日ソ中立条約の精神にそぐわない。それで第一回会議は、アメリカ、イギリス、ソ連の三ヵ国によるヨーロッパ戦線に関する会談、第二回会議は、アメリカ、イギリス、中国の三ヵ国によるアジア戦線に関する会談と、分割して開催されることになった。

そこで佐藤は、おそらく冗談交じりに、第一回会議ではドイツ敗北後の平和維持と安全保障問題について審議しているそうだが、第二回のほうは、日本没落後のそういった問題について討議するのだろうか、そちらにソ連は不参加のようだが、とモロトフに質問した。するとモロトフは笑って、まだ第一回会議も終わっておらず、全体の討論の結果がどのようになるか、誰にもわかるはずがないし、何にしてもソ連が単独で決められるものはない、と答えて、はぐらかした。[52]

前出の畑俊六は十一月頃にようやく、日本政府が発表した中国共産党政権への承認が、見えすいたソ連懐柔工作ではなく、中国を取り巻く非常に複雑な国際関係を反映した措置だと気がついた。その頃の彼の日記には、現在の戦争が終わったあと、今回の大戦の二大勝者となるはずのアメリカとソ連が、きっと世界規模で衝突を起こすことになる、と予測している。そして、ソ連の対中国政策は、共産主義イデオロギーに基づき自動的に決まるような単純なものでなく、国益を最優先させた冷酷な政治的計算に基づくはずだと記した。[53]

一九四四年十一月初旬のボルシェビキ革命記念日に、スターリンは祝辞メッセージの中で、公に日本を「侵略国」と呼んだ。そのニュースは、日本政府にとって大打撃というわけでもなく、実は想定内の出来事だった。そしてそのニュースが日本に届いた翌日、重光外務大臣は、在ソ連大使の佐藤に電報を打ち、日本が延安に本拠地を置く中国共産党を中国の政権として正式に承認することを伝えた。日本では、ちょうど「大東亜宣言」発表一周年を祝う最中でもあった。

重光がスターリンに日本としては中国共産党を支援すると伝えた背景には、日本としては、毛沢東のリーダーシップのもと、ソ連の支配を受けない独立した統一中国が出現するのを期待する、というような皮肉が含まれていたのだろうか。それともソ連に対して、将来手ごわいソ連のライバルとなりうる毛沢東の中国こそを日本は応援する、とほのめかして、ソ連を牽制するつもりだったのだろうか。

いずれにしても、中国共産党政権の承認と、その後の対ソ政策を合わせて考えると、日本政府はこの頃、日本の敗戦後、東アジアがどうなっていくか本格的に考え始めたようだ。[54] 中国共産党は中国自身のために、アジア型の近代化・民主化を進めている。その過程で、国民党と、国民党が依存し切っているアメリカとソ連の勢力の両方を中国から排除しようとしている。日本は中国にこのような青写真を見た。[55] 日中戦争と太平洋戦争は、ソ連をつなぎ目とするとその連結の様子がわかりやすくなる。[56] ユーラシア太平洋戦争としての終結の方法と、その後出現しうるアジア秩序について、日本の指導者たちは統合的に考え始めたのである。

第3章　「半島」の後継者は誰か——日本の朝鮮観察

朝鮮は、日中戦争と太平洋戦争のどちらの戦場にもならなかったが、ユーラシア太平洋戦争において日本の戦略的かなめであった。朝鮮の人々はもっぱら日本の戦争遂行のための「後方支援」に動員された。しかし日本の戦争における朝鮮の役割はそればかりでなかった。朝鮮における抗日運動は、大日本植民地帝国が終焉した後、誰が東アジアのリーダーとなるかを予測するカギの一つであったのだ。

朝鮮総督府と朝鮮軍（朝鮮を管轄した大日本帝国陸軍の軍の一つ。朝鮮人が組織した軍隊ではない）がそれぞれ行った機密調査によると、すでに一九三〇年代から、同化政策と強制徴兵は本来の「日鮮一体」の精神と食い違う、という自覚は統治者の側にあったようだ。朝鮮において日本人は、支配者として傲慢な言動をしていたというイメージが定着しているが、太平洋戦争での戦局が悪化する中で、日本統治は長くは続くまいという覚悟も芽生えていたという。[1]

ただし日本政府や軍、さらに総督府の政策立案者たちは、日本が敗戦した後に独立朝鮮が誕生するとは考えなかった。まず、朝鮮の抗日運動家たちの闘争活動が拡散分裂していて、独立に関する一つのまとまったビジョンがなかったことがある。朝鮮独立をめざす活動家の中で、共産主義者たちが圧倒的に優勢であることを日本は把握していた。しかし彼らの間にも、ソ連系と、中国共産党系の派閥があり、彼らは別々の拠点で、異なる目標に向かって活動していた。さらに中国国民党の傘下で活動するもの、アメリカに亡命政府をつくるものもあり、彼らが統一戦線を立ち上げる可能性はなかった。

一九四三年のカイロ会談では、アメリカ大統領フランクリン・ルーズベルト、イギリス首相ウィンストン・チャーチル、そして当時の中国を代表する国民政府主席の蔣介石が、日本の無条件降伏と、その植民地帝国を解体することを、そして朝鮮の自由と独立を支持することを誓い合ったことになっている。ただし日本の植民地全てを「元の持ち主」に返すという意味ではなかった。

太平洋方面で、アメリカ軍が日本から奪った南洋群島の植民地サイパン、テニアンなどは、大航海時代に始まったスペイン統治からドイツ統治を経て、第一次大戦後に日本が統治を引き継いだものだ。しかし島の統治権を先住民に「返す」という発想は全くなかった。アメリカは戦後、国連信託統治制度の名のもと自国による統治を始め、今日に至っている。それと同様、アメリカもイギリスも中国も、そしてソ連も、日本を倒した後ただちに朝鮮を独立させることは考えていなかったのだ。

朝鮮は、中国にとって伝統的な朝貢国であり、ソ連にとっては太平洋への出口、アメリカにとってはユーラシア大陸への入り口である。どの国も、朝鮮半島を獲得することの歴史的・戦略的意味を了解していた。日本の敗北後、これらの国が朝鮮半島への介入を試みないはずはない。仮にどれか一国が単独で朝鮮における影響力を確保したら、他国は緊張感を高めないはずがない。

日本の指導者たちは、いずれ避けられない大日本帝国の崩壊のときを考えるとき、朝鮮が戦後どの国によって、どのように処分されるのか、それによって東アジアの国際秩序がどう変わるのかを予測することの重要性を熟知していた。

朝鮮総督府、朝鮮軍、そして東京の日本政府は、戦後の朝鮮に影響力を確立しようとする諸外国の競争に注目し、それぞれが、分裂状態の朝鮮の独立運動家たちにどう関わっているかを調査した。植民地統治の終焉というのは、支配者が被統治者に国を返還するのが正統な手続きである。しかし朝鮮統治の場合、日本にとっても連合国にとっても、このような手順は想定外だったのだ。

朝鮮独立運動と共産主義

第一次世界大戦を経て日本が世界五大工業国となる頃、植民地朝鮮も本格的に産業化の波を迎えた。人絹紡績業から、窒素肥料生産、さらに外国原油を用いた製油業などが順調に発展し、一九三六年には朝鮮における全産業生産量の二八パーセントは重工業部門が占めた。その部門では、約五〇万人の朝鮮人が労働力として従事していた。

日本統治下では、朝鮮人が高等教育を受けることは推奨されていなかったが、より多くの優れた熟練、半熟練労働者を供給するために、職業訓練学校、専門技術学校の教育改革が導入された。朝鮮人エンジニアの大半は中等学校卒だったが、十五パーセントから三〇パーセントは専門学校か短大卒、または一九二四年に六番目の帝国大学として創立された京城帝国大学の卒業生だった。太平洋戦争開戦の頃、朝鮮全土で働くエンジニアの全人口は二万人ほどで、そのうち三分の二以上が朝鮮人だった。[2]

朝鮮人自身が朝鮮の産業を担う傾向が増大し、高学歴の朝鮮人エンジニアや技術者が出てくると、彼らは工場内で責任ある地位に就くようになった。日本人資本家や統治者が、彼らに工場運営を任せるようになると、こうした人材の中から朝鮮人ブルジョア階級が生まれた。つまり日本流の教育を受け入れ、日本への同化を良しとすれば、朝鮮人であっても事業に参加する道は開けていたのだ。一九四〇年初めには、飲料、製薬、精米、金属、化学、繊維部門などにおいて、朝鮮人の企業工場所有者や経営者が登場した。[3]

日中戦争の勃発後、朝鮮は兵站としての存在価値が増大した。朝鮮で生産された食糧や物資、武器は、中国の戦線に地続きで輸送され、日本軍を後方支援した。平壌や仁川の兵器工場は、満州国が戦場となった場合、補給庫となることを想定してつくられたものだ。また朝鮮半島を網羅する鉄道路線は、中国に駐屯する日本軍への物資補給を念頭に拡張されていった。[4]

朝鮮に駐在する武装警官一万五〇〇〇人のうち、三分の一は朝鮮人であった。それでも社会全体を見渡せば、日本人と朝鮮人が完全に融合しあう「内鮮一体」の理想は実現から程遠かった。満州国建設後の一九三〇年代前半、朝鮮半島に経済好況が押し寄せたとき、朝鮮人の対日抵抗は一時的に弱まった。しかし満州ブームにあやかって、自発的に日本人に同化しようとした朝鮮人は決して多くなかった。逆に産業化と都市化が進む中で、朝鮮人は押し付けられたものでない自身のアイデンティティを探そうとしていた。

朝鮮総督宇垣一成《うがきかずしげ》の任期中、一九三四年から朝鮮の学校では、より多くの時間を日本語、修身、日本史学習にあてることが義務となり、次の総督南次郎の任期中には、朝鮮人の同化を徹底させようと、「創氏改名」令を発し、朝鮮人に日本風の姓と名前を名乗ることを命じた。統計上では一九四四年までに八四パーセントの朝鮮人が、日本風の名前を植民地政府に登録した。

しかし朝鮮人がどこまで日本人になっているのか、日本側は確証が持てなかった。それで一九三三年十二月以来、東京の大本営は朝鮮軍参謀に命じて、年二回、朝鮮人の思想言動動向を調べさせ、その傾向をもとに彼らの同化の進行状況や治安問題を分析した報告書を作成させ、提出させていた。

一九三六年、朝鮮軍の調べでは、朝鮮全人口の二三パーセントは、親日派の役員、官僚、インテリ、学生などからなり、日本の掲げるアジア主義を支持する協力者に見えた。しかし農民、労働者からなる五八パーセントの人々は反日思想の洗脳に染まっている、と朝鮮軍は解釈し、その理由を、彼らは「自分で判断する理性に欠けるため」と毒づいた。

残りの全人口の十九パーセントが、最も深刻な問題だった。彼らは、教育レベルが高く、公には日本への同化を受け入れているようにふるまうが、秘密裏に強烈なナショナリズムを抱いていることを、朝鮮軍は見抜いていた。彼らは秘かに、日本の満州政策を侵略行為と批判していたが、行動に出るのは時期尚早と、あくまで慎重にふるまっているようだった。朝鮮軍が最も警戒したこの「エセ親日協力者」は、追跡調査を続けるたびに、数が増えていた。[5]

朝鮮軍は、労働者たちを「理性に欠ける」と切り捨てたにもかかわらず、共産主義を学び、階級意識を身につけ、労働運動を始める人々が、朝鮮各地で増大傾向にあることに気づいていた。軍需産業ブームに沸く中、朝鮮人労働者は、賃金上昇、労働条件改善を要求し、ストライキを企てた。全人口の八〇パーセントを占める農民も、小作争議に参加するようになり、いつでも騒乱を起こす可能性を持っていた。さらに軍国主義、資本主義、朝鮮人への差別などを批判する学生、若者、キリスト教徒の団体組織も、「危険分子」となっていった。[6]

もっとも朝鮮人の思想運動動向の調査を進めるにあたり、朝鮮軍が日本統治にとって直接的な脅威をもたらす危険な存在とみなしたのは、朝鮮人の団体や組織ではなかった。朝鮮軍が決して軽んじることができないのは、彼らにさまざまな思想、指示、支援を与えているはずの諸外国の存在だった。早くも一九三四年前半の朝鮮軍秘密報告書では、以下のように、そうした歴史的傾向を警戒している。

> 朝鮮人は古来より漢民族、蒙古民族、満州民族及大和民族の為征服され或は其の領民となり或は属邦民となり完全に独立の体面を保持したること無きは歴史に明らかなり（略）平和に処してすら民族的運命の開拓に努力せず、難局に処しては打開の気力なく、熱意なく、依頼心多く、終始事大を以て宗旨《ママ》（してきた）。

そのような「伝統的民族性」は、今日でも変わらず、自分たちでは何もせず、国際政治の風向きが変わるのを待って、日本の支配から脱け出ようとする気風が濃厚である。いつかイギリスかアメリカが日本と戦争を始め、日本が負ければその結果、朝鮮は褒美として独立をもらえると夢を見ているのだ。朝鮮軍はこのように厳しい目を朝鮮人に向け、彼らが日本の国家の興廃と運命をともにする覚悟などおよそないと分析していた。[7]

十九世紀後半、李氏朝鮮政府が自国の行方を論じる際にはすでに親中派と親日派の分裂が生じていた。日清戦争に日本が勝利して、中国が朝鮮半島から手を引き、日本の影響力が強まると、朝鮮国王の高宗は今度はロシアに助けを求めた。日露戦争で日本がロシアを破り、朝鮮を保護国化すると、朝鮮国王はオランダで開催されていた万国平和会議に秘密特使を派遣し、欧米列強に朝鮮の外交権復活を訴えたが失敗し、ついに日本に完全併合されてしまったのだ。帝国主義を規範とし自ら植民地を所有する欧米列強に対して日本の植民地主義を批判しても、朝鮮独立の正当性を支援してくれる強国を探すことは不可能だった。

一九一九年の三・一独立運動の後、総督府の弾圧を逃れるため、朝鮮独立運動家たちは、ソ連、中国、アメリカ、そして満州国などにばらばらに逃亡し、ウラジオストク、上海などに別個の臨時政府をつくった。上海に設立した大韓民国臨時政府は、京城（現ソウル）やシベリアにつくった臨時政府を吸収統合したかたちをとったが、その後勢力を弱めてしまった。理由の一つは、ソ連派と上海派の内部抗争、そしてもう一つは、中国国民党の蔣介石が、上海の大韓民国臨時政府の自立性を認めず、彼の指導下に入ることを要求したからである。一方、初代臨時政府大統領の李承晩《イ・スンマン》は、内部抗争に敗れてハワイ、アメリカに活動拠点を移した。

共産主義的な信念を持って独立を勝ち取ろうとする朝鮮の運動家たちは、ソ連にも翻弄された。反帝国主義、反植民地主義を掲げるソ連は、朝鮮独立を支持する強い味方に見えたので、上海臨時政府が急進的でないと不満だった運動家の中には、ソ連派に転向したものもいた。ところがコミンテルンは、朝鮮共産主義者に対して、海外での運動をやめて朝鮮国内に戻り、そこに抗日統一戦線をつくることを指示した。

そこで一九二五年、朝鮮共産党が結成されたが、コミンテルンからの指令で、党の最優先事項は国家の独立達成でなく、あくまで国内プロレタリア革命を達成することとなった。[8] そのため朝鮮共産主義者たちは、彼らの活動内容も修正せざるを得なかった。

それでも朝鮮国内で活動を行う共産主義者たちは、海外で行う活動よりはるかに効果的に、朝鮮人の間に抗日独立意識を広めていった。朝鮮軍による思想運動調査の結果、日中戦争勃発の頃には、朝鮮人インテリ層の間に、日本批判の理論的手段としてマルクス主義が流行していること、インテリ層以外でも、多くの独立運動に共産主義が影響を及ぼしていることが判明していた。[9]

朝鮮軍は年二回、毎号五〇ページから一〇〇ページになる朝鮮人思想運動に関する秘密報告書を作成し、東京に送っていたが、一九三六年から一九四〇年まで全ての報告書は、まず共産主義者の動向分析から始まった。そして、労働者、農民、学生などが関わる政治運動、反軍国主義運動、宗教活動などの状況分析、彼らによるスピーチ、彼らが作成する映画、演劇、発行する新聞、チラシなどの内容分析が続いた。

一九三六年上半期の秘密報告書『思想運動概観』には、朝鮮共産主義者が、地下活動再開を企てているという報告がある。その年の前半期だけで、四〇件の異なる事件に関わる九〇六人の朝鮮共産主義者が逮捕された。そのほとんどは、農民、労働者だった。さらにそのうち二六件は、特定の農村、工場、会社、教員組織内に、共産主義活動拠点をつくろうとする試み、またはいったん解散させられた朝鮮共産党を再建させようとする試みが発覚した（とされる）もので、合計三二八名の逮捕者を出した[10]。

朝鮮軍の分析官は、朝鮮人は知性に欠けるので共産主義なぞに引き寄せられるのだ、とコメントしている。一方で中国における共産主義の研究に関しては、日本政府、軍、研究組織、マスコミなどはこぞってその特殊性の研究に真っ向から向かい、中国人の知性がどうのこうのといった勝手な理屈はついぞ口にしなかった。

もちろん朝鮮軍は、共産主義が朝鮮人インテリなどの間に浸透していることを十分把握していた。それでも朝鮮軍は、朝鮮人共産主義者の思想、目的、大衆との接点などをより深く調査するより、ソ連、中国、満州国、アメリカなどの外的要因がどのように彼らを動かしているかということのほうに関心を強めた。

朝鮮軍の判断では、ソ連や中国共産党が朝鮮亡命者を朝鮮に送り返し、指示を与えて活動させるケースが増えていると見た。ソ連の場合、日本との穏便な外交関係を保ちながら、裏では朝鮮の独立運動に指示を出していると理解した。実際、朝鮮で地下活動を行っている独立派たちの多くは、日本とソ連の間に戦争が勃発するのを期待している、と朝鮮軍は見破っていた。つまりソ連が勝利して日本が負ければ、中国人と朝鮮人は自由になると彼らが待ちのぞんでいるのを見越していたのだ。
日本で二・二六事件が起こった一九三六年以降、朝鮮各地で、朝鮮独立にまつわる反日親ソのうわさが流れ、いたずら書きが現われるようになった。朝鮮軍の報告書によれば、うわさや落書きに、アメリカが登場したのは一度きりだった。例えば一九三六年当時すでに、朝鮮半島南東部の市街地では人々が、日本は今や第二次世界大戦の勃発をたくらんでいるとうわさし合っていた。ただし相手はアメリカではなく、日本・満州国連合軍とソ連が戦ったら、日本が敗れるのは確実だ、とささやき合っていた。
京城近郊に暮らす人々は、一年以内に日本は、ソ連とアメリカの連合軍と戦争を始めるだろうから、いざというときのために貯金をおろしておくほうがよいと忠告し合っていた。半島中東部では、中年の行商人が、まもなく日ソ戦が始まり、日本は世界中を相手に戦うことになる、そうなったら日本軍は、朝鮮の若者を片っ端から徴兵するつもりである、と言いふらしていた。半島南西部では、地元の木浦《モッポ》港が、きたるべき日ソ戦で、物資輸送の拠点港になるので、まもなく日本海軍が改築工事を始めるそうだ、といううわさが出まわっていた。[11]
朝鮮軍が聞いたのは、戦争に期待する声ばかりではなかった。そのような戦争が起こったら日本は、朝鮮人の若者を徴兵に駆り立て、朝鮮を戦場にする可能性がある。第一日本が負けても、それで朝鮮が自動的に独立できる保証はなく、ソ連の属領になってしまう可能性もある、というような慎重な声もあった。[12]
一九三九年前半になると、朝鮮内での運動指導者の逮捕または彼ら自身の転向が原因で、共産主義運動は表面上は下火になった。しかし地下活動は続いた。学生たちは秘密組織を結成し、活動家たちは外国に亡命して同志と連絡を取り合った。

一九三九年前半期の『朝鮮軍思想運動概況』にみるこの時期の逮捕者は、共通して「時機が熟するのを待つ」という姿勢だった。ある朝鮮人共産主義者は、日中戦争はやがて日本を滅ぼすと語り、ある共産主義者のキリスト教牧師は、朝鮮の子供たちに、日中戦争は日本にとって自殺行為で、日本が負ければ共産主義国の朝鮮が誕生すると教えていた。ソ連に逃亡してモスクワの共産大学に入学しようとしたものも四人おり、彼らは全員朝鮮軍に捕らえられた。[13]

朝鮮軍は、ソ連と朝鮮の国境地帯を厳重な監視下に置き、ソ連側エージェントと朝鮮人共産主義者を接触させないようにした。それでも国境沿いでの彼らの活動はなくならなかった。朝鮮軍は、満州国で活動する抗日運動家の金日成《キム・イルソン》が、どれだけソ連の影響下にあるか調査を始めた。というのも、ソ連経由で羅津《ラジン》から朝鮮に入ってこようとする者、満州国から朝鮮に入り込み、農民、工場労働者たちの組合を結成しつつ、反戦運動を行おうとする者が現われたからである。[14]

一九三九年から一九四〇年と日中戦争が長期化する中で、朝鮮人の反日運動には、中国の国民党と共産党がそれぞれ複雑に絡んできていることにも朝鮮軍は気づいた。蔣介石は、中国に逃亡してきた朝鮮人運動家を国民党の抗日闘争に参入させていたし、一方の中国共産党は、朝鮮内での自分たちの活動を活発化させた。つまり共産党指導者は、共産党の本拠地がある延安にたどり着いた朝鮮人逃亡者を朝鮮に戻し、中国共産党の宣伝活動に従事させたのだ。つまり彼らには、朝鮮人同志に対して中国共産党の素晴らしさを語り、ソ連型共産主義では朝鮮にふさわしいモデルにはならないことを説明させる義務を与えたのだ。

ちょうどこの頃日本軍は、日中戦争の戦場に送るべく朝鮮人志願兵の募集を開始しており、朝鮮の若者の反戦反日意識は高まっていた。中国共産党は、そこをついた巧妙な宣伝を行ったのだ。つまり朝鮮人として日本軍に志願するのは、日本の中国侵略に加担することで、生命を無駄にする価値すらない、それくらいなら共産主義革命を実現させて、朝鮮独立を勝ち取ろうと、朝鮮の若者たちに訴えようとしたのだ。例えば朝鮮人特別志願兵の両親は、次のような書簡を受け取ったという。

> 鮮人として日本のため志願兵を志願したる心掛けは誠に感嘆の外なし。朝鮮が日本の植民地化したるも一に貴下の如き人物が存在せる為なり。希くは日本の為北支の華と散られよ[15]

一九四〇年三月、北華地区の日本領事館警察を統括する機関である北支警務部の高等主任会議が開催され、そこでは中国共産党と朝鮮独立派の関係が、深刻な問題として議題にあがった。警務部主任たちは、中国共産党が支配する地域で、確かに朝鮮人の宣伝活動が目立ってきていることを指摘した。そして八路軍や他の中国共産党軍に、朝鮮人共産主義者が参加し、ともに日本軍を相手に戦っている現状を認識し合った。ある主任は、中国共産党に協力する朝鮮人の動機を詳細に調査分析する必要がある、と会議で発言した。

もしも彼らが本気で、朝鮮を共産主義国として独立させるつもりでいるのなら、彼らと中国共産党との今後の協力は警戒に値する。しかし彼ら朝鮮人は、単なる思いつきや、なりゆきで中国共産党に身を投じている可能性もあるので、もうしばらく様子を見てから具体的対策を練るという方向で会議では合意があった[16]。

この警務部高等主任会議に先立って、日本外務省も、日本占領下にある北支の領事館警察署長を招き、治安問題を討論していた。その際、朝鮮人は中国人と協力しあうはずがない、という意見が交わされた。

日本占領下の華北では、満州事変以降、経済的好機を求めて朝鮮人人口が増加した。彼らの中には浮浪者も多くおり、日中戦争勃発後に日本占領下地域に流れ込んできた者は、中国人に対して横柄な態度を取ったりしていた。今では華北にも働き者の朝鮮人人口が増え、会社員、銀行員、店員、販売員、芸人などとして働いている[17]。そうした華北の朝鮮人は日本に協力する意欲が高かったので、北支各地の日本警察は、彼らを雇って、日本のためにさまざまな情報収集をさせたりもしていた。

例えば中国共産党軍に潜入させて、軍事計画書を盗んでこさせたり、朝鮮内の朝鮮人共産主義者についての情報を入手させたりしていた。そういう親日的な朝鮮人は、大日本帝国のためによく働いてくれる。高等主任会議に山東省青島から出席したある警部補は、そのような彼らが中国に寝返るはずがないとして、自分の管轄区にいる親日朝鮮人を「愛国的」とまで褒めた[18]。

ただ朝鮮全体の雰囲気は、これほど楽観的な意見を受け入れなかった。そして太平洋戦争が始まると日本は、外国による朝鮮干渉に対する警戒レベルをいっそう高めるようになった。

朝鮮をめぐる米ソ中の思惑——一九四四年

日本が中国に対して決定的勝利を収められず、太平洋戦争においても決定的に不利になると、朝鮮での戦時動員は激しさを増した。朝鮮で生産される物資は、日中戦争と太平洋戦争両方の戦場に送られ、また朝鮮内外での労働動員と軍事動員が行われた。朝鮮人の生活も悪化する一方だった。食糧難と人手不足に苦しむ農民たちは、植民地政府に嘆願し、ときに暴力で抵抗した。

一九四四年当時の朝鮮総督府は、こうした朝鮮人の「治安騒乱」より、朝鮮への干渉に関心を持つ諸外国の存在こそが、日本にとっての大いなる脅威とみなした。ただし朝鮮総督府の見立てでは、そうした諸外国は朝鮮の独立を支援しようとしているわけでないようだった。それぞれの国益のために朝鮮半島に勢力圏を拡大させようとしているのであって、日本の植民地支配が崩壊するときを虎視眈々と狙っているはずだった。

このときまでに満州国に亡命した朝鮮人共産主義者がソ連または中国共産党と連絡を取り合っている事実を把握していた朝鮮総督府は、朝鮮半島の支配権をめぐる新しい競争はすでに始まっていると判断した。その新しい支配者次第では、戦後日本の安全保障が脅かされる可能性もある。朝鮮に接近してくる国々の分析と研究は急務だった。

一九四四年九月、朝鮮総督府は、朝鮮の現状に関する特別報告書を第八五回帝国議会に提出した。

一八三ページからなるこの報告書は、朝鮮半島における食糧調達、徴兵状態、航空機・鉄鋼・石炭その他物資の生産状況、運輸、預金、治安、防衛、学生動員も含めた戦闘準備など、現状を統計に基づき整理・総括し、それらが日本の戦争に意味することを分析したものである。朝鮮総督府の提案は次のようなものだ。

戦争が長引き、朝鮮の人々は経済統制や食糧物資欠乏に対しての不満を強め、それに伴って反日感情も高まっている。今や朝鮮人は、戦況が連合国側に有利なことを知っているので、天皇に対する不敬発言を含めた反日流言飛語、日本に対する扇動的な誹謗が、各地にまん延している。日本の敗北は確実で、朝鮮の独立はもうすぐだ、と人々は、あちこちでささやき合っている。朝鮮南部に米軍機が飛来している今、もしもアメリカが朝鮮の都市に対しても空襲を始めたら、それに合わせて朝鮮人は一斉蜂起、破壊暴動などを起こす可能性もある。戦争が終わる前に朝鮮半島が危険な状況に陥ることを防ぐためにも、朝鮮人の生活全般を改善すべきである。そして、インテリ層、若者、学生の声などに日本政府が耳を傾け、日本人と朝鮮人の差別を撤廃するなどして、彼らの要望を真摯に理解するべきである、と帝国議員に訴えた[19]。

これはなかなか革新的な意見のようだが、朝鮮総督府が言う「朝鮮人の要望」とは、誠意を持って「日鮮一体」を実現することだった。例えば、親日朝鮮人が結成した「国民協会」は、日本帝国議会に向けて朝鮮人に参政権を付与すべしと、一九二〇年代から訴え続けていた。太平洋戦争勃発後、同協会は、大東亜共栄圏の理想を完全に実現するためにも、日本人と朝鮮人の完全なる融合を本格的に行うべしとの声明を発表し、朝鮮総督府に提出している。

今や彼ら朝鮮人は、税金を支払うことはもちろん、皇民化教育を受け、日本軍兵士として日中戦争と太平洋戦争両方の戦場に出向き、日本のために命をかけている。朝鮮人に参政権を認めるだけでなく、日本と朝鮮の間を自由に行き来し、労働賃金、給料なども日本人と朝鮮人との格差をなくすようにすべきである。朝鮮総督府は、彼等のこうした要求は、ごく自然の成り行きと主張した。[20]

ただし総督府自体は、朝鮮人の中に「日鮮一体」の実現を訴える人々がいるにしても、彼らの長期的目的とは実は朝鮮の独立なのでないか、という懸念を拭い去ることができなかった。そうした一見、親日派のような朝鮮人は、日本とともに中国とアメリカを相手に戦いながら、本当のところ、それらの国をどう見ているのか、それらの国は彼らに何らかのメッセージを送っているのか、総督府は観察を続けた。

実は一九四四年時点では、不穏な活動を行ったかどで検挙された朝鮮人の間で、非共産主義系の人々の数が一九三〇年代に比べ増えていることがわかっている。一九三九年と一九四〇年の総検挙件数は、それぞれ六二パーセント、五六パーセントが共産主義系活動だったが、一九四一年になると、それらは全体の十八パーセントに下がり、代わって共産主義と無関係のナショナリスト、独立派の活動家たちの検挙が、全体の二〇パーセントを占めるようになった。そして一九四四年前半には、検挙件数の四三パーセントが、非共産主義系ナショナリストの活動で、共産主義系活動は全体のわずか四パーセントを切った。

これはそれまで興味を持たなかったアメリカが、今や太平洋戦争で日本を打倒する「英雄」に見え、アメリカの力を借りて反日独立運動をしようと考える朝鮮人が増えたからかもしれない。ただし検挙数でいえば、共産主義系運動は減っても、逮捕された人数で比べると、共産主義者は合計一七七六人に対して、非共産主義者は一〇八五人で、依然として共産主義の影響も決して軽んじることはできなかった。しかも一九四一年から一九四四年にかけて、朝鮮における共産主義系運動の検挙数が減った理由は、この時期、彼らの多くが満州国、中国、またはソ連に亡命したからだった〔表3—1、表3—2参照〕。

こうして総督府は、ソ連、中国だけでなく、アメリカも考察対象とし、それらの国は、日本敗戦後の朝鮮にどう関わってこようとし、そのために独立運動家たちとどのような連携をしているのかを明らかにしようとした[21]。

まずソ連だが、太平洋戦争開戦と同時に極東赤軍諜報（スパイ）部を動員させ、朝鮮内部で情報収集活動を活発化させていた。一九四四年、帝国議会に提出した報告書は、ソ連の分析に相当のスペースを割いている。

ロシアは帝政時代から、日本の大陸政策に高い関心を抱き、また朝鮮半島を戦略的に重視してきた。朝鮮総督府の調査によれば、満州国建国以後、ソ連は朝鮮人エージェントを雇って、朝鮮内部でのスパイ活動を活発化させていた。一九三四年一月から一九四四年七月の十年間、ソ連スパイとして一六八人が逮捕されたが、そのうち二五人が日本人、一人が中国人、残りは全員朝鮮人だった。

朝鮮軍が作成した一九三九年度の極秘報告書は、満州国で抗日活動を行う金日成のことを、朝鮮独立をめざす自立したナショナリストというより、ソ連のエージェントとみなしていた。一九四四年七月末、満州国牡丹江駐在の日本領事は、東京の外務省に秘密報告書を送り、ソ連に逃れていたはずの

表 3-1　朝鮮における累年別思想犯検挙　件数・人員表（1939-44 年）

	民族主義（主要）	共産	学校学生	宗教	その他	合計
	検挙件数（カッコ内は検挙者数）					
1939 年	36（256）	28（646）	6（26）	18（105）	7（9）	95（1,042）
1940 年	29（72）	31（668）	16（121）	24（329）	3（3）	103（1,193）
1941 年	73（176）	20（158）	48（203）	34（206）	57（118）	232（861）
1942 年	33（237）	25（141）	57（409）	34（317）	34（38）	183（1,142）
1943 年	46（204）	23（151）	46（198）	58（211）	149（238）	322（1,002）
1944 年上半期	51（140）	2（12）	16（42）	8（56）	55（87）	132（337）
合 計	268（1085）	129（1776）	189（999）	176（1224）	305（493）	1067（5,577）

朝鮮総督府『第八十五回帝国議会説明資料（一九四四年八月）』［近藤釼一編『太平洋戦下終末期朝鮮の治政』〈朝鮮近代史料 2〉（巌南堂、1961 年）］67-68 頁の表をもとに作成。

表 3-2　朝鮮におけるソ連系外諜事件検挙表（1944 年 8 月調べ）

	検挙件数	検挙人員			
		内地人	朝鮮人	中国人	検挙者総数
日中戦争の開戦前					
1934 年	1		1	1	2
1935 年	7		11		11
1936 年	8		14		14
1937 年 6 月まで	1		7		7
日中戦争の開戦後					
1937 年 7 月以降	9	1	15		16
1938 年	13	1	15		16
1939 年	8	10	5		15
1940 年	29	9	25		34
1941 年 12 月 7 日まで	19	3	22		25
太平洋戦争の開戦後					
1941 年 12 月 8 日以降	1	1			1
1942 年	9		12		12
1943 年	11		11		11
1944 年 7 月まで	4		4		4
合 計	120	25	142	1	168

朝鮮総督府『第八十五回帝国議会説明資料（一九四四年八月）』（同上）79-80 頁の表をもとに作成。

金日成が率いる朝鮮人共産主義ゲリラ部隊がソ連の指令に従って満州に再侵入し、抗日活動の再開を試みていると報告した。[22]

一方で朝鮮総督府も、ソ連が、満州国内にいる他の朝鮮人共産主義者をも朝鮮北部の戦略拠点に送っていることを把握していた。そしてそうした朝鮮人活動家は、あくまでソ連の国益のために動かされていると想定したうえで、ソ連が朝鮮で何を達成しようとしているかを見極めようとした。

ソ連は朝鮮にスパイを送り込み、騒乱を起こして治安と植民地秩序をかく乱させようとした。もっと熱心だったのは、朝鮮北部やソ連国境沿いにある日本軍基地や交通輸送の中枢地周辺に、高度に訓練されたスパイを投入して、軍関係の情報収集をさせていたことだ。やがて日本は、日ソ中立条約を破棄してソ連に攻撃を仕掛けてくる、日ソ戦争は避けがたい、とソ連が考えていることは明らかで、その準備を始めているのだろうと朝鮮総督府は解釈した。

朝鮮総督府から帝国議会への一九四四年の報告書には、朝鮮に潜伏するソ連スパイの様子についても詳しい説明がある。ある者は高感度の短波受信機などを隠し持って、特殊な地域でスリーパーとして一見平穏な生活をし、検挙を逃れているという。一九四三年から一九四四年夏までの間に、十五人のソ連スパイが朝鮮への不法侵入の罪で捕らえられたが、彼らの侵入方法は年々巧妙になってきた。単に陸の国境を越えるのでなく、朝鮮半島の東部海岸沿いの人口まばらな地点に船で近づき、上陸してくる。軍警察と銃撃戦になることもいとわず、住民を人質にとったりするような凶暴性も示し始めた。最も注目すべきは、朝鮮内にひそむスリーパーたちが近く活動を始める機会を狙っている様子であることだ。京城市内のソ連領事館にもスパイが潜んでいる。

こうした状況を総括するに、ソ連は日本との武力衝突は不可避であるという前提に立って、日本がいつ、どのようにソ連進攻を企てるかをできるだけ早期に察知することに重点を置いているのだ、と報告書は分析した。[23]

中国もまた朝鮮における日本の存在を強く警戒していた。一九四四年の報告書は、中国の動向分析にもかなりのスペースを割いた。そもそも中国に亡命した朝鮮人活動家団体は、金九《キム・グ》を首魁とする民族主義派と、金元鳳《キム・ウォンボン》を首魁とする共産主義派の二大陣営に分裂し、過去二〇年にわたり対立抗争を続けていた。日中戦争勃発後、蔣介石が政権を据える重慶を中心に勢力を強めていたのは金九派だった。[24]

蔣介石は、運動分裂を回避するために左右統一を促していたが、一九四〇年以降、中国国民党と共産党の関係が悪化するのに伴い、共産主義派の金元鳳に、孫文の三民主義を朝鮮革命の指導原則として採択するように要求し、彼がこれに応じないと資金援助を打ち切ってしまった。以後、金元鳳派は、華北の中国共産党地区に移動し、八路軍の指揮下に入ってしまう。

一方で金九は、大韓民国臨時政府に交戦能力を持たせるために実体のない軍隊を創設し、蔣介石にその承認を要請し、アメリカ、イギリス、ソ連などからの承認も期待した。ところが蔣介石は、それを却下しただけでなく、臨時政府が持つ軍に対する指揮権まで取り上げてしまった。そして金九の朝鮮民族解放運動に対しても、その目的はあくまで「三民主義国家」の建設であることを命じた。

蔣介石は、日本が戦争で敗れた場合、金九が指導する臨時政府が朝鮮における独立政権の地位を獲得し、それを各国が承認することを期待していた。彼は、ソ連が朝鮮に進出することを強く懸念していたため、ソ連派の朝鮮人が政権を握ることを恐れたのである。しかしそれ以上に重要なことは、蔣介石は、日本の影響力を朝鮮から完全に排除した後は、半島全体を中国政府の影響下に置かねばならないと考えた点である。[25]

朝鮮総督府はこのような蔣介石の思惑を把握していたが、中国内戦での蔣介石の苦戦に鑑みるに、蔣介石も、彼に牛耳られた金九も、どちらも日本敗北後の朝鮮の支配権を掌握するとは予想しなかった。

蔣介石に比べれば毛沢東の中国共産党のほうが、朝鮮に対する政策は明快だったようだ。毛沢東自身、歴史上、中国の属国であった朝鮮を「守る」という「高貴なる使命感」を公にすることもあった。一九二〇年頃、彼は当時フランスに留学していた友人に、朝鮮と台湾を帝国主義国日本に奪われたことが許せないと手紙を書き、「人類共通の幸福という原則にのっとって、朝鮮の独立を助けることは、中国人にとって非常に重要なことだ」と述べていた。[26]

日本の中国侵略と朝鮮の植民地搾取は、同時進行していたことから、一九三五年夏、中国共産党は、日本を共通の敵として、朝鮮との統一戦線形成を呼びかけたほどである。一九三七年夏に毛沢東は、全世界に向けて発表した「ファシズムへの抵抗戦に勝利するため全ての国家が力を合わせるべし」というメッセージで、まず民族自決と自治の原則を、モンゴル人や中国の少数民族に認めることで彼らを日本帝国主義打倒の戦いに動員し、さらに朝鮮と日本の労働者、農民、大衆とも力を合わせるべし、と提唱した。[27]

一九四二年、毛は「持久戦を論ず」という論文中で再び朝鮮について言及している。中国の抗日戦が鴨緑江まで日本軍を追撃することで終焉したとする。しかしその後、朝鮮で革命戦争が起こり、他国が革命に武力干渉してくるようなことがあり、もしも朝鮮の革命勢力が中国の援助を必要とするなら、中国は抗日戦とは別個の戦争を戦う用意がある、と述べていた。また彼は、中国の領土を取り戻した暁に、もし朝鮮人が「日本帝国主義のくびきを断ち切りたい」と希望するならば、そのような独立闘争に対して、熱烈な支援を与えるつもりであるとも語っていた。つまり、中国が抗日戦に勝利するのは、朝鮮民族までも解放したとき、とさえ宣言したのだ[28]。

朝鮮総督府が得た情報によると、北支で中国共産党指導下にいる朝鮮人の共産主義団体は、朝鮮革命青年幹部学校を設立し闘士の養成に努めているが、まもなく朝鮮人男女数十名を入学させて、朝鮮独立の暁には、軍と政治面での指導者となる人材を育成している様子だ。さらに彼らは、北支の日本人民解放同盟とも呼応して、日鮮支の共同戦線を展開して、満州方面への組織拡大をも狙っている[29]。

しかし共同戦線といえども、中国と朝鮮は対等の立場ではない。例えば一九四一年に結成された華北朝鮮青年連合会の宣言書には、朝鮮人同志はまず中国のために力を尽くすべきことを次のように表明している。「北支のみならず全中国に散らばった朝鮮人に告ぐ。まず中国人の反戦運動を援助せよ。そして中国人同志とともに勝利を勝ち取れ。我々は中国統一運動に参加し、中国人を助け、彼らとともに学び、そして最終的に、朝鮮人独自の抗日統一戦線を形成するのだ[30]」。

実際、中国共産党の朱徳などは、彼らが朝鮮独立を優先するのでなく、まず革命闘争における分裂傾向を克服し、全民族一致の抗日民族統一戦線を樹立することを強く要求していた。つまり朝鮮の共産主義者も、中国共産党の指示を仰がねば何も行動できなかったのだ。

中国共産党は、日本が朝鮮を去った後、朝鮮にも勢力を伸ばすつもりだろうか。朝鮮総督府は、それを探った。

一九三八年末から、朝鮮各地の軍需産業関連会社や工場、さらに市場などの重要施設で原因不明の大規模火災が頻発し、軍用列車運行妨害事件や、鉄道破壊事件が続発していた。一九四一年夏、これらに八路軍系の中国人スパイが関わっていることがわかり、一九四二年には九件のスパイ活動に関与する七〇名、一九四三年は十件に関与する四九名、一九四四年には六件に関わる七名を逮捕した。年ごとに件数は減ったものの、規模や損害額は深刻化した〔表3―3参照〕。

八路軍幹部の指令を受けて朝鮮に侵入する者もあれば、朝鮮の外で労働者という身分で雇われ、朝鮮に送られてくるものもあった。あるいは不正に朝鮮に入国した中国人が、各種労働者、店員、野菜行商などを装って、働きながら朝鮮人の同志を獲得し、破壊活動に従事させるという例もあった。また大規模なスパイ組織をつくり、朝鮮における日本軍の活動を偵察し、暗号通信または無線で八路軍に報告したり、または一時帰国して情報を直接伝えたりもした[31]。

一九三六年当時、朝鮮には日本人を除く外国人が一万五〇〇〇人ほど住んでいた。そのうち八七パーセントは中国人であったことを考えれば、彼らが中国共産党の扇動的宣伝に導かれて協力者となり、地下組織を形成することは、朝鮮総督府にとって深刻な問題である[32]。朝鮮に暮らす中国人の多くは山東省出身者が多く、同省では八路軍の活躍が非常に活発だったので、八路軍は、彼らの愛郷心に訴えることもあったようだ。また場合によっては、故郷の家族を人質にとって、山東省と朝鮮の間を行き来させることもあった。

総督府は、中国共産党が朝鮮に活動を拡げるもう一つの理由にも注目した。彼らは朝鮮各地の重要

表 3-3　朝鮮における中国系外諜事件検挙表（1944 年 8 月調）

	検挙件数	検挙人員			
		内地人	朝鮮人	中国人	検挙者総数
日中戦争の開戦後					
1937年	4		2	15	17
1938年	3			8	8
1939年	1		2		2
1940年	1	1			1
1941年 12月7日迄	1			2	2
太平洋戦争の開戦後					
1941年 12月8日後	1			2	2
1942年	9			70	70
1943年	10			49	49
1944年7月迄	6		1	6	7
合 計	36	1	5	152	158

朝鮮総督府『第八十五回帝国議会説明資料（一九四四年八月）』（前掲）81 頁の表をもとに作成。表の題名は「中国系」となっているが、重慶側のスパイ謀略活動は、アメリカ・イギリスの活動と一緒に分析され、事件検挙表も作成させていないことから、この表の数字は中国共産党八路軍のスパイ謀略活動状況を表すと思われる。

物資、とくに軍需物資、硫黄、硝石、水銀などを不当に入手し、密輸業者などを操作して中国に送り出しているのだ。

一九三七年から一九四四年までの間に総督府が逮捕したスパイは、ソ連系より中国共産党系のほうが多かった。この時期スパイとして逮捕された日本人は合計二六名だが、そのうちソ連系は二五人、中国共産党系は一人だった。ソ連の場合、朝鮮人をリクルートしてスパイとして使っているのに対して、中国共産党は朝鮮人をスパイとして使わなかった[33]。ロシア人と異なり中国人の場合、朝鮮に紛れ込むことがたやすいという理由もあろうが、少なくとも朝鮮におけるスパイ活動において、中国共産党が朝鮮人を上手く使っていないことはわかった。

朝鮮総督府は、アメリカにはほとんど関心を示さなかった。もともとアメリカは、朝鮮半島に利害を持っておらず、二〇世紀初頭から、日本が朝鮮を支配することに異存はなかった。日露戦争中に、アメリカと日本両政府が交わした「桂・タフト協定」では、朝鮮は日本の支配下に、フィリピンはアメリカの支配下にあることを両国が認め合ったほどだ。

戦前、朝鮮に関心を持つアメリカ人といえば、キリスト教宣教師か、ごくわずかのビジネス関係者などだった。そうした歴史的背景から、アメリカは朝鮮でこれといった諜報活動も行っていなかった。朝鮮に駐在するアメリカの外交官がたまに行う情報収集活動といえば、キリスト教宣教師の反戦活動を追う程度だった。前出の一九四四年報告書に記録されているのは、アメリカ、イギリスの潜水艦が朝鮮沿岸に近づき、ときに朝鮮人漁師に接触して、さまざまな情報を入手しているという事例が一件のみだった。[34]

しかし太平洋戦争が始まると、アメリカ政府はアメリカ国内で暮らすごく少数の朝鮮人亡命者、留学生などを動員して、朝鮮に向けた短波放送を担当させた。彼らは朝鮮語で、朝鮮を支配する日本が枢軸国として世界を脅かしていること、しかし日本の戦況は不利になる一方であることなどを語った。

総督府は、こうしたアメリカの宣伝放送を実際に受信したり、その内容を他に伝えたりする朝鮮人を逮捕した。しかし総督府は、ソ連や中国共産党系のスパイ事件の件数や関わった人数は記録として残しても、親アメリカ派の人々の統計は記録しなかった。数的に少なかったこと、そしてアメリカ政府との直接的関連性を示す証拠にとぼしかったことが原因であろう。

共産主義の立場を採らない朝鮮の独立派ナショナリストたちの中には、太平洋戦争勃発以後、アメリカやイギリスと手を結ぶことで、国際社会において日本を窮地に追い込むことができると考える者もあったが、あくまで少数であったことも、総督府の調査でわかっていた。またキリスト教徒である朝鮮人の中には、親アメリカ、親イギリスの立場をとる者もいたが、それはアメリカの経済力に魅かれてあこがれているようでもあった。

東京の日本政府関係者も、アメリカ政府が朝鮮の独立派を支援する理由はないと考えていた。アメリカで大韓民国臨時政府代表を名乗る李承晩は、かつて上海に臨時政府をつくり大統領となったものの内部抗争で失脚し、アメリカに亡命した人物である。日本政府も、朝鮮総督府も、朝鮮軍も、彼の臨時政府は、アメリカ政府に真剣に扱われていないとして軽視していた。実際、李承晩とその周囲にいた少数のアメリカ派に対して、アメリカ政府が示したのは、朝鮮の苦しみに理解を示すだけの、いわゆる温情主義だった。

李は、朝鮮が日本に合併される直前にアメリカ留学に旅立ち、ハーバード大学、プリンストン大学で学位をとった後、朝鮮に戻ってきたが、わずか数年でまた国外亡命してしまった。李はアメリカの有力者と人脈を築いてきたようだが、彼を知る朝鮮人の評判はあまりかんばしくなかった。ある朝鮮人は、「李とその取り巻きは、みなアメリカ仕込みの紳士であるが、流暢な英語で、有力者を相手に雄弁な演説をすれば、アメリカが自分たちに独立をくれると信じているようだ」と、その交渉スタイルを批判した。[35]

朝鮮総督府は、李本人がアメリカから朝鮮に向けて行っている短波放送の内容を把握し、朝鮮人の耳に届かないよう一応注意はしたが、彼が現時点で、日本に対する脅威になるという評価はしなかった。[36]

日本外務省も、アメリカでの李承晩の活動に関する情報収集を行っていたが、朝鮮総督府と同様の結論に達していた。一九四四年夏、在リスボン同盟通信社が外務省に送った一連の海外ニュースは、どれもアメリカ政府、アメリカ軍などが、李の良き理解者とは言いがたいことを裏付けるものだった。

一九四四年夏、ロサンゼルス発の『米陸軍ニュース』によると、李はアメリカと他の連合国が、朝鮮独立に熱心でないことに不満を抱いているという。李のスポークスマンは、アメリカをはじめとする連合国は、ただちに彼の臨時政府を朝鮮の正式代表として承認すべしと要求している。それだけでなく、彼の政府が有する軍にも支援を送れば、まもなく連合国とともに対日戦に参加し、連合国の対日勝利に貢献しようとも述べているという。

李の軍隊は組織、訓練、補強の面でこれから本格化させる必要があることを、スポークスマン自身が認めていたが、それでも朝鮮と満州国で、日本軍を撃破するだけの強さはある、と自信を持っており、だからこそ余計に、アメリカ政府は、彼の臨時政府を朝鮮の代表として承認すべきだと力説したという。しかしこの記事は、こういうエピソードを伝えるのみで、彼の計画が現実的かどうかなどには一切言及しなかった。[37]

続いてリスボンの同盟通信社が外務省に送った『ニュース・クロニクル』という雑誌に掲載された記事には、このエピソードの顚末が、面白おかしく紹介されている。それによると連合国軍は、李の要請を受け入れなかった。李は立腹し、彼の軍が参戦しないことで極東における対日戦の進行はひどく遅れる、と不満を露わにしたという。

イギリス、アメリカ両政府、そして蔣介石の国民政府は、一九四三年十一月に開催されたカイロ会談で、朝鮮の人々が「奴隷状態」に置かれていることを認識しあい、やがて朝鮮に自由と独立をもたらす「決意」を確かめ合った。それにもかかわらず、アメリカ政府がその実現に向けて全く努力していないことに、李承晩は不満だった。李のいう軍隊とは、良く訓練され、優れた武器を持つ一万の兵士からなるもので、彼の指揮下に置けば、ただちに朝鮮半島全域を対日ゲリラ戦の戦場に変えてみせる、と彼は主張していた。これほど大胆な計画を紹介しても、アメリカは李を本気で相手にしなかった。リスボンの同盟通信社は、このように、アメリカで李が置かれた立場を伝えた。[38]

リスボンの同盟通信社が、東京の外務省に送った李承晩に関する一連の記事の最後は、一九四四年八月末に『ニューヨーク・ヘラルド・トリビューン』紙に載ったものだった。それによると、同新聞社は、日本と戦うアジアの国々の代表に敬意を示すべく、晩餐会を主催したそうだ。李承晩は、中国国民党、フィリピンの代表者とともに、この晩餐会に招待された。この晩餐会に出席する前、ニューヨーク市長フィオレロ・ラガーディアと面会し、例の抗日軍を結成する計画を彼に披露し、ラガーディアは、うなずきながらそれを聞いたそうだ。それで李は気をよくして、その後向かった晩餐会で、朝鮮独立について雄弁なスピーチを行ったという。[39]

このようにアメリカが、李にリップ・サービスを与え続けるだけなら、当面日本に対する脅威にはならないだろう。しかし外務省は、ちょうどこの頃、アメリカが別の角度から、朝鮮に関心を持ち始めたことを警戒し始めた。

アメリカ軍は一九四四年になると、ニューギニアからフィリピン、そしてグアム、サイパンなどで侵攻を続け、刻々と日本本土に迫りつつあった。大日本帝国の崩壊が現実味を帯びてくると、その後朝鮮に出現する「力の空洞」のことを考え始めた。アメリカのメディアは、朝鮮の戦後処理について、イギリス、ソ連、そして蔣介石の中国と協力しつつ決めていくことになるだろう、と論じ始めた。

従来、まったく朝鮮に関心を持たなかったアメリカが、突然、朝鮮支配をめぐる国際競争に参入しようとしだしたのだ。日本外務省は、アメリカ政府は、すでに朝鮮で活発に活動している中国共産党のスパイ活動に気がついているはずだと推定したが、アメリカが朝鮮で警戒しているのは、中国共産党のスパイではなく、ソ連ではないかと考えた。

実はアメリカ国務省は、ソ連が朝鮮に対して抱く野心について、太平洋戦争勃発直後から警戒し始めていた[40]。そしてソ連が戦後朝鮮に勢力を拡大させるそぶりを見せ始めた今、対抗措置をとることを検討し始めた。一九四四年春、国務省内に設置した東アジア専門委員会においては、アメリカは戦後、朝鮮に軍政府が設置される場合、最重要かつ最大の任務を担うべきである、という基本方針が立てられた。

この時点でアメリカの政策決定者たちは、日本統治が終了した朝鮮を戦後、国際管理下に置いたり、諸外国が分割管理したりする可能性は考慮しておらず、単純にアメリカが独占的に、朝鮮の戦後処理を行えるものと考えていた節もある。しかし一九四四年夏頃には、朝鮮の戦後処理は、それほど簡単でないことが明らかになってきた。

ワシントンの国務省では、ソ連が対日戦にふみ切った場合、ソ連軍は、満州のみならず朝鮮にも侵攻するだろう、と警戒を呼びかける声が上がるようになった。アメリカ軍の戦時諜報機関ＯＳＳ（ＣＩＡの前身）は、ソ連が戦後の朝鮮に抱いている野心を手遅れにならないうちに打ち砕くべく、海外にいる朝鮮人を、アメリカの工作員として朝鮮に送り込み、対ソ連活動に従事させてはどうか、と提案したほどだ。[41]

この頃スターリンも、戦後アメリカが朝鮮問題にどのような態度で臨むのか、注目し始めた。一九四四年末、在ソビエトアメリカ特命全権大使ウィリアム・アヴェレル・ハリマンとの会談で、スターリンは、ドイツを倒した暁に、極東に第二戦線をひらき、対日戦を開始するという構想について話し合った。

すでに対ドイツ戦で莫大な犠牲を蒙っているスターリンは、このうえさらに日本とも戦う見返りを、アメリカに求めた。それは、クリル（千島）列島と樺太の南半分、旅順口の租借、北満鉄道（かつての東清鉄道）と南満州鉄道の支配権の獲得であった。この時点でスターリンは、朝鮮に言及するのを避けた。

このときの会談の骨子に基づいて、翌年一九四五年二月、ヤルタ会談が開かれ、スターリンと、アメリカ大統領フランクリン・ルーズベルトは、ここで初めて朝鮮の戦後処理について話し合った。そして、日本統治が終わったあとはごく短期間、国際機関による信託統治の下に置く、というあいまいな計画に合意しあうにとどまり、戦争が終わらないうちに、朝鮮をめぐって対立することを避けあった。

日本は、朝鮮の独立運動家たちの中では、共産主義系が優勢であること、そして彼らは、ソ連または中国共産党に従属していることを知っていた。ただしだからといって戦後、朝鮮半島にソ連が入り込み、朝鮮全体を共産主義化するはずである、とは予測しなかった。中国共産党とソ連との関係から推測するに、ソ連には、東アジア全域での共産主義運動を指揮する意図も関心もないようだったからだ。ただし、帝政ロシア時代からの欲望が続いているなら、ぜひ朝鮮半島を戦略基地として押さえておきたいはずであろう。

ではそのようなソ連に、アメリカはどう出るのだろう。李承晩の独立運動には、さほどの関心を持たないようだが、ソ連の影響力の拡大に対抗するために、朝鮮を自国の勢力圏として獲得しようとするのだろうか。日本の政策決定者たちは、朝鮮をめぐる各国の動向観察を続けるうちに、アメリカとソ連が朝鮮で対抗しあう可能性があることを理解した。

大日本帝国が崩壊した後、朝鮮は、アメリカとソ連とどちらの勢力圏となることが、敗北した日本にとって少しでも有利だろうか。日本の指導者たちは、さまざまなシナリオを描き始めた。中国の戦場では、中国の将来はどの指導者によって切り拓かれていくのかを予測することが対中国政策の中核であった。「独立」という青写真すら存在しない朝鮮の将来予測は、中国と隔絶の差があった。

第4章 終戦への方途——米ソ不仲への注目

アメリカが大戦中に日本の暗号を解読した記録は、『マジック・ウルトラ』という報告書にまとめられている。それによると、一九四五年初めから初夏にかけて、日本がかなり真剣に、アメリカとの和平仲介をソ連に依頼している様子がわかり、しかもそうした日本の「絶望」をアメリカが把握していたこともわかる。

従来の歴史解釈では、この時期の日本は、もうアメリカに勝つ見込みがなくなったので、藁にもすがる思いでソ連に近づき、アメリカとの講和を斡旋してほしいと懇願した、ということになっている。そして実際、このような外交交渉は、戦後行われた東京裁判で、日本側被告が事実と認めている。

八月九日未明、ソ連軍が満州、朝鮮、樺太、クリル（千島）列島などに一斉に攻め込んでくるやいなや、大日本帝国はほぼ瞬時に崩壊した。日ソ中立条約を突如破棄して、対日参戦してきたソ連政府の意図に全く気づかず、和平を依頼しようと考えたのは、全くの愚策だった――歴史家の入江昭はこのように指摘し、対ソ外交交渉で時間を無駄にするかわりに、イギリスとアメリカに直接アプローチして、英米主導の世界秩序に戻る意志を表明したほうが、戦争はより早く終結していただろう、と当時の日本外交を批判した。[1]

しかし日本の指導者やソ連専門家たちは、スターリンを平和愛好家、親日派と見なすほど、楽観的でも非現実的でもなかった。彼のことは、帝政ロシア時代のアレキサンダー三世やニコライ二世の正統な後継者、つまり古典的な帝国主義者とみなし、極東ソ連に勢力を拡大させようと企む野心的な戦略家とみなしていた。まして張鼓峰とノモンハンでの二度にわたる軍事衝突で、ソ連の軍事力はあなどれないと熟知していたのだから、なおさら彼の思惑を警戒する必要があることはわかっていたはずだ。

これまで外務省や防衛省公文書館に埋もれていた資料を掘り起こしてていねいに読み込んでいくと、日本の指導者たちは、ソ連が日本と中立を維持していく意志がないことを早くから見抜いていたことがわかる。日ソ中立条約を結んだ松岡洋右自身が、まさにそうだった。太平洋戦争時、彼はすでに政界を引退していたが、ある日、彼が外務大臣時代に締結した日ソ中立条約が、いろいろな意味で誤りでなかったかと聞かれた。松岡は即座に質問を却下し、スターリンが日本の国益を守ってくれるなどとは、はなから期待していない、それでもあの時点で日本の大陸利権を守るためには、ソ連を中立にさせておく他に方法がなかったのだ、と述べたという。[2] 陸軍大臣、支那派遣軍総司令官などを務めた畑俊六も、太平洋戦争勃発の頃、ソ連はいつか絶対に中立条約を破って日本に攻め込んでくる、これは軍内の他の最高指導者たちも同じ意見だ、と日記に書いている。[3]

もともと、東アジアでのロシアの存在は自然なものと受け入れていたので、ソ連を抜きにして東アジアの戦後を考えることはありえない。大日本帝国解体後、ソ連が中国や朝鮮とどう関わっていくつもりなのかを探るためにも、和平交渉と称してソ連と外交的に接触し、コミュニケーションを保ち続けようとしたのが、真意ではないか。

日本は戦前からソ連と多角的な関係を築いていったが、その中で、ソ連政府の対東アジア戦略の動機、目的、それを達成しようとする手段などについても観察・分析を続けていた。外務省は大戦中一貫して親ソ連姿勢を維持し続け、ソ連の好意を得るために、さまざまな譲歩を提案してきた。しかしそれは外務省が、ソ連にすがるしかないと考えていたからでは、決してない。

一九四五年の初頭、太平洋戦争における日本の敗北が避けられないことが明らかになってくると、ヨーロッパの中立国に駐在する日本政府、軍関係者や民間人が、アメリカとの和平工作を試みようと一斉に動き出した。しかしどの試みも実を結ばなかった。そもそもアメリカに直接和平を持ちかけようとしても、アメリカは絶対に応じなかったのだ。

ソ連はやがて中立条約を破って満州に攻め込んでくるだろうし、アメリカは何としても和平交渉には応じない。日本はまさに軍事的にも外交的にも、全く八方塞がりの状況であった。それはちょうど、ドイツの敗北のほうが日本より先に決定し、戦後ヨーロッパで、アメリカとソ連が二大戦勝国として存在感を増すことが明らかになってきた頃である。しかし、アメリカとソ連はそれぞれ戦後ヨーロッパの再建に関して異なる計画を持ち、意見調整は必ずしも順調でないことが誰の目にも明らかになってきた。世界各地のマスコミは、そうしたアメリカとソ連の小競りあいについて伝え始め、そうした外信は日本の読者にも届き始めていた。

日本の指導者や一般の人々は、そうしたニュースをどう受け止めただろう。アメリカとソ連が戦後ヨーロッパの主導権を争い始めているなら、戦後アジアについても、同じことが言えるのでないか。日本が降伏して、大日本帝国が崩壊した後の東アジアを、アメリカとソ連はどうするつもりなのだろうか。アメリカとソ連が仲違いする可能性があれば、それを利用して、日本が生き残り戦後復興する確率を高めることはできないだろうか。日本の指導者たちは、中国や朝鮮に対するソ連の干渉に、すでにあれだけ敏感に興味を持ったくらいだから、さらにこのような戦後の見取り図を思い描いたとしても不思議でないだろう。大戦に敗れても、何とか戦後に存続しうる可能性はないか。いや単に生き延びるだけでなく、戦後復興する余地は見出せるだろうか。こうしてこの時期の日本では、「敗北の仕方」についての研究が始まったのだ。

敗北が決定的になったとしても、日本には少なくとも、戦争を終わらせる環境とタイミングを選ぶことができる。ソ連は、中立条約がある限りは対日参戦してこないだろう。だが中立条約を破って参戦してきたならば、アメリカはどう応じるだろう。日本にとっての重大な課題とは、どの戦場で、どのような状況下で、どの国に降伏するのが最も良いかを決定することだった。政策決定者たちは、大戦末期の国際政治の現状分析を急いだ。

ソ連との外交ゲーム

一九四三年初秋、日本政府は対ソ連外交における二つの主要方針を採択していた。一つは、ソ連が対日参戦してこないように友好を保つこと、もう一つは、ソ連がドイツと和平を結ぶようにとりはからうことである。中国に関していえば、ソ連は蔣介石の国民党を支援しているが、日本との中立条約がある限り、露骨に日中戦争に介入してこないことになっていた。しかしドイツとソ連の戦争に関しては、ソ連軍のほうが優勢である限り、ドイツと和解する可能性はまずなかった。

それから一年後の一九四四年八月、設立からわずか二週間後の最高戦争指導会議において、重光葵外務大臣がリーダーシップをとり、ソ連をアメリカ、イギリスから離反させ、ドイツと日本の枢軸側に引き入れる方策についての検討があった。[4]

一九四四年夏といえば、アメリカ軍はヨーロッパ戦線においてはノルマンディー上陸作戦に成功し、太平洋戦線でも、日本の絶対国防圏の中核であったサイパンとテニアンを陥落させていた。この時点で日本の指導者たちはすでに、ソ連は日本との中立を守り続けるのか、それを破棄してアメリカと足並みをそろえるつもりなのか、予測を始めていた。

最高戦争指導会議において重光は、ソ連を日本の側につけておくことの難しさを語った。この会議のために用意された『世界情勢判断』という分析レポートが、彼の見立ての正しさを証明していた。

そのレポートによると、ソ連にとって目下最大の目的はドイツを倒すことである。そのためにソ連は、イデオロギーの違いに目をつぶり、アメリカ・イギリスと「偉大なる同盟」を続けている。その限りにおいて、ソ連の関心はヨーロッパの戦場に集中しており、戦後ヨーロッパにおけるスラブ民族の団結の強化、バルカンと地中海におけるソ連勢力の拡大を次なる目標にしているようだ。

それゆえアジア方面でソ連は、しばらくは日本との中立を維持し続けるであろう。よほどのことがない限り、近々日本に対して宣戦してくることはあるまい。レポートはこのように結論した。[5] しかしドイツを倒した後も、ソ連が日ソ中立条約を守り続ける保証は全くない。ソ連がアジア方面でどのような行動に出るか、この時点では予測は立てられず、だからこそソ連を日本側にひきつけておくことは簡単でない、と重光は述べたのだ。

日本の外務省は、独自にソ連が日本にどのような意図を持っているのかを探り始めた。一九四四年秋からは、ソ連との友好を固めるための外交政策を練り始めた。ただし外務大臣の重光自身がそれは困難だと認めているくらいだったので、外務省内にも、ソ連には気を許さぬようあり得ない事態に備えるべきだ、と主張する者もあった。例えば戦時中、駐ソ連特命全権公使に任命され、終戦まで佐藤尚武駐ソ連大使の補佐役を務めた守島伍郎は、一九四三年初め頃から、ソ連は中立条約を守り続けるつもりはない、と東京に警告を送っていた。もっとも外務省のトップ官僚たちも、そう感じていたことに変わりなかった。一九四四年秋、守島が日本に一時帰国した際、彼らに口頭で、ソ連の動向には注意が必要だと伝えたところ、彼らは驚きもせず、そんなことはわかっている、という反応だった。[6]

それにもかかわらず外務省は、一九四四年九月初め、大戦の進展状況次第でソ連を今後、日本側に引き止めるための一連の対策を講じている。草案では、背景となる六通りの状況を想定している。一つは日ソ中立条約が維持される場合、二つ目は日ソ中立条約が維持されるだけでなく、さらにふみこんだ日ソ不可侵条約も締結される場合、三つ目は日本の調停によってソ連とドイツの和平が実現する場合、四つ目はソ連の調停によって、日本と中国国民党との和平が実現する場合、五つ目はドイツがソ連と単独講和を結ぶか、または敗北して崩壊する一方、日本はソ連との中立条約を経由して終戦を試みる場合、そして六つ目は国際情勢の変化のためにソ連が日本に敵対的になるが、日本は何とかソ連との戦争を避けようとする場合、である。

これらの六通りの状況下において、日本はソ連に対してどこまで譲歩ができるか。外務省の提案は、非現実的であった。例えば、ソ連が難なく日本との中立を維持していく場合、日本は好意の表現として、ソ連船舶が津軽海峡を通過する権利、満州国におけるソ連の商業権、などを与えるという。ソ連がドイツを破り、その後日本とアメリカの和平を仲介するなら、日本のソ連に対する譲歩は増大し、漁業権、防共協定の破棄、中国および大日本帝国内にソ連の影響を拡大させることを認めるという[7]〔地図4―1参照〕。

日本がソ連に与えられる利権としては、他にも北満鉄道に関する権利、南満州やクリル（千島）列島の利権などを挙げている。それにしてもこの時点で、外務省は、ソ連の歓心を買うことは無理とわかっているのだから、そもそもこのようなリストをつくることも無駄ではないだろうか。

駐ソ連公使の守島も、当時日本の支配下にあった中国や満州国から、ソ連がどのような権益を得ようと望んでいるか、ソ連政府は明確な意向を表明していない、と陸軍関係者に説明していた。つまり

地図 4-1　対ソ政策において日本が用意できる報酬

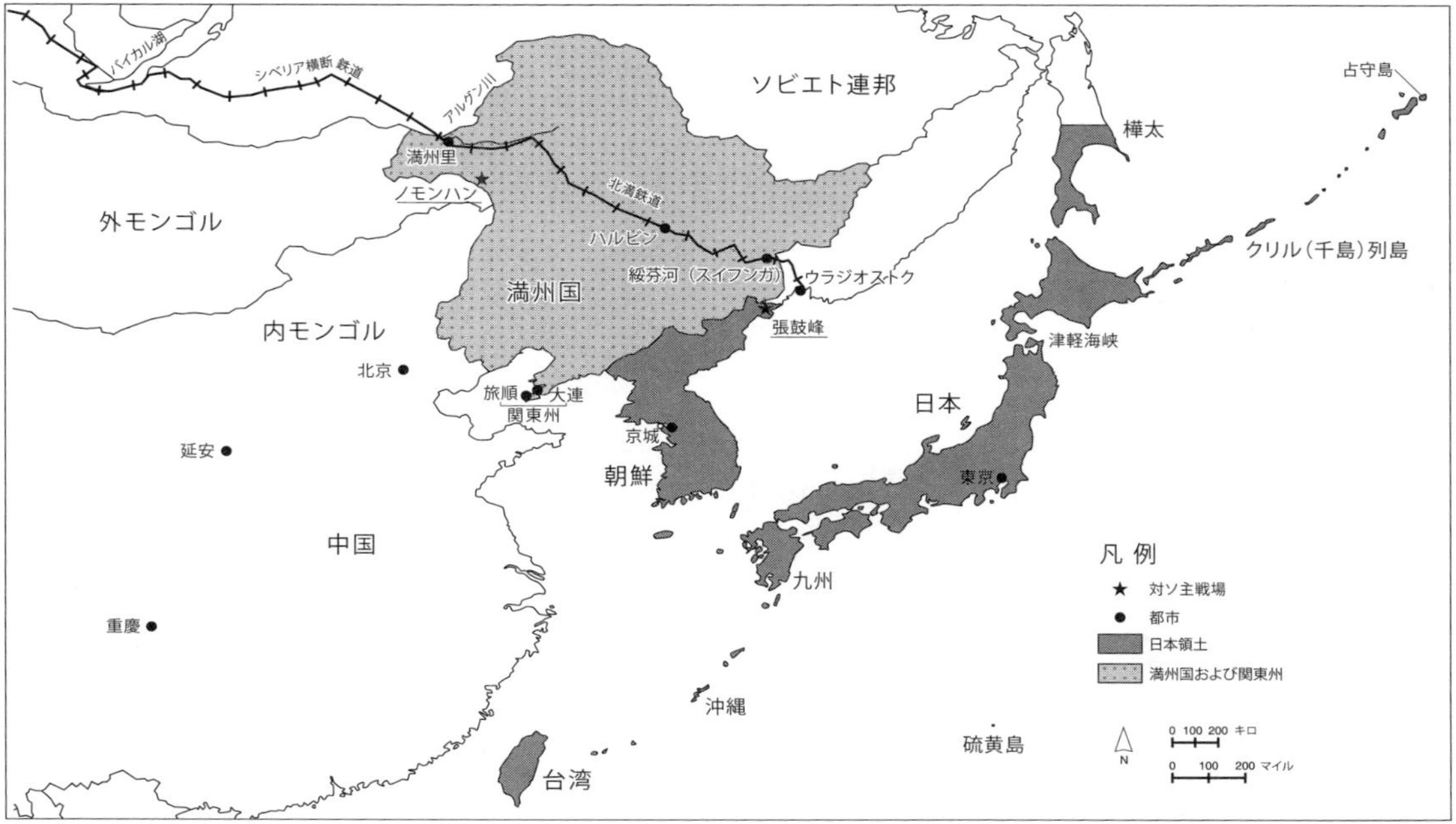

1945年5月、東郷外務大臣は、日本がソ連に与えうる最大限の「報酬」として、漁業権、津軽海峡の船舶通過権、北満鉄道の権利、内モンゴルでの勢力圏および大連・旅順の租借権などをソ連に承認する、クリル（千島）列島北部をソ連に譲渡する、南満州を中立化する、などを挙げた。なお地図上の〈綏芬河〉の旧称はポグラニーチナヤ。[地図作成：安川崇]

ソ連は、大戦が終わらないうちに、中国における望ましい戦利品のリストをつくって、それをわざわざ日本に示す必要を全く感じていないということだ。むしろソ連は、できる限り中国に対するフリーハンドを確保しておいて、戦後アメリカとイギリスが中国に戻ってくる場合、彼らに適宜対応するつもりだったのだろう。[8] それなら余計に、日本がどれだけ具体的な利権を挙げたところで、関心を示すはずがない。

この外務省の対ソ譲歩案には、他にも不自然なところがある。朝鮮がどの状況下においても、譲歩の対象になっていない点である。第3章でみたように、朝鮮総督府、朝鮮軍は、日本の支配が長く続かないことを自覚していた。それなのに朝鮮だけは譲れないという理由を明確に述べた文章はみあたらない。いずれにしても、朝鮮に関わるいかなる利権をも、ソ連に譲ろうとはしていない。

さらに、日本にとって最悪であるはずの、六つ目の状況「ソ連が日本に敵対的になった場合」においてさえ、ソ連に譲れる利権が、他の状況下とあまり変わらない。日本とアメリカの間の和平をソ連が調停することに合意した場合、日本からソ連に支払う「謝礼」と比べても、さほど熱意が見られない。この譲歩案をソ連政府に示すことは、ソ連の善意にさほど期待はしていない、と言っているようなものだった。

戦争終結への道を模索する上で、外務省はソ連に期待することを止めたかわりに、ソ連とアメリカの不仲に注目し出したようだ。

一九四四年十月末、日本海軍はレイテ沖海戦で、アメリカ軍に圧倒的敗北を喫して、その艦隊戦力は事実上壊滅した。日本政府は、日本が大陸に所有する植民地帝国も、無傷のまま終戦を迎えることはあり得ないと観念するようになった。

翌十一月初旬、ボルシェビキ革命記念日のスピーチで、スターリンは日本を「侵略国」と名指しで批判した。その十日後、東京にて最高戦争指導会議が開催され、ロシア通として知られた参謀次長の秦彦三郎は小磯首相に、遅かれ早かれソ連は中立条約を破棄してくると述べた[9]。

外務省も秦の見立てに異議はなかった。後で説明するように、ヨーロッパの中立国家、スイス、スウェーデン、バチカン市国などに駐在する日本人外交官が、ソ連の満州攻撃の時期、作戦、目的などに関する情報分析を開始し定期的に東京に送り始めたのが、この時期だ[10]。

翌年の一九四五年五月、最高戦争指導会議が開かれ、対ソ連政策の最終局面について討論があった。参加者全員一致で、またしてもモスクワとの外交交渉を試みることに決定した。名目上の目的は、日本が、ソ連の対日参戦を全力で防ごうとする意思を示すことで、ソ連が日本に好意を持ち、日本とアメリカの和平仲介に動くことを期待するものだった。今度こそソ連を本気にさせるために、日本がこれまでに示したことがないほど大きな譲歩をソ連に提示すべきことを、東郷茂徳外務大臣は指示した。

ソ連に対して日本が用意できる最大限の「報酬」としては、漁業権、津軽海峡の船舶通過権、北満鉄道の権利などのほかに、内モンゴルにおける勢力圏および大連と旅順の租借権をソ連に承認することや、クリル（千島）列島北部をソ連に譲渡すること、そして南満州の中立化などだった。ただまた今回も、ソ連が興味を持っているはずの朝鮮に関しては、一切取引の対象にはしなかった[11]〔表4－1参照〕。

日本政府は、ソ連が日本とアメリカの和平を仲介する可能性など全くないことをわかっていたのに、なぜこのような政策を立案し続けたのだろう。歴史学者コンスタンティン・プレシャコフは、日本のこうした譲渡案は、実はヤルタ会議の際に、アメリカ大統領ルーズベルトが、ソ連の対日参戦に与える「報酬」として、スターリンに提示したものと似ているという。つまり、スターリンが東アジアの勢力圏を確保するために手に入れたいと望んでいたものを日本はよく知っていた、というわけだ。しかしそれでも、スターリンがこれらのものを日本から受け取る可能性はゼロに近かったのだ。

プレシャコフによれば、理由は二つあった。一つは、戦後のソ連経済の立て直しには欧米諸国の協力が絶対に必要なので、この頃にはまだアメリカを裏切る気はなかったこと、二つめには、帝国ロシアが日露戦争に敗北した屈辱を晴らすためにも、絶対に対日戦を戦うつもりでいたことである。プレシャコフの推測は以下のとおりだ。

もしスターリンが、このとき日本の提案を受け入れて、対日参戦せず、彼が欲しいものを戦わずして日本から受け取り、さらに日本とアメリカの和平仲介を決意したら、その後の大戦の歴史はどう変わっていっただろう。ソ連が東アジアの和平構築の一大立て役者となるわけだから、戦後アジアにおける存在感は絶大なものとなっただろう。とすれば、アメリカだけでなく、蔣介石の中国国民党も、毛沢東の共産党も焦るだろう。日本を無条件降伏させたいアメリカとしては、日本のための和平斡旋などさせまいとして、日本以上の「報酬」をソ連に提示したかもしれない。蔣介石も毛沢東も、同じように動いたかもしれない。そうなれば、スターリンは、第二次世界大戦の最後の段階で、極東の運命を決める真のキングメーカーとなり、名実ともに戦後東アジアのリーダーとなっていたかもしれない。プレシャコフはこのように推測して、日本のソ連懐柔策は、あながち的外れではなかったと論じ

表4−1　日ソ交渉にあたり特派使節に内示すべき対ソ譲歩条件腹案

交渉程度 区分 / 提案しうる事項	日ソ中立条約を維持する場合	日ソ中立条約を強化または不可侵条約締結の場合	独ソ和平の実現の場合	日本と蔣介石との和平を仲介した場合	独の単独和平または崩壊の場合において日本が中立条約を維持し進んで世界大戦の終戦を指導しようとする場合	世界情勢の変化によりソ連の対日態度が悪化し日本が日ソ戦勃発を回避しようとする場合
津軽海峡通過問題その他日ソ諸懸案	できる限りソ連側の意向を尊重し解決する	ソ連側の意向を尊重して解決する	左に同じ	左に同じ	左に同じ	左に同じ
日本・満州・ソ連の通商問題	できる限りソ連側の意向を尊重し締結する	ソ連側の意向を尊重して解決する	左に同じ	左に同じ	左に同じ	左に同じ
中国及び大東亜共栄圏に対しソ連勢力が進出することを許容	一部許容さらにソ連のインド方面進出に協力する	大部分を許容また延安政権を支援しかつソ連のインド方面進出に協力する	一部許容またソ連のインド洋進出に協力する	許容するまた延安政権を支援し、かつソ連のインド方面進出に協力する	許容する	左に同じ
満州ソ連間の国境非武装問題	考慮する	一方的に考慮する	考慮する	左に同じ	一方的に考慮する	一方的に考慮する
北満鉄道問題	触れない但し満ソ間交通の疎通を認める	左に同じ	触れない	左に同じ	考慮する	北満鉄道を譲渡する
満州における権益の設定問題	触れない	左に同じ	左に同じ	左に同じ	居住、営業の自由を認める	満州の一部を割譲する居住、営業の自由を認める
漁業条約の取扱い	触れない	放棄を考慮する	触れない	廃棄を考慮する	左に同じ	廃棄する
南樺太の取扱い	触れない	左に同じ	左に同じ	左に同じ	考慮する	容認する
クリル(千島)の取扱い	触れない	左に同じ	左に同じ	左に同じ	考慮する	左に同じ
防共協定の廃棄	触れない	廃棄する	左に同じ	廃棄を考慮する	廃棄する	左に同じ
三国条約及三国協定の廃棄	触れない	左に同じ	ドイツの意向によっては廃棄する	触れない	廃棄する	左に同じ

「対ソ施策要綱(昭和十九年九月六日外務省案)」、「対ソ施策に関する件(案)」及び「別紙」参謀本部所蔵編『敗戦の記録』〈明治百年史叢書〉(原書房、1967年)172-174頁より作成。

ている。[12] しかし当の日本外務省自体は、おそらくスターリンはこれらの提案に関心を示さないと知っていたのだ。

一九四五年六月、広田弘毅元首相は、駐日ソ連大使ヤコフ・マリクに会い、ソ連のためなら満州国を中立化し、戦後には日本軍が撤退することも考える、さらに日本の漁業権も放棄するなど、当時できる限りの「最大」の譲歩をソ連に示した。[13] ところがマリクは、こうした意向はスターリンに伝えると述べたにとどまり、その後、彼は健康状態を理由に日本側との会見を断り続けた。

ついで七月、在ソ連日本大使の佐藤尚武は、広田の提案の続きを何とか行おうと、ソ連外相モロトフとの会談を要請したが、成功しなかった。なお同月、近衛文麿元首相が特使としてモスクワに行き日米和平仲介をソ連政府に直接依頼しようと試みたが、スターリンから受け入れを拒否されて、こちらも失敗に終わった。

ただし外務省は広範囲の譲歩をソ連に対して行おうとはしても、依然として朝鮮には手を触れさせようとしなかった。前章で見たように、朝鮮総督府は一九四四年九月に帝国議会に報告書を提出して、ソ連が朝鮮に抱いている関心について詳細に説明している。満州国や南樺太にソ連が進出してくることは認めるつもりであったのに、朝鮮という切り札は、まだ残しておいたのだ。

この頃の在モスクワ佐藤大使の動向を見ても、外務省は彼に対して何としてもこの交渉を成功させるように、とまでは圧力をかけていないのだ。むしろ佐藤のほうが、本気でソ連を説得しようとして焦っていたようだ。一九四五年七月末に、どれだけ手を尽くしても、ソ連は何としても日本との交渉に応じようとはしない、と佐藤は見切りをつけたようだ。そして彼はこれを「一大発見」と考え、日本政府にわからせようとした。

佐藤のこの「英知」は戦後賞賛され、彼の忠告を無視してずるずるとソ連交渉を続けようとした日本政府は批判の対象になった。しかし日本政府は、佐藤大使に言われるまでもなく、ソ連を説得できないことはわかっており、それでもあえて「友好」を建前にして交渉にあたろうとしていたのだ。

佐藤尚武という人物は、駐ソ連大使という要職についていたわりに、東京の政策決定者が共有していた了解事項は知らされていなかったようだ。フランス、スイス、ルクセンブルク、ベルギーなど華やかな国々の大使を歴任してきた彼は、モスクワでも貴族のような生活を楽しんでいた。彼は武士道の伝統を重んじる一方で、西欧文化をこよなく愛し、政治的偏りやイデオロギー的信条を持たない自由人でもあったという。そのような彼は、ソ連に対して日本政府が「友好」をアピールさせる看板としては、格好の人材だったのかもしれない[14]。

日本政府と軍がソ連に抱いた「真意」については、この章の後半で明らかにする。

「和平打診者」とアメリカ

一九四五年に入り、日本政府がソ連と最後の外交交渉に向かう準備を始めたのと並行して、反ソ連、反共産主義的な姿勢を持つ日本人の中には、アメリカに直接講和を働きかけようと、行動に出る者が現われた。

彼らは、ドイツ、スウェーデン、スイス、バチカン市国、ポルトガルなど、ヨーロッパの枢軸国や中立国に駐在する外交官、大使館付き陸海軍武官、ジャーナリスト、ビジネスマンである。ヨーロッパの政財界に人脈を持っており、彼らを通じてアメリカ側に、日本が条件次第で和平を結ぶ用意があることを伝えようとしたのだ。大戦中の中立国では、アメリカ、イギリス、ドイツ、日本など世界中の諜報員が情報収集活動にいそしんでいた。それでアメリカ政府も、彼らをピース・フィーラー（和平打診者）と認識し、しばらく彼らの動向を見守った。

「和平打診者」は、日本政府の依頼でこうした行動に出たわけでもなく、あくまで自発的に、互いに連携しあうでもなく、ばらばらに行動していた。出身背景も、キャリアも、また彼らが提示しようとした条件も異なり、彼らに共通する理念も思想もない。アメリカ政府は、彼らの行動に関する情報は把握していたが、彼らの提唱する「和平への条件」は、日本政府の公式見解ではないと判断して、結局、一切応対をしなかった。日本政府が、無益とわかっていながらソ連との外交交渉を探っているとき、彼ら「和平打診者」もまた、アメリカを相手に空回りの努力を行っていたわけだ。

彼ら「和平打診者」は、戦後にその存在が知られるようになると、勝てるはずのないアメリカとの戦争を早期に終わらせて、国家の滅亡を防ごうと尽力した素晴らしい活動家と評価された。万が一、アメリカ政府が彼らの誰かとコミュニケーションを取れたなら、彼らを通じて日本政府と接触ができて、日本を早期降伏に導くことができたかもしれない。このように想像することは可能だ。しかし、対ソ連外交は無益であると日本政府を説得しようとした佐藤尚武大使が英雄でなかったように、アメリカと和平を結ぼうとした彼らを英雄扱いするのも、また単純すぎる。

彼ら「和平打診者」は、日本が無条件でアメリカに降伏するのが望ましいと考えていたわけではない。彼らは、まずアメリカとの交渉に持ち込もうとしたのだ。そして日本が停戦する「見返り」をアメリカに要求し、それをアメリカが認める余地があるかどうかを、まず知ろうとした。彼らが考える「見返り」とは、例えば天皇制維持であったり、資源に乏しい日本が敗戦後も植民地を維持し続ける権利などをアメリカが認めることだ。一方で、対ソ交渉の準備をしていた外務省が、朝鮮だけはソ連に譲れないとしていたように、彼ら「和平打診者」も、朝鮮と台湾だけは譲れない、という構えでいた。

対ソ交渉と対米和平工作の違いは、「和平打診者」たちは戦後、アメリカが主導する世界市場に日本が参加して経済的に成長することが、日本とアメリカ双方にとって有益だと信じていた点だ。彼らはこのことを両国が認識し合えば、和平は達成できるはずだと信じていた。

彼らの立場は、第一次世界大戦後に現われた国際協調主義者に似ている。戦後、ベルサイユ講和会議に集まった列国代表者たちは、アメリカ大統領ウッドロー・ウィルソンのリーダーシップのもとに、帝国主義競争を激化させない方法として国際連盟をつくり、その後も海軍軍縮条約、不戦条約などを締結しあい、アジア・アフリカの植民地はそのまま維持しつつ、資本主義的市場発展をしていこうと誓い合った。この誓いは二〇年ともたず、第二次世界大戦が勃発してしまったのだが、アメリカは今でもこのビジョンに基づいた世界秩序をつくろうとしているはずであると「和平打診者」は期待し、それへの共感を示そうと試みたのだ。

最も初期の「和平打診者」の努力は、一九四四年九月半ば頃、サイパンが陥落してしばらく後に始まった。ジャーナリストの鈴木文史朗《すずきぶんしろう》は、かねてからの知人であるスウェーデン公使ウィダー・バッゲと日本で接触し、スウェーデンが中立国としての立場からアメリカとイギリスに和平条件を打診することを依頼した。

日本は大戦中に獲得した領土を一切返還し、満州国も放棄する可能性がある、ただし朝鮮と台湾に関しては、目下の大戦と無関係に日本の植民地となっているので、日本が所有し続けたい。鈴木は、このようにバッゲに告げた。鈴木の提案は、小磯内閣の外務大臣であった重光葵と、次の鈴木内閣の東郷茂徳外務大臣両者の賛同を得たこともあり、一九四五年五月、ストックホルムに戻ったバッゲはスウェーデン公使の岡本季正《おかもとすえまさ》と会い、今後の手順を話し合おうとした。

ちょうどドイツが無条件降伏し、ヨーロッパが歓喜していた時期であった。バッゲ工作が進行していたと同じ頃、やはりストックホルムで全く別の和平工作が行われようとしていた。スウェーデン駐在日本公使付陸軍武官である小野寺信《おのでらまこと》は、一九四三年頃からナチス国外諜報局長と接触して、日本とドイツの和平工作について意見を交わしていた。そしてこの時期には、スウェーデン国王の親戚プリンス・カールに頼り、スウェーデン王室に日本との和平の斡旋を依頼する案を立てていた。

バッゲ工作と小野寺工作が同時進行していることを知った東郷茂徳外務大臣は、混乱を防ぐためにバッゲ工作を打ち切らせることにした。そして梅津参謀総長と話し合った結果、梅津から小野寺にも工作を中止させる命令が下った。これが五月末までの顚末である。[15]

バッゲは少なくとも一度、在スウェーデンのアメリカ公使ハーシェル・V・ジョンソンと会い、日本に和平を希望する動きがあることを伝えている。[16] 戦後出版された岡本季正の回想録によれば、バッゲはジョンソンに対して、日本が戦後も朝鮮と台湾を日本領土として統治することを望んでいることを伝え、バッゲ自身も、日本の植民地開発には成果があったのでこの案に同意する、と付け加えていた。

一九四三年十一月末に開催されたカイロ会談で、ルーズベルト、チャーチル、蔣介石は、日本が所有する全ての植民地を剝奪することを決定しており、清国から「盗んだ」台湾は中華民国に返還し、朝鮮に関しては「そのうち」(じきに)自由と独立を認めることが決まっていた。それでジョンソン公使は、植民地を維持したいという日本の要望は受け入れがたいと答えた。さらに朝鮮の場合、まだ自治能力に欠けるようであれば、日本に代わってアメリカが適切な援助と指示を与えつつ、独立の準備をさせようとも語った[17]。戦後アジアを指導するのはアメリカである、日本が戦後も植民地支配者として、アジアのリーダーを名乗ることは、アメリカとして許しがたい、という旨を、すでにアメリカは間接的にでも日本に示唆し出したことになる。

しかしスイスで動いた日本人の「和平打診者」たちにとっても、朝鮮統治だけは、アメリカに譲れない条件だった。一九四五年四月末、駐ドイツ大使館付海軍武官補佐官だった藤村義朗《ふじむらよしろう》は、日本海軍に人脈を持つドイツ人フリードリヒ・ハックを仲介して、アメリカ人アレン・ダレスと接触しようとした。当時ダレスは、戦時情報機関OSSのスイス局長だったが、戦後CIA長官に就任してアメリカの冷戦外交に大きな影響を及ぼすことになる、国際諜報分野での逸材である。

藤村自身の記録によると、彼がハックからダレスにぜひ伝えてほしいこととは、アメリカと日本の領土拡大の歴史は同じだということだった。十九世紀半ば、スペインから独立してまもないメキシコからテキサス、カリフォルニアを次々と奪ったアメリカに対して、メキシコは宣戦布告したものの大敗を喫して、さらにニューメキシコなど広大な領土をアメリカに割譲した。これらの地がその後アメリカ領土として発展したのと同じように、朝鮮と台湾も日本領土となってから、文化的・経済的に発展を遂げたのだ。アメリカがカリフォルニアを自国領土と信じて疑わないように、日本にとっても朝鮮は自国の一部なのである。

　このようにダレスに説明してほしいと言われたハックは、朝鮮の戦後処理に関しては、すでにカイロ会談とヤルタ会談で決定していると答えたが、藤村は一歩も引かず、日本と朝鮮が地理的にも分かちがたいことを、何としてもアメリカに説得してほしいと頼んだ。[18]

　スイスのバーゼルにはもう一人、日本人の「和平打診者」がいた。一九四五年六月初め頃、スイス公使館付陸軍武官であった岡本清福《おかもときよとみ》は、前月無条件降伏したドイツにはもはや未来はないと見て、日本がドイツと同じ轍を踏まぬよう、無条件降伏でなく、アメリカとの交渉によって終戦に持ち込もうと考えた。スイスの国際決済銀行理事だった北村《きたむら》孝治郎《こうじろう》と、同じく国際決済銀行為替部長の吉村《よしむら》侃《かん》の二人に協力を依頼し、OSSのアレン・ダレスと接触しようとしたのだ。この工作は、在スイス公使であった加瀬《かせ》俊一《しゅんいち》の内諾を得ていた点、そして岡本清福が、その工作状況の進展を八月初めまで大本営に伝えていた点で、他の和平工作と異なる。

　六月初め、北村と吉村は国際決済銀行経済顧問を務めるペル・ヤコブソンというスウェーデン人と会って、日本政府としては、二つの条件をアメリカが認めれば、和平交渉に応じると説明した。それは、天皇制と大日本帝国憲法を戦後もそのまま維持すること、そして朝鮮と台湾が戦後も日本領土として残ることである。ヤコブソンは、ドイツのウィスバーデンで、アレン・ダレスと会ったが、その後の進展は資料によって異なる状況が記録されている。

ＯＳＳの記録によれば、吉村・北村・ヤコブソン会談は、七月半ばに行われ、その後に戦後日本の領土問題について話し合ったところ、吉村も北村も、満州、朝鮮、台湾を日本の植民地として残す希望はなかった。むしろ二人がこだわっていたのは、天皇制と大日本帝国憲法を堅守することだった。ヤコブソンがダレスと会った際、ダレスは戦後日本の領土のあり方について、一切語らなかったという。[19]

スイス公使の加瀬俊一も、彼個人の和平工作努力を外務省に報告していた。報告によると、彼は五月十一日にフリードリヒ・ハックと会い、日本が終戦に向かうことを希望している旨をアメリカ、イギリスと直接話しあいたいと伝えた。加瀬は、ソ連との交渉は望んでいなかった。もしソ連が日本とアメリカの和平を斡旋したら、東アジアにおけるソ連の信望は戦後、非常に高まるだろうが、それは日本の国益にとって好ましくない、というのがその理由である。他の「和平打診者」たちと異なり、加瀬は、戦後も日本が植民地を維持し続けたいかどうかについては一切触れなかった。そして日本が終戦に同意する唯一の条件として、反共産主義のとりでとしての天皇制継続を強調した。[20]

六月初め、加瀬は北村と会い、自分の動きと並行してスイス公使館付陸軍武官の岡本も、別個の和平工作を画策していることを承知した。さらに同月末には、ドイツ大使館付海軍武官補佐官の藤村義朗《ふじむらよしろう》に連絡をとり、今後は岡本と連携して和平工作活動を行うよう指示した。

もっともこれはあくまで加瀬個人の判断であり、外務省が日本陸海軍と歩調を合わせて、対米和平工作に向かおうとしたわけではない。日本外務省の公式政策としては、ソ連を仲介者としてアメリカと和平を結ぶ交渉を進めようとしていたのだ。結局この一連の動きも、何の成果もあげなかった。

スウェーデン、スイス以外にも日本人の「和平打診者」がいることをアメリカ政府は知っていた。例えば一九四五年四月、OSSは、バチカンの法王庁に送られてきたとある情報を入手し、その後ホワイトハウスに提出している。OSSの記録によると、横浜在住のカトリック聖職者である戸田帯刀《とだたてわき》(洗礼名ラウレンチオ)は、天皇をなぐさめるために、ローマ法王は日本とアメリカの和平調停努力を決して見捨てていない、というメッセージを送ったとのことだ。[21]

五月に入ると、中立国ポルトガルの首都リスボンに駐在するOSSスタッフからホワイトハウスに再び報告が入った。それによると、ポルトガルの日本公使館で一等書記官を務めた井上益太郎《いのうえますたろう》が、地元のあるエージェントに接近し、アメリカ代表と接触する希望を述べたという。井上は、日本とアメリカはソ連を敵視する点で関心が一致しているので、日本としてもアメリカとの停戦用意がある、と語っていたそうだ。[22]

アメリカ政府は、OSSからこうした報告を受け取っていたのだが、こうした日本人は、日本政府の意向を正式に代表していない、と判断して、彼らとは一切交渉しないことにしていた。どのみち彼ら「和平打診者」の交渉が成功する確率は、ほぼゼロであっただろう。第二次世界大戦が終わってもいないのに、ソ連の脅威に対抗するために、アメリカが日本と手を結ぼうとするはずはない。まして日本に対して圧倒的に優勢な戦況にあるアメリカが、日本の要求を呑むことは考えられない。

第二次世界大戦当初からアメリカがめざしたのは、ドイツと日本が、勝者に対して一切の条件を要求することなく降伏するという「無条件降伏」だった。一九四三年一月、カサブランカ会談にて、アメリカ大統領ルーズベルトは、イギリス首相チャーチルにこの件を承諾させている。

国際事情に精通しているはずの「和平打診者」たちが、このような基本事項を理解せず、日本降伏の条件を交渉しようとしたことは理解しがたい。彼らが本格的活動を始めた時期には、ソ連が太平洋戦争の行方に干渉してくる可能性が日増しに大きくなっていた。それでアメリカは苛立ってきて、日本との交渉に応じるかもしれない、と判断したのかもしれない。しかし実際のところ、公の外交の場では、アメリカとソ連はあくまで「偉大なる同盟」を結んだ仲であったのだから、ソ連の裏をかいて彼ら日本人と交渉に入る可能性はなかった[23]。

それだけなく、朝鮮と台湾の統治を日本が継続して行うことをアメリカに認めさせる余地がある、と彼らが考えたことも解せない。前章で見たように、朝鮮総督府も朝鮮軍も、朝鮮が日本の植民地として存続するのは不可能と見ていたのだ。もしかしたら「和平打診者」たちは、戦後の朝鮮半島にソ連の影響力が拡大しうる可能性を背景に、反ソ連・反共産主義政策をとりたいなら、日本を朝鮮に残らせるほうがよい、とアメリカに提案しようとしたのかもしれない。

だが大戦中のアメリカは、日本が降伏後も軍事力として東アジアに残存することなど全く考えていなかった。日本軍が朝鮮に残り、ソ連軍を牽制することを許すはずもない。もしソ連を封じ込めたいなら、アメリカは朝鮮から日本を追い出した後、半島を自らの支配下に置こうとするだろう。彼ら「和平打診者」こそが、甘い計算で楽観的に終戦を考えた人々ではなかっただろうか。

スウェーデン駐在日本公使付陸軍武官だった小野寺信は、先に触れたようにスウェーデン王室を頼りに和平工作を進めていたが、それとは別のフィンランド経由の工作にも関わっていた。第二次世界大戦中のフィンランドは、ソ連に対抗するために枢軸国側について戦っていたが、一九四四年秋頃、ソ連への降伏が避けられなくなると、フィンランドの暗号通信機器や兵力をスウェーデンに移動させる「ステラポリス作戦」が始まった。フィンランド海軍関係者は、日本からの財政援助を小野寺に打診し、その見返りとして、フィンランド軍が入手してきたアメリカやソ連を含めた全ての国々の暗号傍受記録を日本に譲渡することを申し出た。それだけでなく、その後もフィンランド軍が入手しうるソ連関係の情報を日本に提供することを約束したのだ。

小野寺はこの申し出を東京の大本営に伝えたところ、フィンランド軍への財政援助の許可が下り、彼は要請額をフィンランド軍に渡したという。ただし機密漏えいを心配して、この取引については在スウェーデン日本大使館には教えなかったらしい[24]。

小野寺は「ステラポリス作戦」に関与したことで、反ソ連・親アメリカの立場を取るヨーロッパ人の人脈を増やしていった。ストックホルムから小野寺が送り続けた機密情報は、日本にとって貴重な情報源となった。一九四五年二月のヤルタ会談において、スターリンはルーズベルトに、ドイツが降伏した後、ソ連は必ず対日参戦するという「密約」を交わしている。小野寺はこの密約に関する情報を入手し、大本営に伝えた。ソ連を相手に和平交渉を続けるのは無益であることを訴えようとしたのだが、軍中枢に「握りつぶされた」というエピソードは有名である。

もし小野寺の「ヤルタ密約緊急電」を政府部内で共有できていれば、ソ連が中立条約を守るつもりはないことがわかり、ソ連に対米和平の仲介を期待するような愚策は中止し、もっと早くに終戦に持ち込むことができたであろう――小野寺の努力は、戦後このように高く評価された。

しかし繰り返すが、政府や軍部内で「ソ連参戦」はすでに織り込み済みのシナリオであった。それにもかかわらず、最高戦争指導会議の構成員は、あえて対ソ和平交渉を続けたのだ。さらにこの「ヤルタの密約」については、日本政府や軍は十分に推察していたことであり、当時の一般市民にとっても推察できる程度の展開であったのだ。小野寺に対する戦後の評価は再考の余地がある。

「和平打診者」たちの対米和平工作は、ことごとく失敗した。一方、ソ連に和平仲介を依頼する外交も、絶対に成功しないことは明白だった。日本に残された選択肢は、無条件降伏しかない。敗北後の生き残りをかけた戦略構想が浮上し始めたのは、まさにこうした現実を背景にしてのことだった。

モスクワとワシントンの不協和音

在ヨーロッパの日本人「和平打診者」たちが、反ソ連の立場からアメリカとの和平を重要視したように、この頃日本国内でも、ドイツを降伏させたソ連が、戦後世界で強大な影響力を行使し始める可能性を懸念する声が出始めた。反ソ連派の先頭に立ったのが、天津・奉天総領事、駐スウェーデン公使、イタリア大使、イギリス大使などを歴任した吉田茂である。アメリカとの戦争を早期終結させ、和平を結び、アメリカとともにソ連の台頭に備えるべきであるとの考えから、「近衛上奏文」の作成に協力した。

「近衛上奏文」とは、一九四五年二月半ば、近衛文麿元首相が、天皇にアメリカ、イギリスと早期和平を結ぶべきことを提言した文書のことである。中国、満州、朝鮮、台湾、そして日本にすら、ソ連が先導する共産主義革命の危機が迫っていることに警鐘を鳴らしただけでなく、軍隊内の親ソ連派たちも日本を共産化しようと企てていることを指摘した。そして、こうした一味を一掃し、共産党に日本を乗っ取られないようにするために、一日も早くアメリカとイギリスとの戦争を終結すべきことを、天皇に訴えたものだ。[25]

吉田はこの上奏文起草を手伝ったかどで、憲兵隊に拘束された。この切迫した時期に日本軍がソ連に接近し過ぎているなどと批判するのは、日本を全滅に追いやるに等しい、というのが逮捕理由だった。吉田は親交のあった陸軍大臣の阿南惟幾《あなみこれちか》の配慮で、四〇日余りで釈放されたが、その後終戦まで、政治活動から距離を置いた。

吉田と近衛の「英知」は、当時の政府内主流からあまりにずれたものだった。天皇も、軍の立場をあまりに単純化した近衛の主張に当惑したという。近衛は、第一次世界大戦後に開催されたパリ講和会議に出席して以来、イギリスとアメリカが主導する世界秩序に、日本が平等の立場で参加できないことを不満にしていた。そして英米協調外交に反対する立場から、東亜新秩序を唱えるに至った経歴を持つ。日独伊三国同盟にソ連を含めた四ヵ国同盟を提唱したほど、ソ連との提携を真剣に考えていた彼が、なぜ突如、ソ連の脅威、アメリカとの和平を主張しだしたのか。

これまで見てきたように、政府・軍レベルでは、中国、朝鮮、そして日本の共産主義者とソ連との関係をかなり詳細に調査してきて、各国の共産主義運動は決して一枚岩でないという確信はでき上がっていた。モスクワ主導で世界共産主義革命が起こる、という近衛の主張自体が、当時の軍・政府指導者の共通認識ではなかったはずである。近衛自身も、ソ連がアジア全域の共産主義運動を指揮できるとは考えていなかっただろう。

歴史家の鳥居民《とりいたみ》は、近衛にしたたかな自己保身の計算があって、この上奏文をしたためたと見ている。日本の敗北が決定的になり、その後おそらくアメリカ主導の戦争裁判が開かれる可能性が濃厚になってきた中で、反ソ連、親アメリカの立場を文書として残しておけば、勝者アメリカが自分を裁くとき、情状酌量して減刑処分となると考えたのでないか、と鳥居は解釈している。天皇の側近として政治に関与した木戸幸一内大臣も、近衛がこの時期に親米派を演じることで、戦後アメリカの「正義」が日本を裁くときが来たら、軍隊内の親ソ連派に戦争責任の全てをなすりつけようとしているのでは、と疑ったという。[26]

実際のところ「反ソ連」的な提言に、近衛自身がさほど真剣でなかった証拠に、彼は五ヵ月後の一九四五年七月、日本とアメリカの和平調停をソ連に依頼する密使として、モスクワに行くことに同意している。「近衛上奏文」は、政府内に親米ムードを作り出すことにも、アメリカへの早期降伏案に支持を集めることにも、全く成功しなかった。

日本政府自体は、いよいよ終戦に向かう時期に、アメリカとソ連、どちらに接近する路線を取るかというような単純な二択論には飛びつかなかった。戦後のアメリカ占領期に総理大臣を務めることになる芦田均《あしだひとし》は、一九四五年六月という戦争の最終段階においても、今から数年後、日本の将来を左右しているのがアメリカとソ連どちらなのか全く予想がつかない、と日記に記していたほどだ。[27]

日本政府は、日本の敗戦とその後の運命を、アメリカとソ連どちらに委ねるか、この時点で決めなかった。そのかわり、アメリカとソ連が、戦後東アジアの支配権をどのように確立させるつもりでいるのか、日本の降伏が作り出しうる国際環境は、どちらの国にどのように作用するか、といった分析に力を入れた。

政治家、官僚、軍指導者、戦略家、そして一般市民が当時の世界情勢の展開を見る際、ソ連とアメリカが意見の食い違いを強めていく様子は、興味深い考察対象だった。かつての政治家の中には、松岡洋右のように、アメリカ、イギリスを封じ込めるためにソ連と手を結ぶ構想を持つ者もいた。しかし今やソ連は、ヨーロッパ戦線でドイツを倒し、まもなく兵力をアジア戦線に移動させ、対日参戦してくることは避けられない。このままでは日本は、アメリカとソ連両国に、はさみ撃ちされる最悪の事態を迎えてしまう。しかし、アメリカとソ連の間に亀裂が大きくなっているとして、米ソそれぞれの対日攻撃は一体どのように起こるのだろう。そうした中で日本が生き残る可能性は、どれくらいあるのだろうか。これが、戦略家たちが取り組み始めた課題である。

すでに一九三九年、ヨーロッパ大戦が始まるやいなや、日本外務省は、連合国が戦後どのような世界秩序を作り出すつもりでいるのか調査研究を開始していた。ドイツ、ソ連、スウェーデン、スイス、バチカン市国、ポルトガル、トルコなど、枢軸国、中立国に駐在する大使館員に、それぞれの国で入手可能な新聞雑誌記事、論文を集めさせ、大戦の戦局予想も含めたさまざまな情報を定期的に東京に送らせた。

情報源として、ヨーロッパ各国で刊行されている新聞に加え、『タス』、『プラウダ』といったソ連の新聞や、『ニューヨーク・タイムズ』、『リーダーズ・ダイジェスト』、『オブザーバー』、『デイリー・テレグラフ』など、アメリカ、イギリスの主要新聞も頻繁に利用された。高級紙から大衆紙まで、幅広くチェックしていたようだ。

東京の大本営も、中立国に駐在する大使館付き武官が定期的に送ってくる情報をもとに、独自の国際政治分析を行っていた。一九四二年秋には、三井・三菱系列会社のストックホルム支社に勤務する日本人ビジネスマン三名を、パートタイム調査員として雇い、彼らからも報告を受けていた[28]。

支那派遣軍総司令部も、諜報活動や暗号解読業務に加えて、中国で発行または販売されている中国内外の新聞雑誌記事から、注目すべき最新の国際事情を得ていた。支那派遣軍の場合、太平洋戦場とヨーロッパ戦場（とくに独ソ戦）に関する最新報道を、月ごとに整理し、さらに日本、アメリカ、イギリス、中国、ソ連、ドイツ、イタリア、と国別のニュース、中近東、南米、南方と地域別のニュースもカテゴリー別に収集し、それらを統合分析して、中国を取り囲むより大きな国際情勢の理解に努めていた[29]。

外務省、陸海軍は、それぞれが海外で収集させた情報を共有していたこともあり、かなり広範囲に連合国動向と世界情勢の変化の様子を把握できていたはずである。

日本政府も大本営も、海外で一般大衆も読む新聞雑誌に掲載されている記事に、特殊な価値を見出していた。諜報活動や、暗号解読でわかる極秘情報とは異なり、ラジオ放送も含めたマスメディアが流す情報は、時事ニュース、論評、社説、読者投稿、マンガ、指導者に対する皮肉や嘲笑、冗談などを含む。それらを読むことは、ある国の国民が、自分たちの戦争と世界をどう理解しているか、その精神世界をのぞき見る手段になりうる。それらの媒体を通して、対象国の「ホワイト・プロパガンダ」を読み取ることもできた。一国の政府が、ある特定情報を意識的に国外に発信させることがあるが、その背後には、それを知ることで外国政府がどう動くかを見極めるような計算が隠されているのだ。[30]

外務省が一九四四年二月に完成させた秘密報告書『米英蘇戦後対策の研究』は、東亜研究所と同盟通信社の調査も参考にしながら、一九四三年夏以降の三ヵ国の戦争目的と、それぞれが抱く理想の戦後世界秩序の違いについて分析したものである。[31]

外務省調査部は、ヨーロッパ諸国の政治分析を中心とした『国際事情』という月刊雑誌や、ソ連国内政治や外交を分析した『蘇蒙叢書』なども刊行した。それらの雑誌は、政府内関係者のみの閲覧にとどまらず、政府外にも限定的に配布し、情報を共有させた。それで民間出版社である『改造』『外交時報』などは、戦時中の出版であっても、かなり正確で質の高い国際情勢情報分析を、一般読者に提供することができた。さらに大戦中、毎日発行されていた新聞にも、日本軍の活躍を誇張した「大本営発表」が一面を飾る一方で、相当正確な国際情勢に関するニュースが掲載されていたのだ。

大戦中、日本の各県では特高が定期的に調査報告書を作成し、国民たちが国際政治について、どのようなことを話し合っているかを内務省に提出していた。そうした特高の記録を読めば、政策決定とは無縁なはずの一般市民が、これからの日本は、アメリカ、ソ連、中国国民党、共産党と、どのようにつきあっていくのだろうと、うわさしあい、かなり専門的で的を射た意見を述べたりしていることがわかる。[32]

この時期、日本が降伏した後、世界はどのように変化し、その中で日本はどのように生き延びていくのかを考えたのは、一握りのエリートだけではない。一般市民も同様に悩んだのだ。日本のマスコミは、ソ連、アメリカ、イギリス代表が、戦争の行方や戦後処理について、どのような会談を行っているかを詳細に伝え、ソ連とアメリカの「偉大なる同盟」に、亀裂が入る兆候を読者に伝えた。

例えば一九四三年秋に開催されたモスクワ外相会議では、アメリカ、イギリス、ソ連三ヵ国外相が、国際平和機構設立に関して合意したが、実はソ連はこれに消極的だった。日本人研究者、ジャーナリストらは、会議が終了する前から、ソ連が地中海、北アフリカ、バルカン半島に勢力を拡張し始めたことに対して、アメリカとイギリスが神経質になっていることに注目し、「平和維持」に関して三国は決して足並みを揃えていないと分析した。[33]

ヨーロッパ各地の共産主義の伸長だけでなく、フランス・レジスタンス組織の強権的指導者シャルル・ド・ゴールの活躍も、アメリカ、イギリスにとって喜ばしいニュースではないことを『外交時報』誌は指摘した。ド・ゴールは、戦後アメリカとイギリスがヨーロッパ支配に本格的に乗り出す可能性を嫌い、一九四四年夏にスターリンと交渉を始め、同年末までに仏ソ相互援助条約を締結してしまった。彼は、フランスの反ナチス闘争が、アメリカとイギリスからの支援に依存しすぎないよう、ソ連に援助を求め、その見返りに、ポーランドをソ連の勢力圏と認める構えだった。[34] つまりド・ゴールは、ソ連とアメリカの不仲を利用して、自分の政治基盤を固めようとしていたのだ。

ソ連とアメリカが、今すぐにでも仲違いを始め、連合国同士が内部分裂してしまうだろう、と期待するほど楽観的な日本人はいなかった。しょせんルーズベルトと、スターリン、チャーチルは、現代版「マキャベリ」なのだから、と解説する論文も少なくなかった。マキャベリとは、ルネサンス期フィレンツェの外交官、政治思想家で、政治は宗教・道徳から切り話して考えるべきで、反道徳的な行為を使っても望ましい結果が達成できるならそれは正当化されるという思想を持っていた。

つまりアメリカ、ソ連、イギリスは、それぞれが狙っている真の獲物を隠しつつ、少なくともドイツを倒すまでは軍事的に一致団結して行動するはずだ。ただ、ドイツという共通の敵を倒して、日本に向かってくるときには、互いを裏切りあう可能性もなきにしもあらずだ、というのがそうした論説の主張だった。[35]

雑誌『外交時報』は、ワシントンとモスクワが戦後世界のリーダーシップを争う様子についての最新情報とその解説記事を頻繁に掲載した。例えば一九四三年十月のモスクワ会談、十一月のテヘラン会談などを経た一九四四年二月、ソ連外相モロトフは、今後あらゆる国際会議に、ソ連邦を構成する十六の共和国代表が参加する権利を主張した。つまりソ連は、国際会議でブロック票を獲得して自国の意向を強く押し出す手段を得ようとしたのだ。[36]

ところが一九四五年四月、サンフランシスコ会議で、国際連合と戦後の平和問題について討議した際、今度はアメリカが、自国の強い影響下にある西半球諸国を会議に招聘し、自国に優勢な投票素地をつくった。一方でイギリスも、かつての大英帝国の構成員、インド、オーストラリア、カナダ、ニュージーランド、南アフリカを送り込み、イギリスの発言力を誇示した。

日本の外交専門家やジャーナリストは、こうした成り行きに関する評論を次々に『外交時報』に投稿し、戦後世界平和について話しあう場面で、すでに新しい勢力争いが始まっていることを皮肉った。[37] 国際政治にこのような不安定要因が出現し始めていることに注目した彼らは、日本が終戦への道を模索する際、アメリカとソ連のどちらを尊重するかという選択は、くれぐれも慎重に行わねばならない、という意見を持つようになっていったのだ。

日本外務省も、戦後アジア秩序の構築に関して、アメリカ、イギリス、ソ連のリーダーシップ争いが顕著化していること、それに対して各国が苛立ちを見せている様子を、欧米メディアの報道を通じて入手していた。[38] 例えばニューヨークで出版されている『フォーリン・ポリシー・レポート（外交報告）』誌一九四四年六月号に掲載された、ある記事が、在ポルトガル日本大使館員の目にとまり、それは「秘密情報」として東京に送られてきた。

戦後、朝鮮と満州を日本から奪還した後、それぞれをどう処理したらよいかは、これから真剣に考えなければならない問題であるが、まず試験的に国際管理下に置くのがよいだろう、というのがこの記事の論調である。しかしこの記事でもっと興味深いことは、イギリス、アメリカ、ソ連、そして中国が、それぞれ朝鮮と満州に異なる利害を抱えているのは当然だが、とくにソ連は、東アジアの安全保障に関して、他国より敏感だから、四ヵ国間で意見調整することは非常に難しいだろう、と指摘している点だ。[39] 日本を降伏させて植民地を奪った後、それらの領土を勝者の間でどう処分するかで、争いが起こる気配なのがわかる。

数ヵ月後、外務省は再びポルトガル経由で、秘密情報を受け取った。今度はアメリカでの『リーダーズ・ダイジェスト』に掲載された、中国滞在十年の経歴を持つベテラン記者による報道記事だ。

この雑誌は、一九二二年創刊のアメリカで最も発行部数が多い月刊ファミリー向け雑誌である。家族の誰もがさまざまな話題を短時間で身につけられるよう、編集に工夫がされており、娯楽要素は強い。しかしそこに掲載される記事は、信憑性のチェックをはじめとして非常に慎重に編集されており、この雑誌は、アメリカ世論を左右する力を持っていた。つまり、この雑誌に掲載された記事からだけでも、一九四四年初秋以降、アメリカがアジアの戦局の行方をどう考えていくか、ある程度予測を立てられた。

記事は「アジアにおける我々アメリカの将来とは」というタイトルで、戦後の東アジアには、放っておいても自然に強国の勢力均衡が生じるなどという幻想は捨てるべきである、というのがその主張だった。いくらアメリカが太平洋方面に平和をもたらしたとしても、日本が倒れた後、東アジア全域に生じる政治的・軍事的空洞は、非常に危険なものになるだろう。なぜなら、アメリカとソ連が、その空洞を自分たちのみの勢力で埋めようと競いあうことになるからだ。日本の敗北後に訪れるであろう「太平洋と東アジアの平和」というのは、おそろしく脆弱で不安定なものに過ぎない。このベテラン記者は、アメリカの読者に、戦争の成り行きを決して楽観しないようにと、伝えたのだ。[40]

一九四四年十一月末には、スウェーデンで最大発行部数を持つ日刊紙『ダーゲンス・ニュヘテル』に発表された、ウォルター・リップマンの論説が、在ストックホルム日本大使館経由「秘密文書」として東京に送られてきた。世界的にも著名なこのアメリカ人ジャーナリストは、ソ連が中国に勢力を拡張しようとしていると見ていた。しかし北部太平洋（東アジア）地域に、戦後紛争を起こさないようにするには、アメリカとソ連が協力関係を続ける努力をするしかない、とも説いていた。

戦後、中央ヨーロッパや東ヨーロッパ、アジア・アフリカに欧米諸国が所有する植民地などを舞台に、もしもアメリカとソ連が覇権争いを始めたりした場合、ドイツと日本はこれを絶好の機会と見て、再び連携して世界征服を企てるかもしれない。そうなったら、もうドイツと日本を抑える連合国の存在はなくなってしまうのだ。ベテラン・ジャーナリストは、こう警鐘を鳴らした。[41]

日本外務省の記録には、これらの記事に対するコメントは残されていない。リップマンは、アメリカとソ連の不仲にこそ、日本が降伏後に再興する余地がある、とわざわざ敵に塩を送るようなヒントを公に語ってしまった。この報告書を読んで、なるほどと考えない日本政府・軍関係者はいまい。日本を倒した後の東アジアに、アメリカが一抹の不安を感じているという状況は、日本が降伏に向かう戦略に必ず使えるはずであった。

朝鮮の戦後処理問題に関しても、アメリカとソ連はそう長く「偉大なる同盟」を維持できないであろうことは、朝鮮総督府だけでなく外務省も着目した。日本統治終了後の朝鮮のあり方について、アメリカもソ連も、自国のプランを表明することをせず、互いの野心に疑心暗鬼をつのらせつつあった。[42]

朝鮮半島を分割して統治する案は、十九世紀末からあった。日清戦争を回避する方法としてイギリスの政治家が提案したのが、朝鮮半島を二分して、南半分を日本、北半分を清が占領し、首都京城を中立地帯とすることだった。その後、日露戦争勃発の危機の中で再び、日本とロシア両政府が、半島を三八度線で分割して南北を統治することを検討したのだ。[43] 第二次世界大戦後の対策として朝鮮分割統治案が再浮上することは、歴史的経験からも十分ありうることだった。

一九四四年の初頭、すでに外務省は、朝鮮の戦後問題にアメリカがどう対処すべきかを論じた記事「征服せし日本に関する諸計画」を入手していた。『アメリカン・マーキュリー』という急進的総合雑誌に掲載されたこの論文は、日本から解放された朝鮮に、アメリカ政府は「政治的自由」を与えるつもりでいるが、朝鮮の人々が共産主義政府を選ぶような「自由」を認めるつもりは全くないことを指摘していた。[44]

同年夏から秋にかけて外務省は、アメリカとソ連が、日本が去った後の朝鮮半島に生じる力の空洞を、相手が埋めるつもりでいるのでないかと懸念を強め合っていることを確信した。

先に触れた、アメリカの外交専門誌『フォーリン・ポリシー・レポート』一九四四年六月号に掲載された論文は「大日本帝国の処理問題」という題名で、「太平洋問題調査会」のメンバーの見解も紹介している。この論文も、ポルトガルのリスボンから、秘密文書として東京の外務省に送られてきたもので、日本を降伏させた後に新しい東アジア秩序を建設することがいかに困難かを、すでにアメリカ政府は承知していることを暴露していた。

論文は、次のような状況について解説している。台湾と満州は、日本統治下に長くいたので、住民たちは独自のアイデンティティを持ってしまい、戦後に生じるであろう統一中国に統合されることを嫌がるかもしれない。朝鮮にも困難が待ち構えている。カイロ会談では、朝鮮に「やがて自由と独立をもたらす」ことで合意したが、終戦のときまでに、朝鮮人が経済的・政治的な自治能力を身に付けることはあるまい。もし現在の共産主義者による抗日闘争が、戦後も成長を続け、政権としてのかたちをとったら、国際連合はそれを朝鮮の合法政府と認めることになろう。しかしアメリカ政府がだまってこれを見ているはずがない。

筆者はこのように説明した後、日本統治終了後の朝鮮のあり方について三通りのシナリオを示した。ある一国による単独占領、国際機関による統治、そして「非共産主義」政権下の独立朝鮮の誕生、である。筆者は、最初のシナリオが最も可能性が低いという。なぜなら、アメリカ、イギリス、中国、ソ連がみな朝鮮の支配権を主張しあうだろうし、まして朝鮮半島に安全保障上の利害を持つソ連が、最も攻撃的に権利を要求してくるだろうからだ。

「国際機関による統治」というのも可能性は低い。第一次世界大戦後、国際連盟が統治したのは、いずれも「文明化していない」アフリカや南洋群島の人々だったが、朝鮮は、日本統治下で産業も発展し、非文明社会とは言えない。

こうして筆者は、三番目の可能性を「最善」と呼んだ。具体的実現策としては、日本統治終了から「非共産主義系政府」設立までの移行期間を、半年から一年とし、その間に議会制民主主義の基本を朝鮮人に教えていくことになる。筆者は、朝鮮の人々に「教える」国が、アメリカかどうか明確にはしなかったが、彼の意見は、とにかく日本さえ朝鮮半島を去れば、全ては改善されるという過度に単純なもので、しかも朝鮮の独立運動の実態を全く反映していないものだった[45]。

こうしたアメリカ側の思惑を調査して、日本政府や朝鮮総督府は何を考えただろうか。前章で見たように、朝鮮総督府や朝鮮軍の調査では、いつかソ連がやってきて、自分たちを日本の支配から解放してくれるという期待があることがわかっていた。さらに、分裂状態の朝鮮人独立運動家たちの中で、左派に属する人々のほうが、支持者、組織力、機動力などの点で優勢にあることも把握していた。しかし日本統治が終わった後、もしも左派が、独立朝鮮国家の主導権を握ろうとしたら、アメリカ政府がだまっていない、ということが明らかになってきたのだ。

朝鮮の例だけでなく、日本を占領管理するのはアメリカかソ連かという重大問題が、国際社会に浮上してきたこともわかってきた。外務省が入手した欧米系メディアの報道から見るに、アメリカのほうが、この問題に非常に敏感であることも明確になってきた。

先に挙げた『アメリカン・マーキュリー』誌の論文によると、一九四四年の初頭にアメリカ政府は、降伏後の日本を共同統治することも考えており、参加国には、アメリカ、イギリス、中国（蔣介石政権）、オーストラリア、ニュージーランド、カナダ、そしてオランダを挙げていた。ソ連は、対日参戦をした場合に限って参加を認めるようだった。

一九四四年三月、在ストックホルム日本公使の岡本季正は、スウェーデンの日刊紙『スヴェンスカ・ダーグブラーデット』紙に掲載された記事を東京に送り、アメリカとイギリスの両政府が、戦後日本を、共産主義が東アジアに拡がるのを防ぐ砦に作り変えようと考えていることを報告した[46]。ワシントンにそのような発想が生じてきているなら、敗戦後の日本に、ソ連を近づけようとはしまい。一方でソ連は、そのようなアメリカの思惑をどう考えるだろう。これは非常に興味深い問題であった。

そうした問題に対する答えとして、いくつかの試案を考えたのが、海軍少尉として終戦工作にあたっていた高木惣吉だった。アメリカとソ連が、日本とドイツの降伏後の世界秩序のあり方をめぐり意見を違える様子が明確になる今こそ、日本はただ「降伏」するだけでなく、戦後に再起する余地を十分に残した「賢い降伏」の方法を探すべきだと高木は考えたのだ。

一九四五年三月半ば、高木は、日本を囲む戦況と国際政治を総括的に分析した『中間報告案』を完成させた。[47] アメリカは、たとえ日本軍を倒したとしても、それで自動的に、日本本土全域、朝鮮、満州、中国東北部などに一挙に覇権を打ち立てることは不可能だ。ソ連が対日参戦してくれれば、日本軍を倒した地域を当然自国の勢力圏とするだろうから、アメリカの野心は一瞬にしてくじかれる。今後日本が、アメリカに降伏するチャンスを得たとしても、戦後の政治展開を考え、ソ連との関係も決して疎かにすべきでない、と高木は主張した。

高木は、日本が降伏するのは「連合国」という集合体であっても、アメリカ、イギリス、ソ連を、別個に理解し、それぞれに降伏するメリットとデメリットを明らかにする必要も説いた。例えばイギリスだが、日本との間には、海軍同士の友好、皇室と王室の交流など、他の二国とは異なる伝統的な絆がある。資本主義を尊重し、国際威信があり、日本とは「文化的にも知的にも」似ているので、戦後日本のパートナーにするのはアメリカよりイギリスのほうがよかろう、と高木は言う。しかしこのところ、アメリカとソ連の台頭に反比例してイギリスの国力は下落しているので、戦後日本の復興を援助することはできまい、と高木は現実的でもあった。[48]

一方でアメリカは、戦後世界にアメリカを中心とする資本主義システムを作り出そうとする野心にあふれており、それを実行するだけの国力もまだ十分残っている。そしてその目的達成のためには、戦後日本の再建を手伝うであろう。戦後の日本が、資本主義社会として国際社会における信用を取り戻す努力をしていけば、アメリカとしても日本を世界システムに参加させるであろう。高木は、こう予測した。

ただしアメリカが、アジアに覇権を打ち立てた場合、日本が中国において伝統的に所有していた特殊権益や、アジアのリーダーとしての地位などの復活は絶対に認めないであろう。例外は、ソ連の干渉にアメリカが単独で対応できず、日本の助けが必要になるときである。そのときには、日本もアジアでの地位を復活する可能性が生じるであろう[49]。

このようにソ連の存在によって、アメリカは日本の価値を高めるであろう、と高木は分析した。そもそも、革命勢力というのは、現行の秩序に不安定をもたらすものとして嫌悪されるのがつねであり、ソ連にはどうしても国際信用が欠けている。そういう国と長期的同盟を結んでも、先がどうなるか予測が立てにくい。スターリンのカリスマ的指導がなくなったら、ソ連国内はカオスに陥ってしまうかもしれない[50]。

しかしだからといって日本も、ソ連を敵視する必要はない、と高木は説明する。ソ連が持つ進んだ社会主義制度から日本は学ぶことが多いし、ソ連との友好関係は大切にすべきだ。ソ連は、アジアにおけるアメリカとイギリスの勢力拡張を抑制する実力を持つ国なのだから、ソ連と利害が一致する可能性も、決して忘れてはならない[51]。高木はこうして、アメリカ、イギリス、ソ連それぞれの弱点と強みを挙げ、日本は全ての国々と上手く関係を築いていくべきだと主張した。

次に高木は、日本が降伏する際の最低限の「条件」を挙げた。天皇制、産業力、警察力の維持、そして日本の主権下に朝鮮と台湾をとどめることである。南樺太は、ソ連に返還してもよいし、満州国も、いずれは中国に主権を返還するにしても、当面は日本とソ連が共同管理下に置いてもよい。しかし朝鮮と台湾だけは、高木にしても譲れなかったのだ[52]。

日本が降伏の準備をするにあたり、ソ連とアメリカのどちらかに接近して、懐柔策をとろうとしたりせず、戦後の日本再建に両方の存在をうまく利用する方法を考える、という高木の戦略的発想は、日本が降伏への準備を始めた過程に反映されていた。

同盟通信社チューリッヒ局一九四五年五月二日発で外務省に送られた『ワシントン・イブニング・ポスト』紙に載った記事は、降伏する相手について日本が画策していることを、アメリカが察知しているような内容だった。

日本は今やソ連が対日参戦してくること、そしてその後必ずや、アジアの戦後処理に干渉してくることを確信している。だから日本は、イギリス、アメリカの息のかかった、蔣介石の国民党政府に降伏することを望んでいるはずだ。なぜなら日本は、戦後経済力の再建を望んでいるので、共産主義国より資本主義国を降伏の相手に選びたいのだ、と記事は解説している。[53]

この記事が登場したのは、ちょうどヨーロッパで「和平打診者」たちが活動していた頃だった。彼らの提案や意見が、アメリカ側に間接的にでも伝わり、この記事の情報源になったのだろう。しかし「和平打診者」たちとは異なる高木のような戦略家がいることには、まだアメリカも気がついていなかったようだ。

続いて一九四五年五月十一日には、ロンドン・ロイター発の記事が外務省に送られた。こちらの記事は、『ワシントン・イブニング・ポスト』の記事よりさらに踏み込んで、日本の思惑は決して単純でないことを推測している。つまり、日本はアメリカに対して、ソ連カードを使おうと考え始めているのでないか、とアメリカ政府が怪しみ出したというのだ。

周り中を敵に囲まれた日本は、無条件降伏を呑んで戦争をこれ以上長引かせない方が賢いであろう。ただし難しいのは、ロシアの極東政策が今後どう出るのか、誰も見通しをつけられないことだ。ひょっとして日本政府は我々連合国側に、深刻な意見対立が生じていることを願っているのかもしれない。そうすれば日本は、そうした状況につけ込んで、降伏に関する譲歩を、アメリカから引き出せるとたくらんでいるのかもしれない。[54]

一九四五年二月に開催されたヤルタ会談で、スターリンがルーズベルトに、ドイツが降伏して二ヵ月から三ヵ月後には、対日参戦することを確約して以来、アメリカ政府は、ソ連の東アジア全体に対する野心を高度に警戒するようになった。当時、南西太平洋方面のアメリカ軍を指揮していたダグラス・マッカーサーは、ソ連軍がいったん対日攻撃をしかけたら、一挙に満州、朝鮮全域を掌握するのでないかと懸念するようになった。陸軍長官であったヘンリー・スティムソンも、ロシア軍は、アメリカ軍より先に日本を倒し、降伏させ、樺太、満州、朝鮮、北支を占領する能力がある、と認めていた。前大統領ハーバート・フーバーは、スティムソンに、ソ連はいったん対日参戦したら、東アジアで莫大な戦利品を獲得するだろうから、それを防ぐために、アメリカは日本に対して条件付き和平を提案して、戦争を終わらせて、ソ連に対日参戦する機会を与えないのがよい、という書簡を送ったほどだ。[55]

高木惣吉は、一九四五年六月末、終戦に向かうにあたって日本が考慮すべき件を挙げた『時局収集対策（未定稿抜粋）』と題する報告書を、未完の手書きの状態で終えた。

ここで高木は、日本がソ連とイギリス、アメリカに対して行うべき二段階の和平交渉を提案した。まず七月初めに、対ソ連交渉を始め、もし一九四六年四月までソ連を中立状態にさせておけないことが確実となったら、七月末から八月初めに、イギリス（アメリカ）との和平交渉に向かう。その際、まず在スウェーデンか、在スイスの日本人和平工作者に命じて内面交渉を始め、ついで特使を送り具体的な内容の交渉を開始するというものだ[56]。

高木は、ソ連に譲歩しうるものとしてさほど魅力ありそうなものを提案していない。例えばソ連に対しては、満州－ソ連国境沿いの非武装化、モンゴル、新疆、チベット、中近東におけるソ連の影響力の承認、満州における戦略的鉄道路線のソ連への譲渡、満州と北支におけるソ連の特殊権益承認、南樺太の返還、などだ。これらは、外務省が、対ソ外交交渉において譲歩できる「見返り」として挙げたものと、さほど変わらない。

高木は、アメリカに対して譲歩できるものに関しては、ソ連に対するほどのものは挙げておらず、むしろ日本が降伏する「見返り」をアメリカに要求しようとしている。日本が行う譲歩としては、日本軍の占領地域からの即時撤退、日本の軍事力の削減、委任統治領も含めて海外領土の割譲、戦争賠償金の支払い、日本国内の秘密結社と右翼組織の解散、日本人による戦争犯罪者の裁判、などである。

一方、日本が停戦合意するにあたり、アメリカに「要求」しようとしたのは、天皇制の存続、日本本土とその周辺諸島の維持、国民の生活水準の維持、朝鮮と台湾の統治継続、連合国による占領の拒否、日本の警察力の維持、そして東アジア諸国の独立――であった[57]。

この時期になると、高木は、連合国がより真剣に日本に対して無条件降伏を迫っているのを承知していたし、日本が降伏した後に、さまざまな要求をつきつけてくることも想定していた。それらの例として高木が挙げたものは、連合国軍による日本占領、民主主義政府の設立、永久的武装解除、連合国による日本人戦争犯罪人の裁判、日本軍が占領統治した全ての地域の放棄および非武装化、植民地放棄、満州返還、そして朝鮮の自治（のちに独立）、さらに賠償金の支払い、国体の消滅、日本の教育と宗教への干渉、などである[58]。

高木は、連合国の対日思惑に関して正確な情報を持っていたにもかかわらず、この時点で、とくにアメリカに対して強気の姿勢を示そうとしたのはなぜだろう。そしてこの報告書を未完のままで終わらせた真意は何だったのだろう。

朝日新聞社ヨーロッパ特派員として、当時スイスに駐在していた笠信太郎《りゅうしんたろう》は、一九四五年七月初め、内閣情報局総裁であった下村宏《しもむらひろし》に手紙を書き、ソ連は日本との中立を維持するにしても、中立を破棄して対日参戦するにしても、どちらにしても、樺太、満州、朝鮮に戦利品を要求してくるはずだ、と注意した。そして、それがわかっているのだから、絶対にソ連を参戦させてはならない。そして日本はすぐにでもアメリカに降伏してしまう方が良い。つまり日本が今そうした毅然とした態度を示せば、アメリカは日本に好意を持って、条件付降伏を日本に認めてくれるかもしれない。笠はこのように述べて、ソ連よりアメリカを選んでみせることで、日本の降伏条件が良くなるであろうという一縷の望みにすがった[59]。

さて高木の提案を見直すと、笠の主張と大きく異なる点は、ソ連が参戦してくる前にアメリカに降伏すべし、とは言っていないことだ。ソ連が対日参戦してくるようなら、スウェーデン、スイス経由で、イギリス、アメリカと和平交渉に向かうべしと述べているだけだ。

ソ連が対日参戦してくる構えが確実となれば、アメリカにとって不利な状況になるのだから、アメリカも日本の条件付降伏の要求を呑むのでないか。だからこそ、アメリカに対して多少なりとも強気の態度が取れるのでは、と高木は推測したのではないだろうか。逆に言えば、ソ連が対日参戦する可能性が濃厚になった頃こそ、アメリカに条件付降伏をもちかける絶好の機会、ということになる。これこそが日本の終戦戦略だったのでないか。実際、この時点から八月半ばまでの戦局の展開は、まさにこの通りに展開していくのだ。

第5章 対米戦の終結方法――北上する米軍、南下するソ連軍

一九四五年の初夏、日本軍は、アメリカ軍の本土上陸に備えて九州防衛の準備を進めた。定説によると、日本軍は九州で最終決戦を戦う決意でいたので、アメリカ軍が実際に上陸してきたら、凄惨な地上戦となって、民間人も含めた沖縄戦以上の死傷者が双方に出ることは間違いなかった。

アメリカ側の太平洋戦争研究における、九州における本土決戦はとてつもない悲惨な戦闘になったはずである、という仮説は重要である。つまりその場合、そのような戦闘に代わる別の「最も革新的かつ効率的な」方法を選ぶことは、ごく合理的であるからだ。ましてその方法が、通常の陸上戦と異なり、短期間で日本から戦闘意欲を奪い、日本を降伏させることができるものであれば、そちらを選ぶことが「最も正しい」戦争の終わらせ方になる。それが原子爆弾の使用であった。つまり、アメリ

カが原子爆弾の使用を正当化するためには、日本が九州において、全軍玉砕の覚悟でアメリカ軍と最終決戦に臨む準備が整っていなければならなかったのだ。[1]

確かに日本軍は、九州防衛の準備を進めていた。ところが実際のところ、ただでさえ築城に要する軍需物資と工事力が不足しているところへ、アメリカ軍の空襲が常態化する中、その準備は予定通りに進んでいなかった。それでは日本はこの頃、日本本土に迫りくるアメリカ軍をどう見ていたのだろうか。大本営も外務省も、ソ連がアメリカとの和平交渉の仲介をしてくれるのでは、と最後の望みをかけていたから九州防衛準備が手薄になった、という説明は説得力に欠ける。前章までに見たように、ソ連の好意などに期待は持っていなかったからだ。

これまで顧みられることが少なかった当時の資料には、軍関係者たちの意外な姿が描かれている。例えば『機密戦争日誌』の五月十三日の記録によると、「全般に対米大陸決戦思想なし。持久後退をのみ事とす。支那満州朝鮮尽《ことごと》く然り、おそるべし」（注――現代かな遣いに変更）と淡々とつづられている。[2] 五月二〇日の記録では、阿南陸軍大臣より「闇を明みへの新政策の採用」という報告があり、これはすでに満州で成功しているとのことだ。[3]

一九四五年六月八日の午前中には、「今後採るべき戦争指導の基本大綱」に関する御前会議が開催された。枢密院議長の平沼《ひらぬま》騏《き》一郎《いちろう》は、徹底した継続戦を主張した人物であったというのが定説だが、『機密戦争日誌』では彼は「和平論者の大将」と揶揄されている。さらにこの御前会議の雰囲気自体も、緊張感が漂うというより、むしろ「予定通りすらすらと取運」び、「御前会議の目的を十分達しあ」るものだった、という毒のあるコメントが付け加えられている。[4]

戦時中の指導者たちは、記録を残す必要がある公の場では、政府なり軍なりの総意を反映するような、型にはまった決まりぜりふを述べるが、オフレコの場面では、真意を口走ったりしていた、ということだろうか。

最高戦争指導会議の記録を丹念に読んでいくと、会議にさきがけて頻繁に世界情勢判断を行っていることがわかる。決してやみくもに、玉砕思想のみでアメリカ軍との本土決戦に備えていたわけでないことがわかる。この意味で、上に挙げた『機密戦争日誌』に述べられている「対米大陸決戦思想なし」という表現に込められた意味を知ることは重要だ。対ソ連外交に期待は持っていない。むしろこの頃には、ソ連の対日参戦の時期が、刻一刻と迫ってきている。政府も軍もそれを承知しているのだから、アメリカ軍の本土上陸にのみ全力で対処するわけにはいかないはずだからだ。

実は一九四五年初期より大本営は、アメリカ軍の本土攻撃（九州・関東地方上陸）と、ソ連の対日参戦（満州・朝鮮北部進攻）がいつ頃どのようなタイミングと状況下で起こるのか、両軍の軍事行動は、互いにどのような影響を及ぼしあうか、という考察分析を開始していた。その際とくに注目したのは、アメリカ軍の北進と、ソ連軍の南進によって、両軍のはさみ撃ちになる可能性がある朝鮮半島であった。もちろん大本営には、全力で朝鮮を守備すべきという意見はあった。しかしアメリカとソ連の攻撃が同じ頃に起こる場合、両軍が連携攻撃をしてくるのか、そうでない場合、二つの軍隊はどう朝鮮を制圧するつもりなのか、といった想定を立てないことには、朝鮮半島の守備に向かうことはできない。大本営が実際に着手したのが、米ソそれぞれの朝鮮半島攻撃に対する戦略作成であった。アメリカ本土最終決戦のことしか頭にない大本営、というのは戦後でき上がったイメージに過ぎない。

実現不可能な二正面作戦

太平洋戦争において、陸海軍が互いの戦闘能力を調整しあい団結してアメリカに向かうことはなかった。陸軍はあくまで日中戦争を最重要の戦いとみなし、太平洋戦争に干渉することを避けていた。一九四二年十一月半ば、大本営は、南太平洋における陸海軍合同作戦を立てたが、成果は上がらなかった。

一九四三年三月、大本営は「帝国陸軍総合作戦指導計画」を採択し、陸軍は初めて海軍を含めた総合的戦略を立てた。陸海軍ともに「南東方面」を重視することで合意したが、その夏ソロモン諸島周辺で軍事的劣勢に立たされると、陸海軍はそれぞれ別個の太平洋上での防衛線後退を主張し始めた。九月末になると日本政府と大本営は「今後採るべき戦争指導の大綱」に基づいて設定された「絶対国防圏」に沿った新しい戦略に切り替えることになった。このときも、太平洋防衛に関する陸海軍統合作戦は実現しなかった。

例えば陸軍は、朝鮮・満州・中国から抽出した兵力を、中部太平洋戦線に派遣することに合意したが、「一号作戦」(大陸打通作戦)の実施を優先させるためには派遣を延期せざるを得なかった。一九四四年二月、ようやく陸軍は、マリアナ諸島を含む絶対国防圏強化のために太平洋戦線に派遣することを合意した。しかしその半年後には、サイパンがアメリカ軍に陥落し、絶対国防圏は崩れ始めた。[5]

結局、陸軍は太平洋戦場を優先させることはできなかったのだが、大陸方面でソ連軍の動向観察は欠かさなかった。一九四三年晩秋、大本営第五課（ロシア情報）は、中国・満州にいるエージェントたちから情報を集めて、ソ連の対日戦争準備について総合的調査を始めていた。[6] また同じ頃大本営では、関東軍とともに「乙号作戦」準備打ち合わせを始め、対米作戦中に、ソ連とも開戦する場合の二正面作戦の研究に着手した。[7]

一九四四年夏、サイパンが陥落した時期、ソ連軍がソ連と満州国境地帯を流れるアルグン河を侵犯し、関東軍を刺激した。しかし大本営も関東軍もソ連に対しては「静謐保持」という基本姿勢を守り、一切応じなかった。ただし、ソ連軍は日本を挑発してこちらがどの程度の対ソ連防衛準備をしているのか見定めようとしている、という判断に基づいて、逆にソ連軍が本格的に満州を攻撃してくる時期を予測すべく情報収集活動を活発化させた。

同年八月上旬、関東軍作成主任参謀の草地貞吾《くさちていご》は、大本営にて、ソ連軍が満州に攻めてきた場合に考えられる六通りの作戦検討案を紹介した。積極的にソ連軍に反撃をかけるという作戦は、一つだけだった。これは、満州－モンゴル国境を越えてさらにバイカル湖までソ連軍を押し戻すという、ノモンハン事件以前の思想で、今や考慮の対象外であった。というのも、関東軍は一九四四年の一年間で、南太平洋、フィリピン、沖縄、中国の戦場などへ大量の兵力を抽出しており、その戦力は、全盛期の三分の一にまで減少していたのが現状だったからだ。

草地による他の五つの案は全て受け身で、積極的または消極的な防衛を行うというものだった。満州とソ連の国境線全域を防衛するという案は、関東軍自身が実行不可能とみなしていた。満州から撤退し、関東州と朝鮮全域を守る持久戦案、または満州全域から撤退した後、満州−朝鮮国境地帯のみを確保するという案などは、満州に暮らす日本人を見捨てて軍が逃げる、ということに等しく、道義的に問題があった。結局、大本営は九月初旬に新たな対ソ連作戦を発令し、満州の大部分を放棄して、関東軍の対ソ連作戦の基盤は朝鮮に置くこととした。以後、関東軍と朝鮮軍の関係調整が始まった[8]〔地図5−1参照〕。

一九四五年に入り大本営戦争指導班は、当年度の重要懸案事項として「終戦方策」と「戦後経営方策」の二点を挙げ、アメリカ軍が今後、太平洋北上を続けた場合の総合的な戦況展開についての研究が始まった。一月初め、支那派遣軍総参謀長の松井太久郎《まついたくろう》は、アメリカ軍は六月以降中国東南沿岸に上陸すると想定していることを大本営に報告した。後述するように、こうした観察分析の結果、一連の「大陸命」が発令され、支那派遣軍の主要な敵は中国国民党でなく、中国に侵攻してくるアメリカ軍と見なすべきことが命じられる[9]。

大本営によるアメリカ軍の日本本土上陸の計画予測は、かなり正確だった。一月半ば、参謀本部作戦課作戦班長の杉田一次《すぎたいちじ》が戦争指導班に報告した際、アメリカ軍は一九四五年秋頃に日本本土上陸を狙い、日本に対する決戦を強要するだろうと予測していた。それに基づいて彼は、九州と上海を日本本土防衛の主線とすることを主張したが、この時点で朝鮮防衛の必要には言及していない[10]。

杉田の報告から数日後、大本営は『帝国陸海軍作戦計画大綱』を完成させ、対米本土決戦作戦「決号作戦」を、一九四五年初秋までに実行可能にするための準備予定表を作成した。戦争指導班の予測では、アメリカが日本本土上陸に向かうとした場合、それに先立ってまず中国沿岸に上陸するか、ま

地図 5-1　関東軍作戦考案図（1944 年 8 月上旬作成）

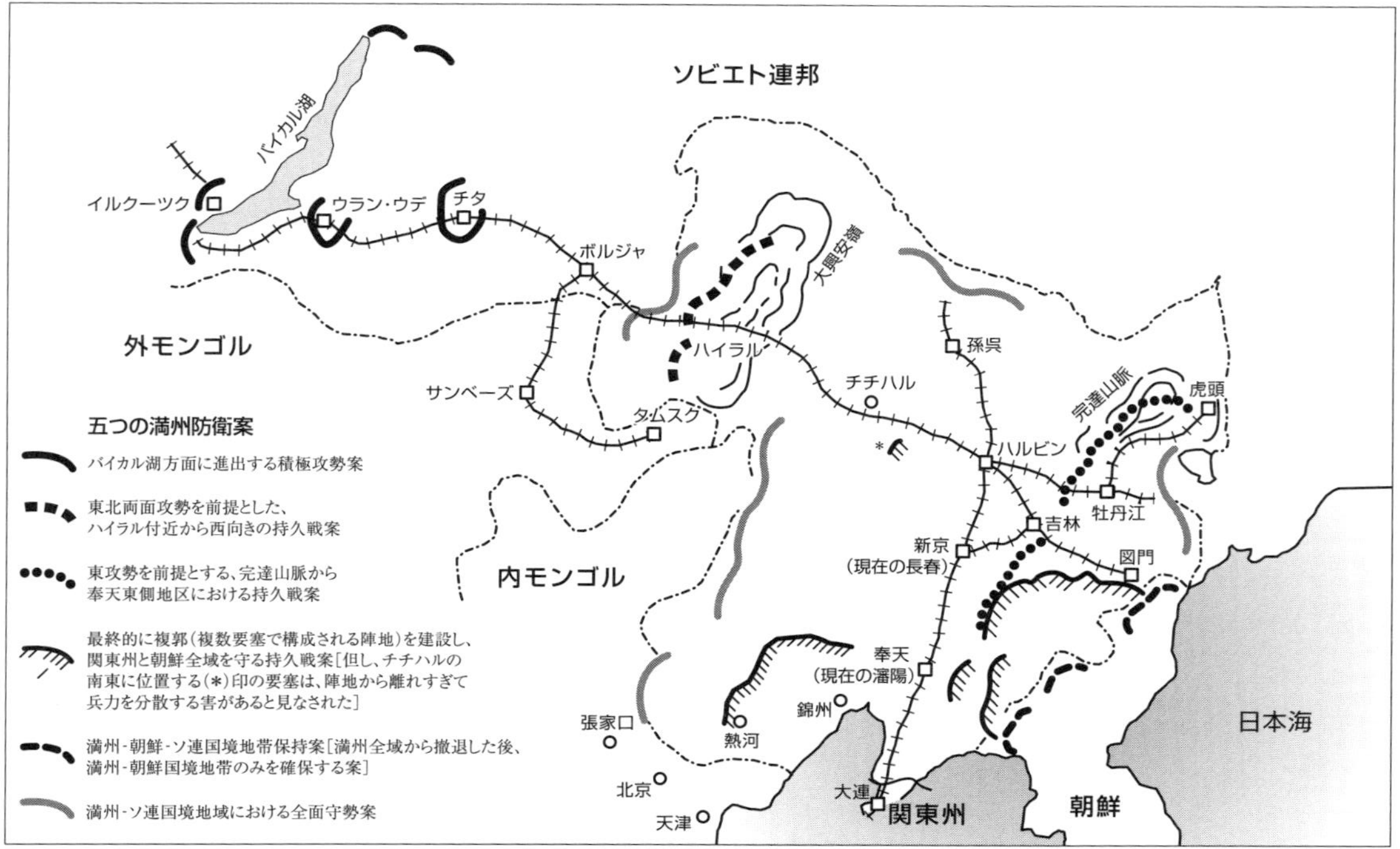

防衛庁防衛研修所戦史室『関東軍 2』〈戦史叢書 73〉（朝雲新聞社、1974 年）、279 頁の地図をもとに、防衛省防衛研究所戦史研究センター史料室（東京）の許可を得て作成。［地図作成：安川崇］

たは南西諸島を奪取するかのどちらかを行い、春夏の頃に本土包囲を完成させ、秋頃以降に本土侵攻してくる確率が高いとした。[11]

二月初旬にヤルタ会談が終了すると、大本営はソ連軍とアメリカ軍両方の動向をますます注意深く観察するようになった。戦後に広まった「定説」では、日本の指導者たちは、ヤルタでルーズベルトとスターリンが、ソ連の対日参戦の確約を交わし合ったことに全く気がつかず、ソ連に浅はかな期待を抱き続けたことになっている。しかし誰にでも閲覧が可能ないくつかの資料を読むだけでも、そのようなことは全くなかったことはすぐにわかる。

ヤルタ会談開始からわずか数日後の二月七日、日本内地各軍司令官が集まった会議において、アメリカ軍の本土上陸は八月か九月以降に実現する確率が高いことが説明された。そしてその後、参謀総長の梅津美治郎《うめづよしじろう》自らが、対ソ連の諜報活動の結果を総合すると、ソ連が中立条約を破棄する兆候があると述べている。[12]『機密戦争日誌』にも、ルーズベルト、チャーチル、スターリンが、ヤルタで戦後世界の構築について巨頭会議を開いており、戦後処理問題などで合意があったはずである、という記述がある。[13]

二月十五日、戦争最高指導会議は、シリーズ十回目となる『世界情勢判断』を発表し、アメリカ政府が戦争をより迅速に終わらせるためにソ連を対日戦争に「引き込もうとしてきた」ことは確実である、と述べ、ソ連が日ソ中立条約を破棄する可能性は非常に高い、と予測した。そしてヨーロッパ戦局の進展いかんにかかわらず、ソ連は日本の国力が疲弊しきったと判断した時点で、日本の植民地へ攻め込み、戦後、ソ連に有利な東アジア経営を行うための戦略的なポジションを獲得しようとしている、と断言した[14]。このことを裏付けるように、二月末に在モスクワの日本陸軍武官は、極東に向かう軍用列車の量が増えていることから、いよいよソ連は対日参戦の準備を本格化させていると東京に伝えてきた[15]。

東条英機前首相は、ソ連はアメリカ軍の対日作戦に反応して、日本を攻撃してくると見ていた。ヤルタ会談からわずか一週間ほど後、東条は、戦況推移について説明する戦争指導班班長に、四月以降ソ連の動向に注意するように、とくにアメリカ軍が本土に迫ってきたときは同時にソ連の動向を警戒すべし、と語った。ただこのとき東条は、対ソ判断を誤ったものの、結果は良好、という謎めいた言葉を残したようだ[16]。

三月二〇日、戦争指導班と軍務部は「先般研究せる対ソ政策」に関する合同研究を行ったが、この「対ソ政策」に関する資料は残されていない。ただし三月を通じての軍の動きといえば、関東軍からは相変わらず兵力が抽出されて、彼らはアメリカ軍の侵攻に備えるべく、日本本土や朝鮮南部に配置されている。大本営は、兵力の抜けた関東軍を補強すべく、支那派遣軍の部隊を満州に移動させることも考えたが、今まさに戦闘が続く中国の戦場から、まだ何も起こっていない満州に兵力を動かすことに対しては、内部から批判も出た。ソ連が対日参戦してくることは確実で、しかもそうなったら満州はいとも簡単に崩壊してしまうことが明らかなのにもかかわらず、大本営としては、関東軍に「外面的強大軍備の威容を保持」させるだけで、対ソ軍抑止策とするという、徹底した消極策しかとらなかった[17]。

四月五日、ソ連政府は日ソ中立条約をソ連は延長しないこと、よってそれは一九四六年四月に期限切れとなることを日本に通達してきた。四月十六日付けの『機密戦争日誌』は、在チタ領事館員の目撃、および伝書使の視察に基づき、ソ連が極東戦線に狙撃兵団並びに相当数の飛行機、戦車などの兵備増強を行っていることは間違いないと断言した。ところが『機密戦争日誌』には、ソ連が対日開戦した場合、日本がどのように迎え撃つかということは一切述べておらず、あくまでその場合の「対応措置」を考えておくように、と述べるにとどまっている。そして、またしても、次のような謎めいた発言がこれに続くのだ。

（ソ連の）対日開戦の時期判断と之が対応措置の急速なる完璧とは大東亜戦争完遂の致命的鍵として最大なる関心を払うの要あり。[18]

「対応措置」とは「戦闘準備」を意味することではなかったようだ。ソ連の対日参戦は、日本の敗北を意味する。ただそれだけではなく、アメリカが日本の植民地帝国全てを獲得し、東アジアに君臨することも阻止できる。その意味で、そもそもアメリカ勢力を東アジアから駆逐することを目的とした太平洋戦争の目的は部分的にでも叶う、そうなれば、ついに戦争をも終わらせる大義が立つ、という意味だろうか。

四月二五日、大本営は最新の『世界情勢判断』を完成させ、ソ連の対日攻撃の開始時期を、ヨーロッパの戦局いかんにかかわらず、一九四五年早秋または、日本の戦局が悪化したときと想定した。[19]

この数日後、在モスクワ陸軍武官補佐官の浅井勇も、日本に帰国する際シベリア横断鉄道の車窓から、ソ連軍が続々と極東方面に移動する様子を目撃している。浅井は、ソ連軍が対日開戦時に必要なだけの部隊を極東戦線に送るには、今の時点から二ヵ月かかると計算し、六月末から七月以降ならいつ攻撃があってもおかしくない、と河辺虎四郎《かわべとらしろう》参謀次長に電報で報告している。[20]

こうした観察を総合すると、ソ連が満州を攻撃する準備は、アメリカが日本本土決戦に向けて北進するよりも迅速に行われているようだった。それにもかかわらず大本営は、ソ連に対してはあくまで「静謐保持」の姿勢を保ち、アメリカ軍の上陸に備える本土防衛に専念している体裁を装った。

一九四五年五月までに大本営は、アメリカ軍とソ連軍は、対日本軍事行動を連携して行わないと判断した。大本営は当初、まずアメリカ軍が単独で日本を倒そうとする軍事行動を最初に起こし、それがソ連軍を刺激し、ソ連の対日参戦を誘発するというシナリオを想定した。つまり、ソ連はアメリカの野心を阻止する意味でも参戦してくるだろうから、その結果アメリカとソ連の攻撃は、それぞれの意図がかみあわない、ちぐはぐなものになるのでは、と分析したのだ。これは前章で見た高木惣吉の『中間報告』(一九四五年三月十三日)が論じていることと一致する。[21]

一九四五年五月二六日、朝鮮に駐屯する第十七方面軍(同年二月朝鮮軍が廃止された後、朝鮮防衛の任務を引き継いて創設された軍)は、上海発の秘密情報を入手した。それによると、アメリカが中国共産党に接近して合同軍事行動の可能性を探っているとのことだ。[22]つまりアメリカ軍が対日作戦の一環として中国江蘇省の港に上陸する計画を中国共産党指導者に打ち明け、上陸後アメリカ軍への協力を要請した、とその秘密情報は伝えている。アメリカが中国共産党に行った説明によれば、日本本土上陸作戦を始める前に、日本と中国大陸を切り離して日本を孤立させる必要がある、さらに朝鮮にも、空爆と水陸両方の攻撃をもって侵攻する計画がある、とのことだった。

この秘密情報はさらに続いて、中国共産党側はただちにアメリカの要請を受け入れず、交換条件を提示したことを伝えた。その条件とは、アメリカ軍は中国沿岸に上陸を始める前に、まず共産党軍に武器提供をすること、さらにいったん中国に上陸した後は、共産党が支配する地域における政治関連事項に一切介入しないこと、そして当初の対日軍事目的を達成させたらすみやかに中国から撤退すること、などである。

この上海発の秘密情報は以上のように、内容は具体的であったが、第十七方面軍参謀部作戦班は、この情報の信憑性を確認する術がないことから、何点かの箇所に疑問符をつけたり、元の中国語を完全に解読できない場合は、空白のままにしておいた。しかしこの情報から得た結論として、仮に中国共産党が何かの条件をアメリカ軍に提示したとしても、結局それをアメリカ側が呑まず、両者の軍事協力は実現しなかった、と結論した。[23]

実はアメリカ側には、この時期このような要請を中国共産党指導者に行ったという記録は残されていない。ただし一ヵ月前の四月初旬には何らかの接触があったことは確かだ。[24] 第十七方面軍が入手した情報は結局、誤報だったのだが、アメリカ軍と中国共産党の協力関係はなし、という結論だけは間違っていなかったことになる。

いずれにしても一九四四年春頃までに、日本政府は、中国共産党とアメリカ政府が接近を始めたことを知っていた。[25] 第2章で見たように、大本営と外務省は、中国内戦の展開状況を研究し、中国共産党の政治的成長に対して、封じ込めは不可能と結論していた。その見立ては、次のようなものだ。

もしアメリカ政府が中国共産党に援助を約束したら、中国内戦の行方はどうなっていくだろう。アメリカは、国民党と共産党の、戦いあう双方に援助を続けていくつもりなのか、または彼らの内戦を調停するつもりか。それとも、国民党を切り捨てるつもりなのだろうか。もしも毛沢東が、アメリカの援助を受け取り、共産党の将来をアメリカの協力に委ねるように決断することがあれば、仮に共産党が中国統一を果たしたとしても、結局はアメリカの影響下に陥ってしまわないだろうか。ソ連は、アメリカの中国共産党への接近をどう見ているのだろう。

このように日本の政策・軍事戦略決定者たちは、アメリカとソ連が、中国共産党の抗日戦に与えうる支持について観察するとき、日本が敗北した以降の中国の情勢にまで想像を広げていた。

一九四四年春、『東亜』という雑誌に掲載されたある記事は、ソ連とアメリカはそれぞれ、蔣介石と毛沢東のどちらを未来の中国の指導者として支援するか悩んでいる、と紹介した。

目下の世界情勢を見回すと、独裁的な軍事指導者と人民解放戦線の指導者の対立というのは、ユーゴスラビアにも出現しており、アメリカやイギリスの頭痛の種だった。ソ連にしても、日ソ中立条約を結んだこと自体が、抗日戦を戦う国民党と共産党の両方を裏切っている。しかし中国国民党内きっての親米派といわれる宋子文《そうしぶん》が、最近モスクワを訪問したり、新疆方面で国民党勢力が伸張してきたりと、ソ連は中国国民党と何らかの取引をしているのでないかとも思われる。その場合、アメリカはどう出るつもりか、我々としても全く予想がつかず、中国をめぐる国際関係は謎につつまれるばかりだ、と記事は結んでいる。[26]

日本政府は、中国共産党がたやすくアメリカに接近するとは考えなかった。一九四四年、ちょうど日本が中国共産党を半独立政権と承認することに踏み切った頃、アメリカも、中国共産党の根拠地である延安に、さまざまな軍事視察団を送っていた。それは中国共産党軍とアメリカ軍の蜜月時代と呼ばれたが、大本営はそのようには見なかった。むしろ中国共産党の指導者たちは、アメリカ軍が延安にやってくる真の目的がつかめず困惑していることを、さまざまな諜報活動から把握していた。[27]

毛沢東が、共産党の軍事拠点を拡大させ、国民党との内戦に勝利するために、アメリカに軍事援助を申し出ることを考えていたのは事実である。一九四四年七月四日、毛はわざわざアメリカ独立記念日を祝うスピーチを行った。中国の共産主義者が今日めざしているものは、アメリカでワシントン、ジェファーソン、リンカーンが成し遂げてきたと同じものである、中国共産主義者の努力に、民主主義国家アメリカの人々は強い共感を寄せており、今後も支援し続けるであろう、とアメリカとの友好を賞賛した。[28]

しかしこの後、中国共産党とアメリカ軍の関係は悪化していく。一九四四年十一月、ちょうど日本政府が中国共産党本部を「延安政権」と承認した時期だが、大本営はその頃、とある特定情報を受け取っていた。それによると、中国共産党は、抗日戦を空からも戦えるよう、アメリカに援助を要請したという。ところが、それを聞きつけたソ連が介入してきた。そして中国共産党に対して、軍事条約を結び、航空機、武器、さらに技術的援助を申し出たそうだ。ソ連としては、アメリカがどれだけ真剣に中国共産党軍を援助しようとしているのか、また中国共産党がどれだけアメリカとの接近を望んでいるのか、試そうとしたのであろう。

毛沢東にしても、一時は親米姿勢を見せてはみたものの、結局、アメリカは蔣介石の国民党を優先的に考えて、中国共産党を国民党の傘下に繰り入れようとしていることは変わらないとして、アメリカに接近することを断念した。その結果ますます、ソ連とアメリカのどちらを信用してよいか困惑している毛の姿も、一連の関連情報は伝えた。とくにこれらの情報は、アメリカが延安に接近するのと並行して、国民党にも新たな援助を送り、資源豊かな地域に軍需工場を建設する計画も暴露した。つまりアメリカの長期的戦略には、ソ連と中国共産党に攻撃を加える計画があり、その場合はその地域を拠点に使う可能性もあると大本営は理解したのだ。[29]

アメリカ、ソ連、国民党、共産党が、どの組み合わせであっても完璧な同盟を結べない状況を、日本側は把握していた。ただしそのような状況下で、アメリカとソ連のどちらのほうが、戦後中国において、より有利な足場を築く準備を進めているか、日本は観察を続けた。

東亜同文会が発刊する雑誌『支那』一九四五年一月号にも、アメリカとソ連が、中国国民党と共産党の両者を操作して中国に干渉しようとしている混戦状態を解説する記事が掲載された。

この大戦が終結したら、アメリカは中国を巨大市場として支配しようとしており、一方でソ連は中国を自国の防衛圏内に統合してしまいたい。ソ連は、東ヨーロッパとバルカン半島で現在起こっているナショナリズム運動を巧みに操作して、共産主義革命運動に変えてしまっている。そしてそうした運動を支援しながら着実に自国の勢力圏を拡大している。アジアに目を向けると、イランに始まり、インド、外モンゴル、新疆などでも、似たような一連の現象が起こるだろう。さてアメリカは、これを見過ごすのだろうか。

以上のように背景説明を行った後、この解説記事は、世界大戦がいよいよ最終局面を迎えつつある今、中国でも、アメリカとソ連の対立が生じる可能性を伝えた。[30]

一九四五年一月二二日、大本営は支那派遣軍総司令官に向けて「大陸命一二二八号」を発し、中国大陸に進攻する主なる敵を中国国民党でなく、中国沿岸に上陸してくるはずのアメリカ軍とするよう指示した。そして支那派遣軍は、重慶の国民党勢力の衰亡を図りつつ中国の要域を確保することに努め、そして同時に中国に上陸してくるアメリカ軍を撃破することを新たな使命とした。[31]

日本が、中国における最大の敵をアメリカと定義した背景には、ますます中国共産党から離れていくスターリンの姿があった。彼は、毛沢東はイデオロギー的に純粋な共産主義者ではないので、支持しないと明言するようになっていた。

一九四五年四月、アメリカの駐中国大使パトリック・ハーレーとの会談で、スターリンは毛沢東のことを「マーガリン・マルクス主義者」と揶揄した。つまりバターの代わりに過ぎない人工の安物、という意味だ。

六月末には、かつて重要な国際会議でルーズベルト大統領の非公式な特使を務めたハリー・ホプキンスとも秘密会談を行い、スターリンは、八月八日までには対日参戦に踏み切ると述べた。その際、彼はホプキンスに、統一中国の指導者としてふさわしいのは蔣介石であって、毛沢東でない、とあらためて明言している。ソ連軍が、満州や中国各地に突撃し、それらの地域を制圧した後は、毛沢東でなく蔣介石に、それらの地域の政治を任せる、とまで約束したのだ。[32]

アメリカ政府は、ソ連政府の対日参戦が具体性を帯びてくるにつれ、ソ連が見返りとして何を要求しているかを明確にしようとした。例えば一九四五年五月、国務次官のジョセフ・グルーは、駐ソ連大使ウィリアム・アヴェレル・ハリマン、陸軍次官補のジョン・マクロイ、駐日大使館勤務経験も持つソ連専門家であるチャールズ・ボーレン、海軍長官ジェームズ・フォレスタルらと会見し、見返りの一つとして、ソ連は戦後日本の占領統治に参加する権利を要求してくるかどうか、各自の見解を聞いた。

グルーは、その可能性については何とも言えないので、ソ連がアジアの戦場に入ってくるにあたり、三つの条件をソ連に呑ませてはどうか、と提案した。それは、国民党政権の指導下で中国統一に向けて努力するよう中国共産党を説得すること、満州に関しては、カイロ会談で話し合ったとおり、中国に返還することに異議を唱えないこと、そして朝鮮を、アメリカ、イギリス、中国、ソ連による共同管理下に置くという案に異議を唱えないこと、であった[33]。

この頃のアメリカは、ソ連が対日参戦をきっかけに一気に東アジアで勢力を拡大させる可能性を、よりいっそう警戒するようになっていた。そしてできることなら、ソ連の参戦なくして日本を降伏させて、アメリカが単独で戦争を終わらせたいと望むようになった。そしてそのことをソ連側に伝えることすら考慮し始めていた。アメリカは太平洋戦争において圧倒的な軍事力をもって、日本を追い詰めてきたが、その戦況がそのまま、戦後東アジア全域におけるアメリカの絶対的優勢を保証するわけでは全くない、という大きなジレンマをアメリカも直視していたのだ。ただしアメリカが単独で日本を降伏させたがっていたとしても、日本に「条件付降伏」を認めることはあり得ず、このこともアメリカの苦悩を増大させた。

翌年六月、アメリカに「アメラシア事件」が起こった。六名のアメリカ人が、アメリカ政府の極秘資料を中国共産党に渡したかどで、FBIに逮捕されたものだ。六名とは、アメリカで出版されていたアジア問題専門誌『アメラシア』の編集者と、雑誌編集に関わる外交官だった。この事件は、ただちに中国に伝わり、中国共産党官報は、アメリカ政府がついに反中国共産党態度を露わにした、と批判した。これはアメリカと中国共産党の蜜月が終わったことを象徴するような出来事だった。[34]

三月から始まった沖縄戦で、日本軍は組織的戦力を失い、「アメラシア事件」が起こった頃には、戦闘は終結を迎えていた。大本営は、太平洋戦争と日中戦争に対する戦略の調整を再度余儀なくされた。四月初旬に組閣された鈴木貫太郎内閣のもとで陸軍大臣に就任した阿南惟幾は、同月末には中国での和平模索を期待すると発言していた。ソ連の対日参戦が確実になり、他方でアメリカ軍が沖縄で圧倒的戦力を示している現状に鑑みて、中国国民党と共産党に対して交渉を開始すべきであると、阿南は提案したのだ。そして中国大陸の部隊を総括する支那派遣軍総司令官の岡村寧次《おかむらやすじ》に、その調整を任せることを提案した。

しかし和平交渉は実現性がなく、大本営は新しい中国戦略に切り替えるべく、五月末に一連の「大陸命」を発した。これらの「大陸命」をもとに、支那派遣軍は『支那派遣軍対米作戦計画大綱』を作成した。[35]最も重要な点は、アメリカ軍が揚子江デルタ地帯に上陸してくるような場合、日本はアメリカ軍が揚子江沿いに進軍することを防ぎ、内陸部の戦略的基地を守るということである。さらにこの大綱では、ソ連の対日参戦を確実に近いうちに起こると捉え、関東軍に、朝鮮北部で対ソ連防衛作戦の準備開始を命じた。

さらに、アメリカ軍が沖縄を占領した後に中国大陸に上陸する場合を想定し、太平洋戦争と日中戦争が一体化したときは、中国の戦場においては、アメリカが第一の敵、ソ連が第二の「脅威」と定義することにした。中国国民党に対しては、最小限の戦力を用いることを決定していたが、なぜか共産党軍に関しては、一切言及がなかった。また、アメリカ軍が中国に上陸した後、アメリカ軍と中国軍が対日共同軍事行動に出る可能性はない、とも判断していた[36]。

六月八日、天皇列席のもと開催された最高戦争指導会議では、「今後採るべき戦争指導の基本大綱」について話しあいがあった。日中戦争の見通しと、中国の戦後について、アメリカやソ連の影響力を既定要素として次のように予測した。

国民党はソ連に振り回され、しかも共産党との内戦でかなり疲弊している。しかし何とかアメリカとの同盟を利用して、抗日戦を全うし、国際社会における威信を保とうとしている。よって一九四五年秋以降、アメリカ軍が対日攻撃を激化させた場合、国民党もそれに乗じて全面的な対日攻撃を展開するであろう。それと同時に、中国共産党も、日本占領地において抗日ゲリラ戦を激化させるであろう。ただし中国内戦では、国民党が劣勢であり続けるだろうから、大戦が終結した後の中国では、共産党が優勢となろう。一方、この大戦でアメリカは絶対的勝利を収め、東アジアにも覇権をうち立てようとするだろうが、ソ連からの反発を招くであろう。こうなると、中国の統一を果たして中国の統治者となるもの、東アジアの指導者となるものが一体誰なのか、全くわからなくなる。

こうしてこの最高戦争指導会議では、中国に関しては、国民党との和平交渉を望む姿勢を示し続けるという従来の政策以上のことはしないことに決定した[37]。

この六月八日の御前会議の結果まとめられた四回目の『今後採るべき戦争指導の基本大綱』内の

「世界情勢判断」というセクションは、アメリカ、ソ連、中国が今後採ると思われる戦略を、以下のように分析している。

四月にルーズベルト大統領が死去して以来、アメリカ人の間には戦争に対する倦怠感が生じているので、アメリカ政府としては豊富な物力をもって、単独でも速やかに日本を降伏させて終戦に持ち込もうとしている。しかし、まだアメリカ側が公にしていないソ連との確執は、当面隠して、あたかも両国が結束しているかのような様子を示し続けるだろう。

ソ連に関しては、極東での対日開戦準備を着々と進め、同時に政略的にも日本に圧迫を加えてきている。自国軍の犠牲はできるだけ少なくしたいので、日本の軍事的形勢が著しく不利になったときを見計らって、日本に対して武力を発動してくるだろう。ただしアメリカの東アジア進出に対する牽制も重要なので、あまり早期に武力行使に出ることもないだろう。アメリカが日本本土、または中国の中部北部沿岸に上陸すると見られる時期、北満州における気象条件、ソ連兵が極東に集結するスピードなどの要因を総合して判断すると、一九四五年夏または秋以降をとくに警戒すべきである。

中国国民党に関しては、アメリカの支援を受けて基幹戦力のアメリカ式強化を図っており、秋以降にアメリカ軍の作戦に乗じて日本軍に対して全面的反攻に出る公算が大きい。また中国共産軍の抗日遊撃反攻も、ますます激化すると見られる。ただしアメリカが今次大戦で完勝して東アジアを制覇する可能性を、蒋介石の国民党が全面的に歓迎するはずはなく、さらに中国共産党勢力が拡大し、同時にソ連の存在感も増大すれば、彼の苦悩はますます深刻になるはずだ、とした。[38]

「世界情勢判断」は、今や戦局は日本にとって極めて急迫し、日本は存亡の岐路に立っていることを認めながら、複数の敵もまたさまざまな苦悩を抱えており、それらが露呈しないよう短期終戦をめざし狂奔しているのだ、と解説した。つまり日本は牢固たる決意をもって必勝の闘魂を堅持し、「速やかに攻戦略施策を断行し」ていくべきである、と結論した。[39]「攻戦略施策」というのは、ソ連の手の内がわかっていても、対ソ中立を信じる姿勢を守り、軍事的にも「静謐保持」を徹底させる、ということであろう。

その後大本営は、アメリカ軍の日本本土上陸作戦に関する最新の予測分析を続け、七月一日付けで『昭和二十一年春頃を目途とする情勢判断』という報告書として完成させた。[40]ここでも再び、アメリカ、イギリス、中国、ソ連各軍の対日戦略、および各国の国内事情、アメリカとソ連の対立、中国における国共内戦、東南アジアの戦後、といった広範なトピックを扱っている。題名では一九四六年春までを分析対象としているが、今後の軍事行動のピークは一九四五年夏から秋にかけて、と想定していた。

アメリカ軍に関しては、空と海からの侵攻は一九四五年秋と一九四六年春の二度に分かれて起こると予測した。[41]実際、アメリカ軍は、「オリンピック作戦」のもと一九四五年十一月に九州上陸を、「コロネット作戦」のもと一九四六年春に関東平野への上陸侵攻を企画していたので、大本営の予測はかなり正確だった。大本営は、アメリカ軍の上陸予定地点と戦略についても、正確に予測した。

この日本側の予測成功に関しては、戦後アメリカの研究者の間で、日本がフィリピンなどで諜報活動をしてアメリカ軍の情報を盗んだ結果ではないかという推論が起きた。だがその後、戦術的・戦略的常識をもってすれば、日本が正確に予測したことは驚くにあたらない、という結論に落ち着いている。[42]

ただし朝鮮の第十七方面軍が、アメリカ軍の日本本土上陸作戦に関する情報収集に貢献したのも事実である。例えば五月末、第十七方面軍参謀部作戦班は、上海から数件の極秘報告を受け取った。一件は、アメリカ軍の某人物が、部下に命じて、九十九里浜への上陸計画研究を開始させたという内容、もう一件は、アメリカ太平洋艦隊及び太平洋区域司令長官チェスター・ニミッツが、九州上陸に先がけて、九州に激しい空襲を行うべく企画している、という内容だ。[43]

「コロネット作戦」は確かに一九四六年三月一日に九十九里浜上陸を予定していたし、この頃ワシントンの統合参謀本部は、一九四五年十一月一日に九州上陸を行う「オリンピック作戦」を承認し、ニミッツと、南西太平洋方面最高司令官ダグラス・マッカーサーに対して作戦準備指令を下していた。[44]

ところで、こうしたアメリカ軍の戦略プランを正確に把握していたにもかかわらず、九州とくに南九州の防衛準備は進まなかった。防衛作戦準備完成を予定した六月末になっても、陣地構築、築城および地上設備などの工事は遅れていた。[45] しかし少なくとも本土兵備は、臨時動員などで急速に増強されていったので、「静謐保持」を保つ対ソ戦略に比べれば、対米決戦準備のほうが明らかに進展しているような体裁は示すことができた。もちろんソ連軍が今にも攻め込んでくることは十分承知だったのに、それでもあえて九州方面に兵士を集め、満州方面の防衛をがら空きにさせたのである。

七月一日付の『昭和二十一年春頃を目途とする情勢判断』に話を戻すと、対米本土防衛を、今次大戦の最終段階における決定的な戦いと位置づける一方で、アメリカとソ連が、互いを牽制しあいながら、二方向から日本に攻めてくるシナリオも具体的に描き出した。

大本営陸軍部は、ソ連軍が一九四五年六月末までに極東に集結させた兵力は、独ソ戦に臨む際の兵力を凌駕していると判断し、現在も増大を続けていることから推測するに、本年八月頃には、東アジア情勢次第でいつでも武力発動が可能である、とした。さらに興味深いのは、ソ連軍の対日行動を誘発するアメリカ軍の行動を、二通り想定したことである。

一つは、ソ連の国益をも脅かすようなかたちで、アメリカ軍が日本攻撃をしかけてきた場合は、それを抑制するためにソ連軍は対日戦に踏み切る、というシナリオである。そしてもう一つは、アメリカ軍が非常にインパクトのある攻撃をしかけて、日本をただちに降伏させる情勢に追い込み、もはやソ連が参戦する余地がなくなりそうな場合、ソ連は焦って対日参戦してくる、というシナリオであった。

ソ連が対日攻撃に踏み切る時期についても、六通りのシナリオを想定した。まずソ連の安全保障を脅かすと判断されるシナリオとして、①アメリカ軍が中国中・北部要塞に上陸し、その後内陸部に進む可能性が見られるとき、②アメリカ軍が朝鮮南部に上陸し、北上する勢いを示したとき、③アメリカ軍が日本海に侵入し、裏日本の要塞に上陸しそうなとき、の三点を挙げた[46]。

次にアメリカが単独で日本を屈服させ得るシナリオとして、①アメリカ軍の日本本土上陸主作戦が成功した場合、②本土上陸前に、空爆で日本の国力が著しく低下し疲弊した場合、③日本の国内事情に極度の弱体化が見られ、対米和平を望むしかない気配が濃厚になったとき、の三通りを想定した[47]。

このようにさまざまな状況を想定した前提とは、アメリカが単独で大戦を終結させる公算は小さく、ソ連の参戦は不可避となるだろうということだった。いったんソ連軍が対日参戦を決意すれば、満州における絶対的優勢兵力をもって、非常に短期間に「政《マ》（戦）《マ》略目的」を達成することができるはずである。よってソ連は、空軍と地上軍の両方で、満州、朝鮮、モンゴル、新疆、北支、樺太と広範囲に、全ての戦線で同時攻勢をかけてくるであろう。大本営はこのように予測した[48]。

『昭和二十一年春頃を目途とする情勢判断』発表からわずか一ヵ月ほど後、アメリカが広島に原子爆弾を落とした直後に、ソ連が参戦してきて、大戦は終結した。大本営によるこの情勢判断は、ある意味正しかったことになる。しかしこの分析報告書は、米ソ両軍と異なる場所で同時的に正面衝突が発生する場合、日本軍がどのように応じるかに関して、一切触れていなかった。その代わりに次のような示唆を行っている。

斯くは待つあるを恃むの態勢を確立し驕敵を撃さいするに於ては敵側に内在する矛盾苦悩は初めて我に有利なる情勢展開の機縁となり……茲に必勝への転機を把握し得べし。（そういう訳で「待つ」ということを頼みにして、傲慢な敵を砕くようにすれば、敵の側に内在する矛盾や苦悩がこちらにとって有利な情勢展開となっていくのである……これを日本の必勝への転機と考えようではないか[49]。）

大本営は、アメリカ軍との本土決戦で戦争を終結させるとは全く考えておらず、戦争の後のアジアの状況までを考えて、終戦に向かって動き出したのだ。

終戦の始まりとしての朝鮮作戦

『昭和二十一年春頃を目途とする情勢判断』は、アメリカとソ連の確執に注目していたが、実際に摩擦が生じる場として想定したのは朝鮮だった。前述したように大本営では一九四五年初めから、ソ連軍とアメリカ軍は北と南からほぼ同時に朝鮮進攻を行う可能性があるとみなしていた。前述したヨーロッパを舞台にした和平工作では、日本人「和平打診者」たちは台湾と朝鮮だけは何としても放棄しない意思を示していたが、朝鮮半島を死守するために、アメリカ軍とソ連軍を相手に二正面で戦うことが不可能なのは、誰の目にも明らかだった。それで少なくとも、アメリカ軍とソ連軍の軍事行動いかんで、日本降伏後の朝鮮がどうなるのかの研究分析に力を入れるようになっていった。

朝鮮総督府や朝鮮軍の調査研究で明らかになっていたように、ソ連と中国共産党は、満州と朝鮮に、それぞれの利権がからむネットワークを築いていたが、アメリカはさほどの関心を朝鮮に示していなかった。アメリカ政府は、李承晩の亡命政府への支援も真剣でなく、独立運動を展開するにふさわしい指導者に関するビジョンも不足していた。朝鮮の人々からしても、東アジアにおけるアメリカの戦略に理解を示し、戦後朝鮮を支援するにふさわしい国としてアメリカを考える人たちは多くないようだった。

一九四二年まで朝鮮軍は、日中戦争の後方支援をしつつ、万が一ソ連が攻め込んできた場合の対応にも備えていた。その後の一九四三年はじめ、京城に駐屯するエリート師団がニューギニアの戦場に抽出され、一九四四年には在朝鮮の部隊が、ビルマ・フィリピン戦線に派遣された。しかし太平洋戦線に送られる兵士が増えれば増えるほど、より多くの師団や連隊が朝鮮に送り込まれ、その結果、朝鮮に駐屯する兵士の総数は、朝鮮人志願兵、徴集兵も含めて、太平洋戦争を通じて増加し続けた。一九四一年末には四万六〇〇〇人の兵士が、一九四三年末には五万九〇〇〇人、一九四四年末には六万八〇〇〇人、そして一九四五年八月終戦時には、三四万七〇〇〇人の兵が、朝鮮を「防衛」していた[50]。

朝鮮南部に配置した兵士の数を見る限り、日本は朝鮮に進攻してくるアメリカ軍を迎え撃つ決意を持っているようだった。一九四四年十月、レイテ沖決戦で日本が大敗を喫した後、アメリカ軍は日本本土をめざし北上を始め、朝鮮に進攻する可能性も出てきた。

ところが前述したように、一九四五年一月、参謀本部作戦課の杉田一次が、アメリカ軍の対日本上陸作戦を予想した際、朝鮮は作戦対象地域の中に含まれなかった。小笠原諸島、台湾、沖縄、クリル（千島）列島、中国南部沿岸などを、アメリカ軍の上陸対象地域と推定して、朝鮮をリストからはずしたのだ[51]。同月末に完成した『帝国陸海軍作戦計画大綱』においても、日本の対米最終防衛圏に含めず、南鮮方面に限定してアメリカ軍の上陸企画に備えることとしていた[52]。

ところがこの直後、朝鮮半島はアメリカ軍が侵攻を意図している標的として、さまざまな軍事作戦に登場するようになる。それに伴い、朝鮮防衛計画は、日本本土防衛計画に統合されていった。具体的には、朝鮮南部と九州の防衛が、同じ戦略下で論じられるようになったのだ。一九四五年二月初旬に発された「大陸命一二四二号」は、日本の防衛圏に、台湾、南西諸島、中国沿岸、そして朝鮮を含ませた。[53]続く「大陸命一二四五号」は、朝鮮防衛の要は半島南部における対米戦の戦略的準備と定義した。そして二月十一日、大本営は朝鮮軍を廃止し、新たに第十七方面軍を創設し、朝鮮をアメリカ軍の侵攻から守ることをその主務とした。[54]

朝鮮半島の西南に位置する済州島は、香港の二倍程度の面積を持つ気候温暖な島だが、アメリカ軍の侵攻から朝鮮を守る要塞となった。太平洋戦争開始時には、二三万人ほどの農民や漁師が暮らす平穏な島で、日本本土へのアメリカの空爆が激化すると、日本へ渡った朝鮮人が島に疎開してくるほどだった。しかしアメリカ軍の朝鮮南部空襲が始まると、大本営は済州島防衛を本格化させ、ハルビンや日本本土からの兵力を島に投入した。第十七方面軍は、五万人ほどの朝鮮人の島人を朝鮮本土に移住させようとしたが、B29の空襲と潜水艦による攻撃が激化して、航海の安全を確保できなかったので、彼ら非戦闘員も島に残すことにした。[55]

一九四五年二月に済州島に駐屯する兵は一〇〇〇人だったのが、八月には六万人に増えた。終戦時には、朝鮮半島全体に配備された全兵力の約十八パーセントが、済州島の防衛に集中していた。ちなみに朝鮮北部に駐屯していた兵は十一万七〇〇〇人、南部に駐屯した兵は二三万人だったので、朝鮮北部でソ連軍に充てる兵力の半数以上を、済州島だけの防衛に投入していたことになる。[56]

朝鮮南部、とくに済州島の防衛増強を急速に行ったことは、表面上は対米最終決戦に臨む日本の決意を示すように見える。済州島の防衛構想においては、まずアメリカ軍が朝鮮南部を攻撃し、ついでソ連が北から攻め込んでくることになっていた。よって、いくら南部を守っても、いったんソ連が朝鮮北部の防衛から攻めてきたら、なす術がないはずだ。済州島の防衛強化策には、あきらかな矛盾があった。

一九四五年三月、大本営は第十七方面軍作戦主任参謀を招聘し、日本本土防衛総合計画の一角としての朝鮮防衛について話し合った。第十七方面軍の主たる任務は、南から攻めてくる敵（アメリカ）の撃滅をはかることであると再確認した[57]。しかしアメリカ軍が沖縄本島に上陸してわずか数日後の四月五日、ソ連政府は日ソ中立条約が翌年に失効することを伝えてきたため、この後、第十七方面軍は秘かにソ連軍が武力発動する兆候を観察する任務も担った。

四月八日、大本営は『決号作戦準備要綱』を発令し、主敵アメリカ軍の侵攻を日本本土方面で「激撃」するために、一九四五年秋頃までに各部隊が完成させておくべき作戦準備の概要を発表した。北海道・千島方面、東北方面、関東方面、東海方面、中部方面、九州方面、朝鮮方面で、アメリカ軍を迎え撃つ七つの作戦が設定された。朝鮮は、日本本土防衛作戦に統合された唯一の植民地として、兵備建設・増強を十月までに完成させることとなった[58]。

朝鮮半島の防衛作戦を定義した「決七号作戦」の遂行に関しては、第十七方面軍がより詳細な戦略を企画した。作戦班は、アメリカ軍が朝鮮に侵攻してくる場合、まず北九州方面に上陸してくるか、朝鮮海峡突破のための基地として済州島を攻略するかのどちらかで始まると予測し、さらにその後、朝鮮南部の離島地帯を攻略し、釜山への上陸を強行し、そこから半島中心地域に北上を図ると見込んだ。済州島における作戦準備のみは七月末までの完成をめざすことにした[59]。

一方で関東軍は、一九四五年二月までに、ソ連が対日参戦してきた場合、「守勢持久作戦」を採ることを決定していた。それは、満州－ソ連国境沿いの戦略的要地を全て放棄し、満州－朝鮮国境まで撤退し、そこに複郭を築き最後の抵抗陣地とするものだ。[60] 第十七方面軍は、満州―朝鮮国境の築城作業に、五月から一五〇〇名ほどの歩工兵と一万五〇〇〇人ほどの朝鮮人労務者を供給することに合意した。[61] しかし朝鮮北部日本海側の元山方面は、ソ連の進攻に対して全く無防衛のままだった。五月初めには、日本海にソ連哨戒機が出没し始め、さらに関東軍は、ソ連航空軍の将校家族が移転準備を始めているとの情報も入手した。

五月三〇日、大本営は「大陸命一三三七号」〜「一三四一号」をもって、南朝鮮に侵攻するアメリカ軍と、満州および北朝鮮に進攻するソ連軍に対する作戦準備を訓令した。ただし具体的な対ソ連作戦に関する言及はなく、第十七方面軍がアメリカを撃滅する任務を担当し、関東軍が「現任務を遂行する外、来攻する米軍を撃滅するとともに北鮮に於ける対ソ作戦を実施すべし」こと、そして支那派遣軍も「対ソ作戦準備を実施」することを命じた程度だった。[62]

「対ソ作戦準備」とは、「大陸命一三四〇号」によると「別冊『満鮮方面対ソ作戦計画要領』に準拠し」と説明があるのだが、この別冊はその後、意図的に処分されたか紛失したかで、現存していないようである。[63]「大陸命一三三九号」は、朝鮮北部の防衛範囲をかなり広範囲に指定しているが、それでも「北辺の静謐《ママ》維持に関しては厳に戒心するものとし」と付け加え、あくまでも受け身を貫く構えのようであった。

大本営は七月十三日付けで「大陸指二五二一号」〜「二五二二号」を発令し、済州島と朝鮮全域におけるアメリカ軍とソ連軍に対する具体的作戦指導指示を出した。

「大陸指二五二一号」は、敵（アメリカ）の来攻が確実になったら、第十七方面軍は済州島の戦力を補強させ、敵による空・海基地設定企画を挫くことを命じた。

一方「大陸指二五二二号」は、「乙作戦における第三十四軍はソ連の進攻に対し咸南平野の要域に於て之を撃砕し止むを得ざるも主力を以て平壌方向に突進する敵に対し又一部を以て京城方向に突進する敵に対し之を拒止する如く運用するものとす」と命じている。[64]すなわち、アメリカ軍に対してはその侵攻を済州島で食い止めるよう全力を尽くすべきだが、ソ連軍に対しては、朝鮮北東部の咸南平野で抑止を試み、それが無理なら残された主力は平壌・、京城方面に進んでくる「敵」を食い止めることに運用するようにということだ。「敵」というのは他の「大陸指」では、アメリカ軍を指す。とすれば、この「大陸指二五二二号」の命令とは、アメリカ軍の北上は全力で食い止めても、ソ連軍の南下にはあまり抵抗せず、という、まさに従来の対ソ作戦の基本を反映させたものだったのだろう。

大本営は、北上するアメリカ軍と南下するソ連軍同士が、そのまま朝鮮で武力衝突する可能性については、さすがに考えなかった。しかし、二国の軍事作戦が何らかの政治的摩擦を引き起こすことはあると推測した。『昭和二十一年春頃を目途とする情勢判断』(七月一日付)では、アメリカは、朝鮮の独立を許容するような宣伝をして、日本統治を揺るがそうとしているし、ソ連も国防保全と勢力圏拡大のために、朝鮮の支配権を掌握しようとしている、と従来の分析を繰り返している。[65]

しかしこの「情勢判断」が発表された前後、もっと踏み込んだ事情が日本に知らされた。それは「朝鮮境界線画定」または「区域区分」などの問題である。この頃ドイツはすでに降伏しており、アメリカ、イギリス、フランス、ソ連の各軍による分断占領統治が始まっていた。連合国は一九四四年秋、アメリカ、イギリス、ソ連によるドイツ占領統治を決定し、一九四五年ヤルタ会談でフランスも統治に参加することが決まった。

しかしドイツ降伏後、アメリカ軍とソ連軍間の境界線決定、イギリス・フランス両軍の占領地決定など、四ヵ国間でさらなる調整の必要があった。とくに首都ベルリンは、ドイツ降伏後ずっとソ連軍の占領下にあり、アメリカ、イギリス、フランスの軍がベルリンに入ってきたのは、ちょうど七月初旬の頃で、ソ連の後手に回ったかたちだった。ソ連軍とアメリカ軍が、ほぼ同時期に朝鮮に進攻する場合、ドイツと似たような状況になると想像するのは難しくはない。

陸軍が上海に置いていた特務機関「梅機関」は、朝鮮の戦後処理に関するソ連の動きに関する情報を入手し、六月二九日付で大本営・陸軍・関東軍・支那派遣軍・北支那方面軍・第十七方面軍に送り、各軍は七月一日付でその暗号電報翻訳を受け取った。それによると、ソ連の「極東政治局《マ マ》」が朝鮮独立に関する問題処理要綱を、中央委員会に提出したという。この情報の信憑性は、ソ連側資料と照らし合わせないことには何も確証できないが、少なくともこの極秘電報は、ヤルタ会談においてアメリカとソ連が、戦後朝鮮処理について話し合っていたことを明らかにしている。

「梅機関」の電報が伝えたソ連案とは、次のようなものだ。まず朝鮮の「国境制定案」に関して、アメリカ、イギリス、中国国民党はヤルタ会談での合意を遵守すべきこと、戦後朝鮮に臨時政府が設置される場合は、朝鮮民族解放運動総本部をもって核心とすること、延安と重慶で活動している朝鮮義勇軍を朝鮮独立軍として承認すること、将来の朝鮮政権は、あくまで朝鮮国民の意思に基づいて組織し、これをアメリカ・イギリス・ソ連・フランス・中国は共同承認すること、朝鮮の独立政府はソ連に対して友好政策を採ること、およびそのことをアメリカ・イギリス・フランス・中国があらかじめ保証することで反ソ連軍事緩衝策とすること、朝鮮の国境画定後、連合国軍は決められた期間内に撤兵すること、そして国境、撤兵問題は、朝鮮代表が世界平和会議において提案し公平に合議すべきこと、以上の七点である。[66]

同六月二九日、「梅機関」は同日二本目の暗号電報を送り、来るべき対日戦後処理問題に関するポツダム会議に備えて、ソ連共産党中央政治局が行っている準備内容をさらに詳しく伝えた。それによるとソ連は、アメリカ・イギリスが、戦後日本を資本主義一色に染めるつもりでいることを警戒し、日本の左翼勢力や左派の中級陸海軍将校を利用して、これを防ごうとしているという。

また、朝鮮処理問題に関して、ソ連はさらに踏み込んだ要望を持っていることを、この二通目の極秘電報は伝えている。ソ連は、極東防衛線を拡大するために、朝鮮・台湾の独立運動を支援するつもりでいるが、とくに

> 各植民地のみにても民族の自主独立を促進し米英重慶の事前に依る戦後領土境界線画定及軍事的分界の□□《空白ママ》に反対せしむ。

という。つまり、アメリカとイギリスが、ソ連の了解なく事前に朝鮮に境界線を引いたり、勝手に朝鮮を分割して軍事占領しようとすることを警戒しているという。[67]

「梅機関」は続いて七月二日、ソ連のタス通信に基づく暗号情報を送った。それによると、アメリカ軍は日本攻撃の次は朝鮮に向かうはずと、スターリンは考えているが、彼としては朝鮮の独立に関

心を持っているので、アメリカが朝鮮とどういう関係を持つつもりでいるのか強い警戒心を抱いている、という内容であった。[68]

さてこうして、ソ連も日本も、アメリカ軍は確実に朝鮮に侵攻してくると想定していたのだが、実はそれは誤認識だった。第3章で見たとおり、在アメリカ亡命政府代表の李承晩は、アメリカ政府に対して、自分の率いる独立運動に軍事支援を要請していたが、上手くいっていなかった。アメリカ国務省は、ソ連が朝鮮に軍事的野心を抱いていることを察知していたが、アメリカ軍は朝鮮を含む作戦計画を、あまり早期から作成していなかった。例えば、アメリカ海軍は、まず中国と朝鮮に、対日本空爆機の発進基地を確保するよう提案していたのが、直接日本本土に向けての進攻を続けるべきと主張するアメリカ陸軍は、海軍案を時間の浪費として却下していたのだ。[69] アメリカ統合参謀本部としても、朝鮮に対する軍事作戦は全く作成していなかった。

とはいえアメリカが、全く朝鮮に関心を持たなかったわけではない。ヤルタ会談以降、スターリンの朝鮮に対する野心には注目するようになっていた。一九四五年五月、ハーバート・フーバー元大統領は、陸軍長官ヘンリー・スティムソンに宛てた書簡で、ソ連が満州、朝鮮、中国北部を獲得することがないよう、アメリカは早急に日本に条件付和平を申し出るべきである、と忠告していた。またスティムソンも、当時の国務長官代理ジョセフ・グルーにむけた書簡で、ソ連が日本を破った後、アメリカに先んじて樺太、満州、朝鮮、中国北部を占領する能力があると、アメリカ陸軍が見ていることを打ち明けている。

アメリカ陸軍の予測では、アメリカ軍がソ連軍の先制攻撃を出し抜くことは、クリル（千島）列島方面においてのみ可能だった。しかし、アメリカ軍がソ連に先んじてクリル列島を占領しようとするなら、それは自らの日本本土上陸作戦遂行の妨げにしかならず、アメリカ兵の死傷者数を増加させる結果になってしまう。アメリカとしては、日本本土を制圧しつつ、ソ連の東アジア進攻も同時に牽制しなければならないジレンマが、日増しに強まっていったのだ。[70]

五月から、連合国の南西太平洋方面最高司令官としてマニラで指揮を執っていたダグラス・マッカーサー、そして海軍元帥としてグアムにいたチェスター・ニミッツは、「ブラックリスト作戦」という日本と朝鮮の占領計画に着手し始めた。「オリンピック作戦」のもと九州攻撃を行った後、アメリカ陸軍第六軍が南日本を占領し、「コロネット作戦」の成功後、第八軍が北日本を占領し、第十軍が朝鮮占領を行う、という作戦である。アメリカ以外の軍がこの作戦に参加することは考えられていなかった。[71]

ルーズベルト大統領の側近だったハリー・ホプキンスは、五月末から六月初めまでモスクワで継続的にスターリンと会談を行い、三度目の会合で極東問題について話し合った。このときスターリンは、対日軍事作戦の件と、日本占領の区域区分についての意見交換を提案した。ホプキンスはただちに、四月に急死したルーズベルトの後をついで大統領となったトルーマンに打電して、ソ連が、戦後の日本占領に参加を希望し、アメリカ、イギリスとともに占領地域の区分について合意したがっている、と伝えた。ホプキンスは、この件は来るポツダム会談で話しあうことを勧めたところ、スターリンはそれ以上、日本占領について言及せず、ソ連としては満州を中国の主権下に戻すことに異議はなく、また朝鮮については四ヵ国統治案に賛成する、と述べるにとどまった。[72]

ソ連側の文書によれば、朝鮮問題については一九四五年六月にソ連外務省が戦後処理案を作成していたという。その案によると、十九世紀からカイロ会談、ヤルタ会談に至るまで、朝鮮をめぐってつねに列国が競争していたことに鑑みて、ソ連の国益のためにそうした不安定要素を取り除く方法として、戦後日本を朝鮮から完全に締め出し、ソ連と独立朝鮮が友好的かつ緊密な関係を築いていくことを提案していた。四ヵ国統治が行われる場合は、ソ連の存在感を十分に誇示できるかたちで参加することが必要とした[73]。

上海の「梅機関」が送ったソ連情報は、核心的部分でかなり正確だったことがわかる。つまり日本側は、ソ連が朝鮮に抱く思惑について、そしてアメリカからの予想される反発について、正しく掌握していたのだ。

一九四五年七月三日、タス通信は、日本軍の行動にスターリンが疑問を抱いていることを伝えた。日本は中国に百万の大軍を有しているのに、重点方面にこれを転用する様子が見られない。満州と朝鮮が危機に瀕すれば、在中国兵力は全て無意味になってしまうというのに、なぜ日本はソ連戦に向けて準備をしないのか、スターリンは解せなかったそうだ。ちなみにこのタス通信の記事というのも、「梅機関」が入手して、大本営や各軍隊に送信していたものだ[74]。すなわち情報戦という面からこの状況を見渡すと、日本軍は、あえて満州・朝鮮を守るという強い意志を示さずにいて、それをスターリンがいぶかしがる様を観察し、かつ確認し、同時にソ連とアメリカが朝鮮をめぐって確執を強めていく過程をも、観察し確認していたことになる。

七月二四日、ポツダム宣言が発せられる二日前、ようやくソ連軍の参謀総長アレクセイ・アントノフは、アメリカ陸軍参謀総長ジョージ・マーシャルとアメリカ海軍作戦部長アーネスト・キングと会見し、ソ連が対日参戦をする場合、その軍事行動に合わせて、アメリカは朝鮮沿岸への上陸を予定していないことを知った。つまりアメリカ軍が朝鮮を攻撃するとしたら、それは九州上陸に成功し、日本海支配を掌握してから決定する、ということをアントノフは知らされたのだ。[75]

これはある意味、アメリカがソ連に、対日参戦するなら朝鮮半島はソ連が抑えられると示唆したように捉えることができる。しかし注目すべきは、この時点でアメリカはすでに人類初の核実験を成功させており、この結果はポツダム会談に出席しているトルーマン大統領のもとに伝えられ、会談でソ連との交渉カードとして使われたということである。つまりアメリカの一見余裕ある発言の裏には、原爆を使用して対日戦をソ連の参戦なしで終わらせるという自信とソ連に対する圧迫が潜んでいたのだ。

七月二六日、アメリカ、イギリス、蔣介石の中華民国の名においてポツダム宣言が発表された。翌日の『朝日新聞』の社説「東亜問題の重大化」は、この時点で、ソ連の対日参戦が近いであろうことを読者に示唆しただけでなく、東アジアにおける戦後処理をめぐって、アメリカとソ連の関係が不安定になる一方であることも伝えた。

社説は、アメリカ、イギリス、ソ連の三国がポツダムで東アジア問題について何らかの合意に達したとすれば、ソ連の対日参戦をアメリカが支持したことを意味する、と説明した。しかし対中国政策に関してもアメリカとソ連が互いの政策を調整するのに成功したとは、到底考えられない、と大胆に打って出た。そもそも今次の戦争の根本にある東アジア問題とは、「歴史上の解決を要求する段階」にあるもので、戦争に伴う直接利害の観点のみから眺めても、問題の全般的意義を捉えたことにはならないのだ。アメリカとソ連が日本を疎外して、中国の将来、まして東アジアの歴史的前進を決められるとは考えられない。万が一そのような展開になれば、日本民族としては「この際深く猛省」しなければならない。「社説」はこのように結んだ。[76]

この「社説」のすぐ下には「延安政権のねらい」と題する、中国共産党の動向と東アジアの将来を論じる記事も掲載されていた。中国の戦後は、アメリカと国民党の同盟にソ連と共産党の同盟が対立する、というほど単純ではない。誰が今後の中国の運命を握ることになるのか簡単には言えない。しかし中国共産党が、今次の戦争を経てめざましい躍進を遂げているのは確かだ。今回の共産党第七回大会で、毛沢東は、蔣介石の独裁を批判する一部の国民党党員から支持を得るまでに成長してきた。

そして同時に、今や中国を侵略し分断する可能性もあるアメリカを敵対視するようにもなってきた。中国共産党は、アメリカ軍が中国沿岸に上陸してきた場合、抗日戦をともに戦うことにいったんは同意していたが、毛沢東はこの取り決めを撤回した。そして中国大衆の間に、アメリカに対する不信感を植え付け、アメリカ軍が中国に上陸すること自体に反対するように仕向けているのだ。『朝日新聞』のこの記事は、このように毛沢東とアメリカの関係の最新情勢を紹介し、毛沢東が中国大衆を動員して「中国を中国のために守ろう」としている姿勢を肯定的に描いた。[77]

実際、毛沢東は戦争の最終段階に向かい、ソ連ともアメリカとも距離を置いていった。太平洋戦争における日本の敗北を確実視していたが、その結果、アメリカとソ連が東アジアに台頭することは好ましいとは考えなかったのだ。とくに毛沢東は、ソ連とイデオロギー的に摩擦を起こす可能性、ソ連の軍事戦略が、中国共産党の存続を脅かすことなどを危険視していた。ソ連とアメリカとどちらを選ぶかといえば、毛はアメリカを使ってソ連を抑制することも考えていたほどだ。満州で抗日戦を戦うゲリラが、ソ連の指導下にあることも、毛沢東にとって不安材料だった。ただ同時に、アメリカに関しては、大戦後にアメリカがアジアに新しい植民地を獲得する可能性は許さない構えでいたし、太平洋の完全支配はさせまいとも決意していた。毛沢東は、抗日戦を超えて、戦後国際社会において何とか中国を自立させようとしていたのだ。[78]

日本は太平洋戦争末期のこのような中国の状況を理解したうえで、二つの相反する中国政策を採択した。一方で、ソ連の満州権益を認めようとし、一方で中国共産党の伸長を認めるものだ。ソ連の対日参戦も、中国共産党の勢いも、どちらも止められないとなれば、日本が敗戦して中国の戦場を去ったあとの空白の処理に関して、ソ連とアメリカが決定しようとしたら、中国共産党は当然不快に感じるはずだ。中国には、より繊細で複雑な、多重的冷戦構造が生じるのでないか。[79]

日本がアメリカに敗れれば、日本が掲げてきたアジア主義実現の夢は完全に破れる。アメリカは圧倒的軍事力で、太平洋地域に関しては制圧するだろう。しかし、もしソ連が対日参戦してきて、日本の植民地帝国が崩壊した場合、アメリカが大陸にまで覇権を伸ばすのは困難になる。「東アジアから、アメリカとイギリスの勢力を駆逐する」という戦争当初の目的は、ある意味全うできるではないか。

ソ連の対日参戦が、朝鮮から中国をまたいだ戦後東アジア全体のあり方を大きく定義することを察知した日本の戦争指導者たちにとって、ソ連参戦前に日本が降伏することは、問題外となっていったのだ。

第6章
日本の降伏と植民地帝国の崩壊

「定説」によると、大本営陸軍部戦争指導班長を一九四三年三月から一九四五年四月まで務めた種《たね》村《むら》佐《さ》孝《こう》は、対米本土決戦の遂行に誰よりも熱心で、日本を滅亡の際まで追いやった責任者の一人、と考えられている。[1] ところが一九四五年四月二九日付で彼が完成させた『今後の対「ソ」施策に対する意見』と『対「ソ」外交々渉要綱』では、いつどのように戦争を終わらせるべきかを提言している。種村は、狂信的に「一億玉砕」を唱えた陸軍大佐ではなかった。むしろ、日本にはソ連を懐柔する力などないことを前提に、終戦策を講じようとする戦略家だった。日本が戦争を終わらせるのに最適なタイミングとは、アメリカとソ連が東アジアにおいて互いを抑制しあうような勢力均衡を作り出すとき、と彼は考えていた。

種村は、この戦争においてアメリカこそが日本の最大の敵とみなしていた。種村にとって、この戦争における日本の目標とは、アジアにアメリカとイギリスを干渉させないようにして、アジアをアジア人の手に取り返すことであった。さらに種村は、ソ連がアメリカの野心を抑えるだけの力を持つとも考えていた。それで戦争末期の時点で、日本軍がまだ支配し続けている南方地域においては、できる限りソ連に発言権を与えるよう「協力するに吝（物惜しみをする）であってはならない」とし、さらに満州国、満鉄、遼東半島、南樺太、朝鮮などの権益についても、ソ連には譲歩すべきである、という意見だった。

ソ連との戦争については、なんとしても回避すべきで、今さら対ソ連の戦争準備などに着手すべきでない、とも主張した。種村は、対ソ連外交交渉に成功の可能性があると期待はしていなかったが、もしソ連が日本に対して「恫喝」をもって和平を強要してきた場合、これに応じない手はない、とも考えていた。「乾坤一擲《けんこんいってき》の断を下さん」と、天地をかけた大ばくちに出るのも一つの施策だと述べて、『対「ソ」外交々渉要綱』を締めくくっている。[2]

種村は、対ソ連戦を戦ってはいけないと言っているが、だからといって、ソ連が攻め込んでくる前にアメリカに降伏せよとは言っていない。これまで見てきたように、日本の軍・政府指導者たちが描いた戦後東アジアの青写真とは、アメリカとソ連が勢力均衡を保ちあい、どちらかが絶対的に優勢にならないような国際環境だ。とすれば彼らにとっては、ソ連が対日参戦して、満州、朝鮮に足場を確保するということが、想定内のシナリオになる。そうなる前に、日本がアメリカに降伏して、大戦が終結することは、あり得ないことだったはずだ。

日本が戦ってきたユーラシア太平洋戦争の最終段階は、七月二七日にアメリカ、イギリス、蔣介石の中国が「ポツダム宣言」を発し、日本にただちに無条件降伏するよう勧告したところから始まる。日本が降伏しない場合は「迅速且完全なる壊滅あるのみ」と同宣言は述べていたが、鈴木貫太郎首相はこれを「黙殺」する。しかしソ軍が対日参戦してきた直後の八月十日に、ポツダム宣言受諾を決定したところで、戦争は終結する。

天皇と近衛文麿は、ソ連軍が満州に攻め込んできたことを知ると、アメリカと和平を講じる「天佑であるかもしれん」と色めき立ったという。[3] 近衛はこの直前まで、天皇の秘密特使として和平交渉のためにモスクワに行く準備をしていたことになっており、土壇場でソ連の好意を当てにしていたはずだ。だとしたら、ソ連参戦のニュースを知り、呆然となったはずである。ところが、ソ連の対日参戦のニュースを受けて、日本政府はパニックに陥るどころか、実にすみやかに降伏に向けて動き始めた。ソ連の宣戦布告から三〇時間しないうちに、最高戦争指導会議は、ポツダム宣言を受諾して降伏することを決定したのだ。

一方、アメリカはアメリカで、ソ連に参戦させる機会を与えぬよう、できるだけ早く日本を無条件降伏させる手段に踏み切った。ニューメキシコ州で世界初のプルトニウム型原子爆弾実験「トリニティ」が行われる二日前の七月十四日、ウラニウム活性実弾「リトル・ボーイ」の部品を納めたスチール製の箱を載せた列車が、同じくニューメキシコ州のロス・アラモスを発ってサンフランシスコ軍港に向かっていた。七月十六日、トリニティ実験が行われる二時間前、このスチール製の箱のほうは、硫黄島の戦いと沖縄戦の両方を戦った重巡艦「インディアナポリス」に積み込まれた。プルトニウム型原子爆弾実験が成功したちょうど一時間後、「インディアナポリス」はサンフランシスコ軍港を発ち、サイパンに隣接するテニアン島に向かった。テニアンはサイパン島とともに、アメリカ軍がちょうど一年前に日本から奪取し、日本本土への空襲を行うためB29の発進基地となっていた。「インディアナポリス」は記録的速度で航海を続け、七月二六日にテニアンに到着した。ちょうどポツダム宣言が発された日である。

その二日前の七月二四日、「マンハッタン計画」を監督指揮するアメリカ陸軍少将レズリー・グローブスは、トリニティ実験で成功が確認されたプルトニウム型原爆「ファット・マン」をテニアンに送り出す準備を急がせた。七月二六日と二八日の間に、ニューメキシコ州のカークランド空軍基地から二機の特別機が「ファット・マン」の部品を搭載して太平洋上に飛び立った。

戦後につくられた神話の一つに、「日本政府がポツダム宣言を受け入れてさえいれば、アメリカは原爆を落とさずに、戦争が終わった」というものがある。しかしこのような時系列を見るに、ポツダム宣言を発した時点で、ウラニウム型原子爆弾の部品はすでにテニアンに持ち込まれており、鈴木首相がポツダム宣言にどう応じるかにかかわらず、プルトニウム型原子爆弾も、すでにテニアン島に向かっていたのである。ウラニウム型原子爆弾「リトル・ボーイ」のほうは、ポツダム会談が終了する一日前の八月一日にテニアン島で最終組み立てが終わり、いつでも使用できる状態になっていた。そして翌八月二日には、プルトニウム型原子爆弾「ファット・マン」組み立てに必要な部品全てがテニアン島に到着し、八月十一日を投下予定日としていたのだ。[4]

この二種類の原子爆弾を広島と長崎に投下した後、アメリカ政府は初めて日本政府と降伏に関する直接交渉をする意思を示した。しかし太平洋戦争を終結させる過程において、突然ソ連は交渉の場から姿を消し、九月五日まで日本を攻撃し続けた。

唯一ソ連のみが外交交渉相手として存在し続けた日本のユーラシア太平洋戦争は、最終段階でソ連とアメリカが入れ替わり、日本は唯一アメリカのみとの交渉で降伏を決定し、戦争を終結させた。

「黙殺」から降伏へ――最後の二〇日間

一九四五年七月二六日に、アメリカ、イギリス、中華民国の名において発表されたポツダム宣言は、日本に無条件降伏を勧告したものである。ポツダム宣言の骨子は以下のとおりだ。

アメリカ、イギリス、中国の巨大な陸・海・空軍が日本に最終攻撃をしかける態勢を整えた今、日本の軍隊の完全なる壊滅、また日本国本土の完全なる破壊は免れない。日本は今「理性の経路」を選ばねばならず、連合国側は日本がそうするうえでの「遅延」を認めない。日本は、戦争遂行能力が完全に破砕されるまで連合国軍によって占領され、日本の主権は、本州、北海道、九州、四国ならびに「吾等の決定する諸小島」に局限され、日本国軍隊は完全武装解除された後、各自の家庭に復帰する。日本人は民族として「奴隷化」はされず、国民としても「滅亡」しない。しかし戦争犯罪人には厳重な処罰を加える。日本政府は国民の間に、民主主義的傾向が復活するよう努めるべし。また日本が賠償取引をできる程度の産業力を維持することは許され、将来世界貿易に参加することも許される。日本国に自由が根付き、平和的傾向を有し責任ある政府が樹立されたら、連合国占領軍は日本から撤収する。このような条件のもと、日本国政府は、全日本軍の即時無条件降伏を宣言すべし。これら以外の選択を日本が行った場合には、「迅速且つ完全なる壊滅あるのみ」とする。

こうした内容は、七月二八日付の日本の主要紙の一面にて、きわめて正確に報道された。

ポツダム宣言が発せられる直前、日本政府はソ連に対して最後の外交ジェスチャーを示していた。七月十二日、東郷茂徳外務大臣は、モスクワの佐藤尚武大使に打電して、天皇の命を受けた近衛文麿が、特使としてモスクワに向かうことを希望していることを、モロトフ外相に伝えるよう命じた。モロトフは、ちょうどポツダム会談に旅立つところだったので、副外相ソロモン・ロゾフスキーを代理として佐藤に会わせた。

七月十八日、ロゾフスキーは、佐藤大使に対して、近衛使節の目的が何であるのか不明瞭なので、ソ連政府としては確固たる回答は何もできないと答えた。それを知った東郷は、戦争終結に関して、日本政府はソ連政府の好意的斡旋を望んでおり、日本政府の具体的意図は、近衛がモスクワ到着後に直接説明する、と伝えるよう佐藤に指示した。七月二五日、ポツダム宣言発表の前日、佐藤はようやくロゾフスキーに会うことができたが、近衛使節の受け入れに関する確固たる意見は聞けなかった。佐藤は東郷に、ソ連に和平斡旋を求めるのは不可能と打電した。もっともこの五日後、佐藤は再度ロゾフスキーに面会し、近衛使節派遣許可を求めるはめになる。

近衛モスクワ特使派遣計画が成功する見込みがないところにもってきて、日本政府がポツダム宣言に対して何も意思表示をしなかったことは、戦後に、重大な過ちと見なされるようになった。日本の各新聞は、同宣言を「黙殺」すると一斉に報道し、連合国側は、これをもって日本が一億玉砕を覚悟して、対米抗戦を継続するという狂信的決意とみなした。

ポツダム宣言の「吾等は遅延を認むるを得ず」と最後の文言「迅速且つ完全なる壊滅」は、即時降伏しなければ、すでにテニアン島に運び込んである原子爆弾を使用するということをほのめかしていたのであろう。日本政府は、アメリカがわざわざこのような警句をポツダム宣言に込めていたのに、それを無視したため、広島、長崎の悲劇は起きてしまったのだ。こうして「日本は、もっと早くアメリカに降伏すべきだった」という「定説」ができ上がっていった。

一九五二年、日本外務省は、終戦の経緯に関するさまざまな資料を編集し『終戦史録』として刊行した。それを底本として外務省は一九九〇年に『日本の選択　第二次世界大戦終戦史録』を発表した。後者に収められた政府・軍関係公式記録、関係者の手記、戦後回顧録その他の資料は、終戦に至った理由と経緯に関する外務省の公式見解と言える。

鈴木貫太郎首相が、内閣記者団との会見において「この宣言は重視する要なきものと思う[5]」と答弁したことには、外務省の意向も反映されていることを、『終戦史録』は次のように解説している。

外務省幹部の中には、ポツダム宣言は「無条件降伏の条件」を示したもので、これに応じるべきと考えた者もいた。松本俊一《まつもとしゅんいち》外務次官は、アメリカ海軍内きっての知日家で対日諜報主任官でもあったエリス・ザカリアスが五月初旬から行っていた一連の日本に対する降伏勧告放送、いわゆる「ザカリアス放送」に注目していた。とくに七月二一日の放送では、日本は無条件降伏した後も、自由貿易に参加したり、政府形態を選択する国民の意思などは守られる、それを受け入れることが日本にとって唯一の救済方法だ、と訴えていた。松本は、ポツダム宣言が、この放送内容とほぼ一致していると理解した。

たしかにポツダム宣言の第五条は、「吾等の条件は左の如し」とわざわざ述べているくらいだ。松本は七月二七日朝の定例外務省幹部会において、「無条件」という言葉にさほどとらわれる必要はなく、これは連合国が日本に対して最後の反省を促してきたものだから、日本としてはこれを受諾して戦争を終えるのがよいだろうと発言していたという。同時に、このポツダム宣言の内容については、国民に隠す必要もないものだから、全文をマスコミが発表してもよいだろうとも発言し、東郷外務大臣も含む一同の賛成を得た。

ただしその後、松本はこの宣言にソ連が署名していないことを指摘し、日本がソ連抜きの降伏をしてしまっては、終戦処理が混乱するだろうと考えた。それでポツダム宣言への日本政府の対応としては、「ノーコメント」と報道させるのがよいということを言い出し、この案も会議参加者全員の賛同を得たという。[6]つまり、ソ連抜きで、日本の戦争終結はできないと、外務省もまた認識していたことになる。

七月二七日午後に開かれた最高戦争指導会議において、東郷外務大臣は、ポツダム宣言とは、アメリカが提示した「条件」降伏案であるので、そのように慎重に取り扱うべきであるとの見解を述べた。内閣情報局総裁であった下村宏（海南《かいなん》）が戦後出版した回顧録『終戦記』によると、アメリカが条件付降伏を提示してきた理由の一つには、アメリカ軍がこれ以上の死傷者を出すのを嫌がり、早期に時局を収拾させたいという焦りが出てきているのだ、と東郷大臣は補足したようである。さらに東郷大臣は、アメリカはおそらくソ連にもポツダム宣言への参加を呼びかけたのだろう、とも付け足したという。[7]

東郷大臣は、ポツダム宣言を新聞にて国民に発表するかどうかを、最高戦争指導会議のメンバーに聞いたところ、阿南陸軍大臣は、もし国民に知らせるなら、これに政府が回答しない理由として、ポツダム宣言に対抗する意見を添えるべきである、そして政府が民意をどう導いていきたいのかを明らかにしたいと述べたという。結局、ポツダム宣言はニュースとして内容をそのまま新聞に載せ、内容は議論しない、そしてソ連に関することには触れず、軽くあしらっておくのがよい、ということになった。そして鈴木首相もそれに賛成し、記者団との一問一答に臨んだそうだ。

翌七月二八日の新聞各紙は、政府の対応を「黙殺」と紹介してあり、東郷大臣は、これでは連合国は日本が「無視」したという強い意味にとってしまうと、鈴木首相に抗議したそうだ。しかし鈴木首相は、徹底抗戦を主張する軍の統帥部から圧力をかけられ「黙殺」と言わざるを得なかった、という。つまり鈴木首相は、自身がポツダム宣言を拒否し「戦争完遂にあくまでも邁進するのみ」と所信表明した、と新聞報道、ラジオ放送されてしまうはめになった。[8]

以上が、一九九〇年に出版された外務省編纂『終戦史録』にみるポツダム宣言を即時に受諾しなかった背景である。ポツダム宣言の要旨を吟味してみると、確かに日本が降伏した後も国家として存続することを許可していることは、一見理性的かつ寛容であり、これを受諾しなかった日本政府の愚かさが目立つようだ。しかし宣言が言及していること、していないこと、その言及の仕方など、当時の指導者なら当然警戒したと思える文言もある。

まず天皇制が存続を許されるか廃止されるかについて、一切言及がないという点は、これまでに多くの研究者が指摘してきた。ポツダム宣言中にある「日本国国民を欺瞞し之をして世界征服の挙に出づるの過誤を犯さしめたる者の権力及勢力は永久に除去せられざるべからず」という表現は、軍関係者だけでなく、天皇も指している可能性もあり、その場合日本政府がこれを受諾すれば、天皇は退位を余儀なくされるか、戦犯として裁かれるか、または天皇制自体が廃止されることもありえたのだ。[9]

大本営陸軍戦争指導班の『機密戦争日誌』の七月二七日の記録では、同宣言は「英米支声明（最後通牒）」と把握されている。[10] つまりこれが連合国からの最後の降伏勧告であり、これに応じなければ宣言にある通り、アメリカが完全なる破壊に向けて動き出すことは承知していたはずだ。それで最高戦争指導会議では、少なくとも日本国民に対してこの「最後通牒」という性格を発表するかどうかの検討が始まり、夜七時のニュースで発表することに決定したそうだ。

それにしても最高戦争指導会議において、ポツダム宣言に対する日本の対応をなぜ明確にしないことに決めたか、その経緯を示す会議録は、例えば『敗戦の記録』などの一次資料集にも載せられていない。『機密戦争日誌』にも、政府として同宣言にコメントしないという決定に至った旨は記述がない。

ポツダム宣言にソ連が署名していないことから、日本政府はソ連の和平仲介にまだ期待をつなげると思って降伏しなかったのだ、という「定説」は何としてもあり得ないことは明らかだ。ソ連はまだ対日参戦していないので、日本と交戦状態にはない。よってポツダム宣言の署名国に名を連ねていないのは当然である。むしろソ連がまだ対日参戦していない状態は、アメリカにとって望ましいことであるはずだ。だからこそアメリカとしては、単独で日本を降伏させ、ソ連を介入させずに戦後処理をしてしまいたいと願っているはずではないか。アメリカは一体何を企んでいるのだ、というように、日本の指導者たちなら考えたのでないか。

日本の新聞は連日、ポツダム会談の展開について報道し、当初よりアメリカとソ連の対立に焦点をあてていた。つまり国民にとっても、それは大きな関心事だったのだ。会談に参加しているスターリンは、東アジアの戦後をどうしたいのか、はっきりと述べなかった。ポツダム会談が始まった七月十七日、朝日新聞の社説は「太平洋戦局の最終決戦を控えている米国としては、東亜政策をめぐる米ソの関係を現状のままに放っておいたのでは実際やりきれたものではあるまい」と語っている。[11] 七月二七日になると同紙は、スターリンとトルーマンが戦後東アジア政策についてポツダムで折衝を始めているという観測は極めて有力だ、とするストックホルム発同盟通信の報道を掲載した。[12]

一般国民もこの頃には日本の降伏だけでなく、それをめぐるアメリカとソ連の対立について関心を高めていた。それだけに、ポツダム宣言中の次のような要求を新聞報道で読んだとき、何を考えたろう。

日本政府は日本国民に民主主義傾向を復活すること

以上の目的が達成され、かつ日本国民が自由に表明する意思に従い平和的傾向を有し且つ責任ある政府が樹立された場合、連合国の占領軍は日本から撤収すること

(傍点は強調のために加えた)

これまで見てきたように、日本のユーラシア太平洋戦争の文脈において、「民主主義」とか「日本国民が自由に表明する意思」に基づく「責任ある政府」というのは、決して自動的に「アメリカ型政府」のみを意味することでない。例えば、資本主義的な競争の原理でなく、社会主義的な平等のほうに民主主義の真髄を見た人々もいるし、中国共産党こそが草の根の民主主義を実践していると評価した人々もいる。しかしポツダム宣言のいう「民主主義」とは明らかにアメリカのそれであり、「日本国民が自由に表明する意思」とは、「アメリカに従う意思」を指しているはずである。つまりポツダム宣言を受諾することは、アメリカにのみ降伏し、戦後アメリカに単独占領され、アメリカ型資本主義と政治体制に従って国家再建していくことに同意することなのだ。

実際のところポツダム宣言とは、アメリカがあらかじめ単独で起草したものをポツダムに持ってきたものだった。ソ連を署名国の一つとする可能性も残しておいたものの、アメリカはソ連への事前相談を一切行わなかった。スターリンは、ポツダムの会議場で初めてポツダム宣言の内容を知らされたのだ。スターリンは、ソ連も含めた四ヵ国共同で発する対日最後通牒については、ポツダム会談で話しあうと期待していたので、そうはさせまいとするアメリカのやり方に苛立った。そしてアメリカの思う通りにさせないためにも、一刻も早く対日参戦に踏み切る決意を固めた。[13] 七月十七日、スターリンは対日参戦の意向をトルーマンに伝えた。ところがその翌日、トルーマンはプルトニウム型原子爆弾実験（トリニティ実験）の成功の知らせを受け取り、これでソ連の参戦なしに日本を降伏させる武器を確保したと喜んだという。

日本の指導者たちがこのような舞台裏のやり取りを想像しないはずはない。ポツダム宣言こそ、ソ連参戦までのカウントダウンの始まりと彼らが考えたとしても、驚くにはあたるまい。

ポツダム宣言の発表に、ソ連代表としてスターリンが名前を連ねていないことに関しては、日本の一般市民もその理由背景を真剣に考えていた。各地の憲兵隊が市民の間に出回る誹謗中傷、政治的憶測などを調査しまとめた資料が、今でも残っている。発言者は、各地の政界、財界、言論界、軍関係者、右翼、左翼、労働運動家、そして一般大衆などに区別されている。

この記録を読むと、一般市民が軍、政府に都合のよい発表を全て鵜呑みにして、日本の必勝を確信していた、という戦後でき上がった神話は、いとも簡単に崩れ去る。各新聞が大戦下の世界情勢について、かなり踏み込んだ正確な報道をしていたことからわかるように、一般市民も、新聞、雑誌、ラジオなどから情報ニュースを得て、日本が置かれている状況をかなり的確に把握していた。だからポツダム宣言を「黙殺」した日本政府に、アメリカとソ連がそれぞれどのような圧力をかけてくるのか考え、分析ができたのだ。[14]

一九四五年七月三〇日、兵庫県知事から内務大臣に、ポツダム宣言発表をめぐる県民のさまざまな発言を内査した報告書が提出された。神戸市に住むある鍼灸師は、最近行われたイギリスの総選挙でチャーチルが惨敗したことは日本に好都合だ、と言って、ポツダム宣言で、アメリカ・イギリスの寄生虫に過ぎない蔣介石が何を言おうが問題でない、何よりもスターリンが名を連ねていないので安心した、と話しているところを憲兵隊に聞かれていた。[15] 同じ兵庫県に住むある貴族院議員は、ヨーロッパ戦後処理問題がすでに難航している中、どうもアメリカは戦争終結を急いでいるようだ、と意見を述べていた。

憲兵司令官がポツダム宣言に対する東京住民の反響を調査してまとめた極秘資料（八月四日付）では、都民は比較的冷静に対応しているようであるが、今回の降伏勧告を、敵のアメリカが日本を陥れようとしている謀略と見ている人々も少なくないことがわかる。ポツダム宣言が挙げているような条件程度で、講和などとんでもない、という人もいれば、軍に勝算のない戦争など、この機会に多少不利な条件であっても手を打つのが良策だ、という人も少なくなかった[16]。

都内のある経済関係者の中には、アメリカは何とか単独で日本を降伏させようと焦っている、これに喰いついてはいけない、突っ張れば必ず譲歩してくるだろうから、ここが外交手腕の見せ所だ、と述べるものもいた。政界では、枢密院議長の平沼騏一郎、元首相の岡田啓介などが、あの宣言がアメリカの謀略だとしても無視するだけでは済まない、こちらからも反駁声明を出すようにせよ、と意見していた[17]。

市民の中には、日本政府がわざわざ「黙殺」すると発表したのは、実はかなり真剣に考えていることの証しでないかと怪しむ人もあり、「黙殺」と言いながら、秘策を持っているかもしれない、と言い出す人もいた。または、「黙殺」と言うだけの政府の無為無策ぶりは憤慨に堪えない、もしかしたらそう言いながら国民の目をくらませて、内心は和平を望んでいるのでないか、といった声が、「急進分子」や「浪人」の間に聞かれた。

当時、国粋主義的団体を率いていた笹川良一も、政府は実は和平を望んでおり、「黙殺」とわざわざ声明を出しておいて国民の反応を探っているのでないか、とすら考えていた。「護国同盟」という別の右翼団体の一員などは、アメリカやイギリスはともかく、ソ連だけは何とか日本の側につけておきたい、ソ連を「親密政策」によって利用することが必要なのだ、ソ連とは思想的に相容れないが、政策のためにはソ連と協力したいのだ、と言っていた。[18]

メディア界や金融界で働く人々はおしなべて、スターリンがポツダム宣言に名を連ねていないことをいぶかしみ、次の動きを警戒すべきだと言う人も少なくなかった。神戸新聞社社長は、この宣言がアメリカの対日謀略であることは確実だが、もっと注目すべきは背後に隠れたソ連の動向だ、と述べていた。[19] 都内の某軍需会社顧問は、まもなくソ連がこの宣言に加わり、アメリカ同様に日本の圧力をかけてくるのが心配だと言った。[20]

憲兵隊は、転向者も含む共産主義者の言動も記録している。相当詳しく記録された元日本共産党指導者の発言は、次のようなものだ。ソ連が今後どのような手に出てくるか、それが問題だ。ソ連の東アジア政策が長期的に重点を置くところは中国だが、日本の敗北が必至と見られる今、日本を太平洋における対米の防波堤にしようとも考えているのではないか。その場合、日本の政体を共産主義に変えようとするかもしれない。ソ連が対日軍事行動に出るときこそが、「熟柿の時」(気長にその時期の到来を待つ)と見なければならない。彼はこのように語った。[21]

過去に共産主義活動を行っていた某写真工業株式会社の社員が、ポツダム宣言について語っている様子も、詳細な記録に残されている。彼の意見はこうだ。ソ連がアメリカの対日処理を傍観するはずがない。おそらくアメリカが日本本土上陸作戦を強行する事前に、ソ連は満州、朝鮮などに向けて南下作戦をとって、対日宣戦布告をしてくると思う。そうなると日本は危機に瀕して、事態は収拾がつかなくなってしまうので、日本はポツダム宣言への慎重な対策が必要だ。[22]
ある労働組合の幹部だった人物は、ポツダム会談前に、蔣介石の中華民国の外務部長である宋子文がソ連を訪問してスターリンと会見していたことを考えると、彼らが戦後の中国におけるソ連の権益について何らかの約束を交わしたのであろう、と危険視した。続けて彼は、ソ連が日本に対して、どう出てくるかを次のように予想した。ドイツが降伏してヨーロッパ戦が終結する直前から、スターリンは遠謀深慮のやり方で、ポーランドに影響力を伸ばしていった。ソ連から見れば、日本は大東亜共栄圏のスローガンのもとに、東南アジアでは欧米列強の植民地支配からの「解放」を叫び、その一方で朝鮮、台湾、満州国の「搾取」を続けるという矛盾を犯している。ソ連流の東アジア民族の解放とは、ソ連流民主主義政権をつくって、抗日戦に向かわせることだろうから、まもなく日本に対して国交を断絶してくるか、国境線の脅威を口実に日本の軍事占領に強引に参加してくるかは、明らかだ。[23]
鈴木貫太郎内閣が「黙殺」をもってポツダム宣言に応じた真の理由を知らない一般市民たちでも、戦争の最終段階における国際事情をここまで推察できたのだ。日本政府がコメントしない、ということは、アメリカのみには降伏しない、という無言の意思表明だったのではないだろうか。そしてアメリカ政府も、その意図を理解したのではないか。鈴木首相は、マスコミが「黙殺」という強い表現を用いたことに対して、訂正を迫ることはなく、そのままにした。ポツダム宣言が、アメリカとソ連の最終対決の始まりで、それはまた日本が戦争を終わらせるまでのカウントダウンの始まりであることを、最高戦争指導会議のメンバーは、おそらく合意しあっていたのだろう。
七月三〇日（モスクワ時間）、佐藤尚武大使は副外相ロゾフスキーに再び面会し、再度、近衛文麿を特別使節としてモスクワに派遣する許可を求めた。同時に、日本に無条件降伏を強いるポツダム宣言が、ソ連による和平斡旋の可能性を消さないことを望むとも付け加えた。しかし佐藤も、こうした申し出が全く無益なことにはとっくに気がついていた。同日、東京の東郷外務大臣に宛てた電報で、ソ連が今さら好んで日本の和平を仲介するはずがない、スターリンは、日本降伏の暁には満州、中国、朝鮮などに対する自国の主張を貫徹する実力があると自信を持っているのだから、と繰り返した。

だが東郷は、そのような佐藤の訴えに耳を貸さなかった。戦争終結のために、ソ連に斡旋を求め続けることは、政府統帥部最高幹部の意向であるので、とにかく特使派遣の件で、何としてもソ連を同意させてほしい、との一点ばりであった。[24]

東郷外務大臣は、スターリンが日本からの特使派遣に全く関心がないことなど百も承知であったはずだ。なのに「一日失うことは悔《ママ》を千載に残すこと」と返信して、渋る佐藤大使に依頼を続けさせようとした。[25] それはまるでソ連が対日参戦に踏み切るまでの時間かせぎをしているようであった。つまり、ソ連がまもなく参戦してくることをわかっていながら、この時点から戦争終結のときまで「ソ連の善意を信じて疑わない」ようにふるまい続け、そうした言動を公の記録に残すようにしたようだ。それで、いざソ連軍が満州になだれ込んできたとき、彼は「予想もしなかった」と「驚いた」そうだ。そのせりふは、後に見るように、記録に残されている。それでいて、東郷外務大臣に宣戦布告を手渡ししようとするソ連大使のマリクには会おうともしない。日本政府が降伏を決定した後、彼はようやくマリクと面会し、マリクからの宣戦布告を受け取らず、逆に「戦争は終わりました」と告げたのだ。

七月の大本営の活動記録は多く残されていない。防衛研究所戦史室編集の『戦史叢書』シリーズの

『本土決戦準備』の巻を見ても、七月中に軍がどのような活動を重視していたのか描写がない。それは関東軍、第十七方面軍の活動記録についても同じだ。「大陸命」は七月中に合計十件発令されたが、それらは日本本土、東南アジア、朝鮮、満州各地域での、航空軍、航空通信団、通信隊、補給部、郵便隊、輸送隊、その他諸部隊の再編命令である。これらの「大陸命」には、もはや「アメリカ」、「ソ連」、「敵」といった作戦対象となる固有名詞は見あたらない。またそうした再編成の戦略的目的にすら言及がない[26]。

『機密戦争日誌』によると、七月二七日（金）から三〇日（月）までの大本営と政府の活動は、ソ連と中国に焦点をあてたものであった。七月二七日に宮中で開催された最高戦争指導会議で、東郷外務大臣はポツダム宣言について説明し、その後、宣言への対応について閣議があった。閣議は、ポツダム宣言をアメリカの最後通牒とみなしていたが、これを国民に知らせるかどうかが焦点となり、午後二時から四時までの議論の後、ようやく夜七時のニュースで発表することが決まったという。ポツダム宣言に関して記録されているのはこのことだけである。ポツダム宣言以外には、この日と翌二八日の二日連続して対中国経済施策も論じられた[27]。

七月二八日（土）の午前中には阿南陸相から、対国民党工作を対米工作に転換させるべき時期と、対中国政策を担当する機関の一元化に関して提案があった。午後にはそれに基づき中国経済自由市場に関して次官懇談会があった。そして七月二九日（日）にも、戦争指導班から河辺虎四郎参謀次長に、中国問題に関する報告を行ったという[28]。

七月三〇日（月）、戦争指導班は、ポツダム宣言と極東におけるソ連軍増強に関する大本営第五課

（ロシア情報）の情勢判断を聴取した。日誌担当の戦争指導班員だった種村佐孝は、次のように述べている。

　口を開けば対米必敗を前提として対ソ「外交」のみに頼らんとするの風第二《マ》部《マ》第一部特に五課二課に漲《みなぎ》りあるを以て大喝作戦必勝への善謀善戦を強調す。[29]
　（注――第一部第二部五課二課は、いずれも陸軍部参謀部における作戦、ロシア担当の部署）

　この記述から、大本営内部にもソ連の善意に期待し続けた人々がいることがわかる。種村が何と言ってそうした発想を諌めたのかは不明だが、「必勝への善謀善戦」が具体的にどのような「戦い方」を言うのかも、まだこの時点ではわからない。種村は、ポツダム宣言について知らされた国民たちの反応にも注目した。

　此の内幕を国民知らんかおそろしき事なり逆に彼をして此の儘放置せんか赴くところを知らす
　嗚呼

「内幕」とは、対ソ連外交などとっくに無益であるとわかっていながらなお外交に頼ろうとする体裁をつくろっていることを意味しているのだろうか。では、そのことを知らない国民たちの様子はどうか。

此の日明治天皇祭なるも国旗を掲るものなし国体を忘るるの流の一端にあらざるか[30]
（注――この日は明治天皇崩御の日として重要な祭祀を行う祭日である）

「一億玉砕」に向けて覚悟を決めた集団とは程遠い、国旗さえ掲揚しない、国体にすら関心を示さないような人々の姿が見える。しかも種村はそういう人々を批判もしていないのだ。

七月三一日付『機密戦争日誌』によると、極東におけるソ連軍兵力のいっそうの増強、日本がアメリカに対して和平を申し入れたという「デマ放送」などに関して、種村から内閣に説明を求めたという[31]。また戦争指導班代表が、大東亜省に出向き、先日阿南陸軍大臣から問題提起があった、対中国現地機構問題と対国民党工作に関して説明を行った。夕方、種村は第十七方面軍作戦主任に転出の内命を受けた[32]。

この時期は種村だけでなく、朝鮮と満州を対象に主たる武官の転入出があった。例えば七月二一日には、大本営作戦課高級参謀兼作戦班長の杉田一次が、第十七方面軍の高級参謀に任じられ、朝鮮に出向いた[33]。種村は内命を受ける直前、第五課（ロシア情報）課長から、ソ連軍はおそらく八月十日前後に、対日軍事行動の発動に向かうことを聞いていた。八月五（または四という説もあり）日の夜、種村は東京を発ち、ソ連国境からさほど遠くない位置にある羅南の軍事基地に向かった。

種村が個人的記録として戦後出版した回顧録『大本営機密日誌』によると、このとき彼は、後任の山田成利に「ソ連が参戦した場合日本はどうするかということ以外我々の考えることはない、私の考えは申し上げないから君はよく考えてくれ給え」という申し送りをしたという。[34] 種村のその後の行動からわかるように、それは「戦わずして降伏する」ことであった。

ソ連の参戦とアメリカの原爆投下

八月六日午前八時十五分、アメリカはウラン原爆を広島に投下した。この直後の軍関係、外交関係文書にはこれをもって突如日本の降伏を主張し出したものはみあたらない。翌八月七日、鈴木首相は関係閣僚会議を開いたが、原爆投下を受けて降伏するか否かを論じるのでなく、アメリカの放送が伝えるところの「原子爆弾投下」をどう把握するかが議題であった。阿南陸軍大臣は、広島に科学調査団を派遣して実際にウラン原爆が使用されたのかを確認すると述べ、東郷外務大臣はこれは明らかな国際法違反であり、国際赤十字を通じて日本は強く抗議すべきと主張した。

東郷はその後の午後三時四〇分、再びモスクワの佐藤大使に電報を送り、ポツダムから帰国したスターリンとモロトフから、例の近衛特使派遣を受け入れるかどうかの回答を得るように命じた。東郷は明らかにこの時点では、まだ降伏を考えているようには見えない。[35] 一方、佐藤大使は、この東郷からの電報と入れ違いに、明日八月八日午後五時にモロトフ外相と会見できるようになった、という電報を彼に送っていた。この電報が、東郷が佐藤から受け取る最後の連絡となる。

さて八月八日深夜、ソ連軍が突如満州・朝鮮になだれこんでくるやいなや、そこから三〇時間以内に最高戦争指導会議は、降伏とポツダム宣言受諾を決定してしまった。モロトフ外相は、確かに約束どおりに八月八日午後五時（モスクワ時間。東京時間は八月八日午後十一時）、佐藤大使に会った。しかしその目的は、近衛特使派遣について話を聞くためでなかった。対日宣戦布告を読み上げ、それを佐藤大使に手渡すためだった。ソ連が日本に宣戦する理由というのは、そもそも日本はポツダム宣言受諾を拒否して交戦を続けるつもりでいるのだから、ソ連に和平仲介を依頼するというのは矛盾した話である、よってソ連としては終戦を促進すべく対日参戦にふみきる、というものだった。

宣戦布告は、ソ連軍が八月九日をもって日本と交戦状態に入ることを伝えていたが、これがどの時間帯に準じるのか明記していなかった。ソ連は十一の時間帯に分かれている。モロトフが宣戦布告を佐藤に渡したのは、モスクワ時間で八月八日午後五時だったが、そのころソ連軍が待機していた極東地域では、すでに午後十一時から深夜十二時になっていた。佐藤大使は、この宣戦布告を受け取るとただちに日本に打電したが、この電報はついに外務省に届かなかったという。[36]

モロトフ外相が佐藤大使に宣戦布告文を手渡して一時間しないうちに、極東ソ連軍は国境を越えて満州攻撃を開始した。満州だけでなく、内モンゴル、朝鮮、樺太、クリル（千島）列島などにも一挙に大量の兵を投入した。[37] 東京の日本政府が、ソ連軍の総攻撃開始を知ったのは、その約二時間半後、モスクワの短波放送によるソ連政府対日宣戦布告のニュースを、外務省ラジオ室と同盟通信社が受信した時点であった。

『機密戦争日誌』は七月三〇日、種村が朝鮮転出の命を受けたところで、いったん記録が途絶えていたが、再開したのは、広島に原爆が投下された八月六日ではなく、ソ連が参戦してきた八月九日であった。軍務課内政班長の竹下正彦は、午前七時十分の電話連絡でソ連宣戦を知り、大至急、大本営にむかった。それからのこの一日の記録は、ソ連の対日参戦こそが日本降伏の決定要因であったことを生々しく伝えている。[38]

それより少し前、東郷外務大臣は私邸に外務省首脳部を招き、早くもポツダム宣言受諾のコンセンサス固めを開始していた。午前八時頃、東郷は鈴木首相私邸に向かい、この外務省意見を伝えた。

午前十時三〇分、鈴木首相、東郷外務大臣、阿南陸軍大臣、米内海軍大臣、梅津参謀総長、豊田軍令部総長の六人のみが出席する最高戦争指導会議が始まった。冒頭に鈴木首相は、ソ連の参戦に対して採るべき対策について協議することを述べた。[39]

次に東郷外務大臣が、今朝モスクワの佐藤大使からの「ソ連の態度《ママ》」に関する電報を受け取ったが、それ以後ソ連政府からの正式布告通牒はなく、佐藤大使からも在日マリク大使からも何の連絡もない、モスクワからの放送でソ連の対日参戦を知ったばかりだと説明した。ソ連には戦争終結のために特使派遣を申し込んでおり、佐藤大使からは、八月八日午後五時にモロトフ外相と会見することができるという電報が届いたばかりだ。東郷はこう述べると「従て蘇の宣戦は全く予期出来ざりし」と述べた。[40]

しかし東郷がこの後取った行動は、予期せぬソ連の行動に面喰っているとは到底思えないものだった。というのも、マリク大使はこの日、東郷外務大臣に面会を求めており、直接東郷にソ連の対日宣戦を伝達しようとしていた。ところが東郷のほうが彼との面会を拒否して、翌日まで会おうとしなかったのだ。もしも東郷が、ソ連に裏切られたとショックを受けていれば、何をおいてもマリク大使と直接会ってソ連の真意説明を求めるはずではないだろうか。けれども後でみるように、翌日ようやく面会に応じた東郷の言動は落ち着きはらったもので、むしろマリクをやりこめているのだ。

これまでの記録から見て、ソ連の対日参戦が東郷外務大臣をはじめとして最高戦争指導会議構成員にとって「予期せぬ驚き」ということはありえない。しかし戦後に広まった神話では、ソ連の参戦は「驚愕の裏切り」として受け止められたことになっている。

いずれにしてもソ連が対日参戦して十二時間以内に、最高戦争指導会議ではポツダム宣言受諾に向けての最終調整を始めた。東郷外務大臣と米内海軍大臣は、和平を主張し、皇室保全の一条項をポツダム宣言に加えるなら、それを受諾すると「敵」(アメリカ)に伝えるべく、何らかの接触努力を始めることが必要だと述べた。阿南陸軍大臣は、陸軍提案の和平四ヵ条(八月九日作成)を提唱し、国体の変革なし、外地の日本軍武装解除は内地において日本自らが行う、保障占領を許さず、戦争責任者の処罰を許さず、という条件での降伏を主張し、梅津参謀総長と豊田軍令部総長が、これに同意した。さらにこの会議の最中に、軍令部次長が阿南を呼び出し、米内の和平態度を正してほしいと依頼してきたが、阿南は、この件は聞かなかったことにするとのみ答えたという[41]。

ソ連が対日参戦して十二時間以内に、最高戦争指導会議ではポツダム宣言受諾に向けての最終調整を始めていたが、その最中の午前十一時三〇分、長崎にプルトニウム原爆が投下されたという知らせが届いた。しかし構成員がこれにどう反応したかを詳細に伝える記録はない。午前中の会議は予定より一時間半延長して、午後一時三〇分に終了した。『機密戦争日誌』も、長崎への原爆投下について何も言及しておらず、豊田軍令部総長の手記も、長崎への原爆攻撃が、最高戦争指導会議の審議の流れを大きく変えたような描写はしていない[42]。

この後総理官邸で閣議が開催され、午後五時三〇分にいったん解散し、六時三〇分に再開、そして夜十時二〇分に終了した。閣議での焦点は、ポツダム宣言の受諾について、午前中に最高戦争指導会議で論じられた東郷案（皇室保全のみを留保条件として宣言を受諾する）、阿南案（陸軍提案の四ヵ条からなる条件付降伏）のどちらを採択するかということになった。閣僚からは、国力の現状、食糧供給の見通しなどの質問が出るばかりで、阿南陸軍大臣は、今さらそのようなことがわからないようでは困るとの発言があった。[43]

夜十一時五〇分から御前会議が始まり、午前二時二〇分まで続いた。この会議の様子に関して『機密戦争日誌』には、阿南陸軍大臣から伝え聞いたという内容が記録されている。それによると、会議全体は戦争終結に向かっていたという。[44] ここで天皇が、東郷案に沿ったポツダム宣言受諾に賛意を示した。これが第一の「聖断」である。[45] 午前三時から臨時閣僚会議が開かれ、国体問題の了解付けでポツダム宣言受諾を決定した。ソ連の参戦から二八時間後のことだった。

八月十日午前四時頃、東郷外務大臣は外務省に戻り、幹部をはじめとする関係局課部員と合流し、「天皇の国家統治の大権を変更するの要求を包含し居らざることの了解の下に」ポツダム宣言を受諾することを連合国に伝える電報の文章作成に取りかかった。八月十日午前六時四五分から十時十五分の間に、在スイスの加瀬俊一公使、在スウェーデンの岡本季正に宛てて電報が発出された。[46] 加瀬、岡本ともに「和平打診者」としてヨーロッパで活動した人物であるが、加瀬の任務は、このメッセージをアメリカ政府と蔣介石の中国政府に、岡本は、イギリス政府とソ連政府にそれぞれ伝え、即答を得ることだった。

ところでこのポツダム宣言受諾メッセージは、ソ連参戦こそが受諾の理由と述べている。つまり、和平調停をソ連に依頼し続けてきたのに、「不幸にして」ソ連はこれに応じず、対日参戦してきた、これこそが宣言受諾の理由であると明記し、広島、長崎に投下された原爆については一切言及していない。[47] 参謀本部は、スウェーデン、スイス、ポルトガルに駐在する武官たちに、ポツダム宣言受諾に関するメッセージを送っているが、これらはアメリカ軍に傍受解読されていた。参謀本部が発したメッセージは、原爆に一切言及していなかったので、アメリカとしても、日本が降伏に向かった理由は原爆ではなくソ連であったと知っていたはずである。[48]

戦後アメリカに誕生した神話によれば、原爆の「ショック効果」は大変なもので、日本の指導者たちはこれ以上戦うことの無意味さを一瞬にして悟り、降伏を決めたことになっている。実際のところ、日本の指導者の間でも、原爆に対する反応はさまざまだったようだ。先に述べたように、『機密戦争日誌』の八月九日、十日の記録は、長崎に投下された原爆に一切触れていない。ただし八月十日の御前会議で天皇は、原子爆弾の出現は文化を破壊し国家を滅亡に導くことを甚しくするので終戦とする、と発言したという記録は残されている。[49]『機密戦争日誌』八月十四日の記録では、第二総軍司令官として広島防衛を担当していたため広島市内で被爆した畑俊六が、東京に戻ってきて「原子爆弾の威力大したことに非らざる」と語ったことが伝えられている。[50]

八月十日午前十一時十五分、東郷外務大臣は加瀬・岡本両公使に電報を送り終えたのち、ようやくマリク大使との面会に同意した。マリク大使は、モロトフ外相が佐藤大使に手渡したのと同じソ連の宣戦布告を読みあげた。東郷は、その宣言を了承するとは答えたが、同時に、日本政府は統治者としての天皇の大権を変更しないという条件で、ポツダム宣言を受諾したばかりである、と付け足した。さらに続けて、日本はソ連の和平斡旋に最後まで期待を持ち、それ次第でポツダム宣言への対応を決定しようと考えていたのであって、決して受諾を拒否してはいない。それどころか、ポツダム宣言受諾を決定した我々の意思は、スウェーデン政府を通じてまもなくソ連政府にも届くよう手はずを整えている。東郷はこのように説明し、日本としてはソ連と交戦状態に入る理由がないし、「日本とソ連の間には友好関係が存在する」とまで言い切ったのだ。[51]

東郷外相がマリクに語った台詞から、最高戦争指導会議の構成員がおそらく合意していたであろう一つの戦争終結計画が見えてくる。つまりソ連が参戦してくるまでは戦争を戦い続け、参戦してきたところで終結させるというシナリオである。しかもその理由として、ソ連軍の圧倒的優勢の前にはなす術がないという「事実」には触れず、友人と信じていたソ連による和平仲介が不可能になってしまったという「失望」を挙げている。このシナリオがあったからこそ、東郷は無駄とわかっていても、佐藤大使に命じてモロトフ外相から近衛特使の派遣許可を得ようとし続けたのではないか。

そしてソ連がついに参戦してくれれば、「予期せぬ驚き」と発言し、それからいそいそと降伏文書の作成にとりかかる一方で、マリクから宣戦布告を受け取るのを拒否した。そしてポツダム宣言受諾の意志を、アメリカ、イギリス、中国、ソ連に通告する手続きを取った後、ようやくマリクと面会し、ソ連の宣戦布告を受け取らず「戦争は終わった」と告げたわけだ。

東郷は続けて、マリクに次のように語り出した。もしソ連が和平斡旋に同意して、これを進めてこの大戦を終結させたなら、ソ連は世界史の前に、現在の国際政治の前に、痛快なほど有利な地位を占められただろう。日本はそのような機会を、ソ連に与えて差し上げようとしたのに、それを拒絶したのは全く不可解であり、また遺憾である。しかし日本としては、やはり今後もソ連と友好関係を続けていく希望がある。もしソ連が第三国（アメリカ）と、日本への今後の対処について重大な決定をすることがあれば、前もって日本政府と話しあいをしていただきたい。東郷は、このように皮肉とも牽制とも真意ともとれるスピーチを行ったのだ。

東郷のこのような対応に、マリクのほうが狼狽したようだ。日本の意図に関して早合点したのは、ソ連だけではない、アメリカが原子爆弾を使用した理由として、日本がポツダム宣言受諾を拒否したから、とトルーマン大統領も言っているではないか、ソ連の宣戦理由と同じだ、とマリクは弁解したほどだ。東郷との会談が終了する間際にマリクは、ソ連が平和の強化に貢献していることは歴史が証明する、と、東郷に調子を合わせるのが精一杯だったようだ[52]。

この後マリクはスターリンにどのような報告をしたのか、それにスターリンは何と答えたのかがわかる資料はない。日本政府は、ついにソ連に宣戦布告を返すことはしなかった。しかしこの後ソ連政府とのコミュニケーションは途絶えてしまい、モスクワの佐藤大使とも連絡は取れなくなって、彼がどうなったのかわからなくなった。一方、ソ連軍による満州、朝鮮への猛攻は止まらなかった。関東軍や第十七方面軍は、限定的な抵抗を試みながら撤退するだけだった。

日本の戦争の最後の段階である終戦「交渉」の場から、ソ連は姿を消してしまった。かわって「無条件降伏」に「条件」を付けるという日本からの要請に　柔軟に応じる姿勢を示してきたのは、アメリカ政府である。春から初夏にかけて、ヨーロッパで日本人「和平打診者」がアメリカ当局に接近を試みた際、アメリカ側は何としても応じなかった。しかし今、広島と長崎への原爆投下に「成功」したことで、日本とソ連双方に脅威を与えた余裕ができたせいだろうか。それとも、日本降伏に関する交渉に、スターリンが一切関与してこないとわかったことに対する安堵感からだろうか。これ以降アメリカが単独で、日本の降伏と戦争終結について交渉にあたっていく。

アメリカ東海岸時間八月十日朝（日本時間八月十日夜）、アメリカ政府は、同盟通信社ラジオ放送を受信して日本の降伏意図を知った。加瀬公使がスイス経由で送った降伏受諾文書が、ワシントンに届く前のことだった。それからアメリカ政府は、日本の降伏をあたかもアメリカに対してのみとするかのように、日本政府の唯一の要望に沿ってポツダム宣言解釈の修正を急いだ。

バーンズ国務長官は、日本政府が申し出た「皇室の存続」を条件とする降伏を拒絶する構えでいたが、トルーマン大統領、陸海軍最高司令官付参謀長ウィリアム・リーヒー、陸軍長官ヘンリー・スティムソンは、日本の要請に応じる姿勢を見せた。

スティムソンは、ソ連軍が対日参戦に乗じて、今後極東での勢力範囲を一挙に広げることを憂慮し、日本に柔軟に対応するべきだと考えていた。つまりソ連がこの戦争の最終段階であまりに多くを得すぎる前に、アメリカのみの指示で日本を降伏させようとしたのだ。スティムソンいわく、このままソ連軍が進攻を続けて日本本土の一部に手をつけたら、日本の占領統治に参加すると言い出しかねない、そうなる前に日本全土をアメリカの手中に確保しなければならなかったのだ[53]。

海軍長官ジェームズ・フォレスタルは、ポツダム宣言の核心的な部分は絶対に譲歩・妥協してはならないが、アメリカ政府が日本の要請に応じる姿勢を示してもよいだろう、と述べた。バーンズは、スティムソンが指摘するように、ソ連の対日占領への参加を阻止すべきことに同意しつつも、フォレスタルのあいまいな物言いに賛意を示した。広島と長崎に原爆投下した後でも、アメリカは日本、そして日本の植民地帝国全体に対して、圧倒的な単独優勢は確立できていなかった。つまりこの時点で、日本から奪って確保した領土といえば、サイパン、テニアンを含む南洋群島、硫黄島、沖縄までである。台湾、朝鮮、満州、樺太、そして日本本土そのものに、まだアメリカ軍は足を踏み入れてはいなかった。しかし今やソ連軍は、満州、朝鮮、樺太に直接進攻してきてしまった。だからこそ、アメリカは単独で日本に降伏させるために、ある程度の譲歩はやむを得なくなったのだ。

バーンズは日本政府への回答、いわゆる「バーンズ回答文」の起草を開始した。日本からの要請に関しては、降伏の時点から天皇および日本国政府の国家統治の権限は、連合国最高司令官の制限のもとに置く、としながらも、日本国政府の確定的形態は、ポツダム宣言に遵しつつ「日本国民の自由に表現する意思に拠って決定する」という文言を付け足した。[54] もちろんそこには、日本国政府の確定的形態については、アメリカの意向に準じるという含みがあるのだが、この回答文は同日中にイギリス、ソ連、蔣介石の中国に伝達された。

この回答文がモスクワに届く少し前、モロトフ外相は駐ソ連アメリカ大使のハリマンと、イギリス大使のクラーク・カーと会見し、日本政府から届いた降伏文書に関して、ソ連としてはこれを認めることはできず、日本が完全なる無条件降伏をするまで対日攻撃を続ける、と説明していた。ところがこの会見の最中に、アメリカ政府は日本の要請を認めるという「バーンズ回答文」が、モスクワに届いたのだ。

モスクワ時間の八月十一日午前二時、モロトフはハリマンに、「バーンズ回答文」にある「連合国最高司令官」とは誰を指すつもりなのかを尋ね、その人物を選定する際、連合国間での合意を必ず取り付けることが約束されるなら、ソ連としても「バーンズ回答文」を認めてもよいとした。ところがハリマンは、「連合国最高司令官」はすでにダグラス・マッカーサーに「決定済み」であると答えたので、モロトフは、日本占領に二人の司令官がいても良かろうと、極東ソ連軍総司令官として対日戦を指揮しているアレクサンドル・ヴァシリフスキーを推した。

ハリマンはこれに反対して、アメリカは一九四一年末から三年半以上日本と戦ってきたが、ソ連は対日参戦してからまだ二日しか経っていない、日本占領に関してアメリカと同じ役割を要求することはできない、とモロトフ案を拒否した。この会談後、モロトフの通訳がハリマンに電話し、ソ連としては日本占領の最高司令官を一名決定する際、必ずソ連に相談することを確約すれば、「バーンズ回答文」を承認する、と伝えてきた。[55]

東京時間の八月十二日午前零時四五分、外務省ラジオ室は、サンフランシスコ軍放送局による、日本のポツダム宣言受諾に関するアメリカ、イギリス、中国、ソ連四ヵ国回答に関する放送を傍受した。追って「バーンズ回答文」自体も東京に届けられ、外務省はただちにアメリカの意図を読み取る作業を始めた。

午前十一時、東郷外務大臣は天皇に、「バーンズ回答文」によって天皇制の維持は保証されたのでこれをもって降伏しても差し支えないことを伝えた。[56] 午後三時からは閣僚懇談会が開催された。阿南陸軍大臣、安倍源基内務大臣、松阪広政司法大臣は、「バーンズ回答文」ではまだ不安が残るので、連合国側の意図を確認し直すべきと主張して意見が割れた。しかしこれに並行して開催された皇族会議のほうで天皇が、「バーンズ回答文」が示す保証のもとに降伏する決意を表明していた。『機密戦争日誌』によると、阿南大臣がこの日、天皇に上奏した際、天皇は「阿南心配するな、朕には確証がある」と語ったそうだ[57]。

翌八月十三日、最高戦争指導会議の構成員は、未だに「バーンズ回答文」に対して日本がどう返答するか決定しかねていた。阿南はあと二週間の審議が必要だと発言したが、鈴木首相は「今決定しないと、ソ連軍は満州、朝鮮のみか、日本本土にも進攻してこよう。敵がアメリカだけのうちに動くべし」と主張した[58]。

そこで天皇に第二の「聖断」を仰ぐことになった。八月十四日午前十時五〇分、御前会議が開かれ、正午頃、天皇から「バーンズ回答文」でよしとの言葉があり、終戦が決定した。同日夜十一時、終戦の詔勅案が完成した。同時に東郷外務大臣から在スイスの加瀬公使に対して、詔書発布の旨と、この宣言実施のために日本政府がとる用意のある措置について、スイス政府を通してアメリカ、イギリス、ソ連、中国各政府に通報するように電訓した。これをもって日本は、正式にポツダム宣言と「バーンズ回答文」の両方を受諾したことになった。

大日本帝国の崩壊

日本政府は、この戦争の終結後、東アジアのあり方を決めていくのはアメリカとソ連である、と考えてきた。ところが日本の条件付降伏と占領について単独で決定し、それをソ連に認めさせたのはアメリカであった。しかしだからといって、アメリカが単独で東アジアの将来を決めていくことになったわけではない。日本とアメリカ両政府が意見を交わした日本降伏の条件の核心は、天皇制存続ということのみである。アジア大陸方面での戦争の終わり方とその後に関しては、不明瞭なままだった。日本の植民地が誰の手にわたり、どうなっていくのか、大日本帝国の後継者となるのは誰かということに関しては、全く何もわからなかった。その一方でソ連軍は、満州、朝鮮、樺太への猛攻を続けた。

アメリカは、原爆投下によって日本人に人類史上例のない「罰」を与える全能者を演じる一方、天皇制継続を容認する「寛大」な征服者も同時に演じてみせた。そうして戦争の最後の段階で、日本人の意識から、日中戦争とソ連の参戦、植民地帝国の存在などを一気に消し去ってしまった。こうして日本人が迎える「終戦」とは「太平洋戦争」というアメリカのみを相手とした限定的戦争の終結のみを意味することになった。

アメリカは、原爆のおかげで占領者としての自国は、日本人の目に神のような存在に映るようになったはずだと信じた。アメリカ陸軍第八軍司令官として日本占領を指揮したロバート・アイケルバーガーは、一九四九年当時こう語っている。B29と二つの原爆のおかげで、八月三〇日にマッカーサーが厚木飛行場に降り立つより前から、日本人はアメリカの威厳をいやと言うほど身にしみて感じていた。幸い日本人は、アメリカ人のほうがロシア人より「良い（better）」ことがわかる程度には賢いこともあり、今やアメリカは日本人の心をがっちりと捉えたのだ。[59] アイケルバーガーは、戦争の最後の局面で、アメリカとソ連どちらが日本をし止めるかを競いあい、それにアメリカが勝ったのだ、と言っているようだ。

しかし実は、アメリカが投下した原爆は、日中戦争の完結にも、ソ連軍の進攻を止めることにも機能しなかった。第一、日本の植民地帝国は、原爆によって一瞬にして崩壊したわけではない。日本のユーラシア太平洋戦争の終わり方について、戦後アメリカが語ろうとしなかったのは、ソ連の猛攻に崩壊した日本の植民地帝国の最後の姿だ。日本政府は、ソ連の参戦を予想していたし、ソ連の攻撃に対して日本が宣戦布告して応じるつもりもなかった。日本の指導者がおそらく予想していなかったことは、日本が降伏宣言した後もソ連の進攻が止まなかったことだ。もしもアメリカが原爆を使用しなければ、ソ連軍のここまでの猛攻はなかったかもしれない。つまり原爆保有国となったアメリカに対して、ソ連は軍事的威圧感を示すために、満州や樺太、クリル（千島）列島で猛攻撃を見せつけた可能性がある。

いずれにしても、ソ連軍の進攻はすさまじいものだった。朝鮮への攻撃は、八月九日半島北部の羅津、雄基への空襲で始まり、元山への上陸が続いた。八月十一日には南樺太への占領作戦を開始、八月十五日朝には、クリル（千島）列島北部の占領が始まった。そして同日には、満州中心部での軍事占領は完了した。八月十六日、スターリンはアメリカ政府に向けて、ヤルタ協定で合意済みのクリル（千島）列島と南樺太の占領だけでなく、北海道北部を占領する権利もソ連にある、と伝えてきた。トルーマン大統領は、ソ連が日本本土自体にまで影響力を伸ばすことに合意しなかった。

一九四五年八月二二日までに、スターリンは日本本土占領に関しては譲歩したが、クリル（千島）列島には十八日から新たな攻撃を始めていた。日本軍も抵抗を余儀なくされたが、占守島《しゅむしゅとう》を守る日本兵は、大本営の命を受けて八月二一日にはソ連軍に降伏していた。占守島の戦いにおける日本側の死傷者は六〇〇名から一〇〇〇名、ソ連側死傷者は一五〇〇名から三〇〇〇名とみられており、ソ連軍にとっては対日戦の中で最大の犠牲者数を出す戦いだった[60]。

九月二日、東京湾上のアメリカ戦艦ミズーリ号上で、日本と連合国代表は日本の降伏文書に署名したが、攻撃を止めないソ連軍は、その日をもって歯舞島《はぼまいとう》の占領を開始した。さらにこの翌日の九月三日、スターリンは『プラウダ』紙上にて、南樺太とクリル（千島）がソ連邦に返り、今後日本の侵略に対するソ連の防衛基地となる、という布告を発した[61]。

中国と朝鮮における「終戦」も、アメリカが単独で収束できるものではなかった。日本が「バーンズ回答文」を受諾し降伏したことは、中国内戦に全く無関係だった。八月初め、中国戦線におけるアメリカ軍司令官であったアルバート・ウェデマイヤーは、日本が降伏したのち中国にはさらなる混乱と不安が広がることを憂慮した。ワシントンのアメリカ統合参謀本部も、ウェデマイヤーに蔣介石をできるだけ援助するよう命じ、日本降伏後、中国共産党でなく国民党が中国の主要地域を軍事支配下に置けるよう取り計らうつもりであった。ウェデマイヤーと蔣は、日本が降伏したら即座に国民党軍と在中国アメリカ軍を上海、大沽、広東、青島に派兵することで合意した。それだけでなく、朝鮮の釜山にも派兵することも決めた[62]。

一方、毛沢東は、ポツダム会談の直前に宋子文がモスクワでスターリンと会見し、中ソ条約に関する何らかの交渉を行っていたことも非常に気がかりにしていた。またソ連が八月八日に対日参戦したときも、あらかじめ知らされていなかったので驚きであった。毛は、戦争は一九四六年くらいまでは続くものと見ており、抗日戦争が長引けば長引くほど、国民党軍が弱体化し、共産党軍が外国軍の援助を借りずに中国国内に勢力を拡大確保できると確信していたこともあり、この段階で戦争が打ち切られたのは意外でもあったのだ。

それでも彼は八月九日、スターリンに電報を打ち、対日参戦を歓迎し、彼の軍はソ連軍や他の連合国軍と連携協力していく用意があると伝えた。しかしこの時点で中国共産党軍は、まだ中国東北部には勢力を伸ばしておらず、ソ連軍が満州の要地を次々に占領していくのを、見ているしかなかった[63]。

満州を含む中国全域で日中戦争が終結したとき、日本は「どの軍」に降伏するべきかという混乱が起こった。八月初旬、中国の戦場には一八〇万の日本兵と、親日南京政府の傀儡軍のもとに七一八万の兵士がいた。八月十日から十一日にかけての真夜中、中国共産党八路軍総司令官の朱徳は、各解放区の抗日武装部隊に命令を出し、ポツダム宣言の規定に従って、付近の各市・町・要路にある日本軍にあらゆる武器を供出させるようにした。

対する蔣介石の国民党軍も、蔣が指定する軍事長官以外の者は、日本軍、南京傀儡政府軍に降伏・武装解除をさせてはならないという指示を出した。さらに蔣は八路軍に対して、所属する各部隊は現時点で駐屯している場所にとどまり命令を待つように指示した。[64] 蒋は八月十四日、支那派遣軍総司令官の岡村寧次に、所属日本軍に対して一切の軍事行動を停止し、当分の間、武器、装備を保有しそのまま所在地で命令を待つよう命じた。[65]

岡村は持久戦を行っていたため兵力を温存することができ、この時点で彼の指揮下にはまだ兵力一〇〇万がいたため、日本の降伏がアメリカに対してだけでなく、中国の戦場にも適用されることに困惑した。そして決戦も交えずに降伏するような恥辱は世界戦史に類をみない、このまま蒋介石の軍に無条件降伏とは絶対に承認できないと、東京に上申した。八月十四日夜、汪兆銘の南京政府に赴任していた日本大使、谷正之《たにまさゆき》は東郷外務大臣に緊急打電し、岡村の心情は時局収拾に面して非常に大切な要素として考慮すべき、と述べて、彼の意見に賛同を示した。[66]

しかし八月十八日、支那派遣軍は、蒋介石の中華民国への投降に関する「和平直後の対支処理要綱」をまとめ、中国にとどまる全日本軍に通達した。この要綱は次のような文章で始まっている。

支那は東亜に残存する唯一の大国として今後列強の圧迫下に至難なる興国の大業を進まざるべからず情勢に鑑み此の際帝国は……日支間の行懸りを一掃し極力支那を支援強化し以て将来に於ける帝国の飛躍と東亜の復興に資す[67]

ここには、かつて延安政権を承認した日本政府の思惑の名残は、全くなかった。蒋介石の国民党と共産党の関係は、中国人のみで解決すべき問題である、と距離を置いた。しかし降伏にあたって、わざわざ国民党への援助を述べているのは、これから日本を占領することになるアメリカへの配慮だろうか。支那派遣軍はこの要綱に、もし中国共産党が今後も抗日・侮日の態度を持ち続けるなら断固としてこれに抗議する、とわざわざ付け足した。[68]

日本が降伏後に蔣介石の国民党を支援していくという宣言とは関係なく、華北地方や山東半島では、中国共産党軍の勢力は侮れず、国民党軍と共産党軍は競い合って日本占領地に進み、それぞれが日本軍の武装解除を要求した。内モンゴルでは、ほとんどの日本軍はソ連軍に投降し、北支でも地域と場合によっては、ソ連軍に降伏する日本軍もあった。八月二〇日、日本政府は、連合国最高司令官として日本に着任する準備を進めるマッカーサーに、日本降伏後の中国での混乱状況を説明し、日本としてはポツダム宣言を遵守して、全戦闘を停止する意思はあるが、秩序の維持、一般民衆の保護のため完全武装解除は難しいと訴えた。[69]

八月二四日、終戦処理会議（最高戦争指導会議が八月二二日に廃止されたのに伴い設置されたもの。構成員は、首相、陸相、海相、外相、両総長に加えて、近衛国務大臣からなる）は、中国において日本軍が一斉に武装解除し、国民党に降伏するのは不可能であり、各地域の実情に即して合理的に行っていくべきであることを意見した。[70] 八月二五日、大本営はマッカーサーにこの旨を打電し、原則的に了解を得た。[71] ただしアメリカは、日中戦争に関して蔣介石の国民党を勝利に導いたわけでもなく、この時点で中国における外国勢力としての確固たるリーダーシップを確立したわけでもなかったので、マッカーサーによるこの了解が、果たしてふさわしいものだったのかどうかは明解でない。

朝鮮における終戦も、混乱を極めたものだった。日本が降伏して戦争が終結した時点で、朝鮮においてアメリカの絶対的・圧倒的勝利を示す出来事は何も起こらず、日本統治終焉後、朝鮮がどうなるのか明確なことは誰にもわからなかった。

八月十日、ソ連軍が朝鮮北部に進攻した翌日、朝鮮総督府は日本政府から何の指令も受けていなかった。日本政府が天皇制継続を条件にポツダム宣言受諾に向かったことは、短波放送の受信で知った。第十七方面軍は、ソ連軍の猛攻に対して反撃しなかった。ソ連との国境沿いに位置する羅津に駐留する部隊の場合、ソ連軍に抵抗せず特別指令を待つように命じられていた。重砲を自爆して後退せよという命令に加え、「ソ連軍が一里近づけば二里下がり、二里近づけば三里下がれ」と、まるでソ連軍を朝鮮半島に誘導するかのように命じられた[72]。

アメリカ軍は、日本が予想していたようには朝鮮南部に上陸してこなかった。ソ連軍が朝鮮に進攻してきた時点で、朝鮮に最も近いアメリカ軍の位置はまだ沖縄で、ソ連軍の南進を止めるだけの兵力を短期間に朝鮮半島に投入することは不可能だったのだ。前出の「ブラックリスト作戦」は八月八日に改定されたが、この時にもまだ朝鮮占領計画に関しては白紙状態で、ソ連の進攻すら読み込んでいなかった。ソ連軍は、このまま進攻を続ければ、単独で朝鮮全土を制圧し占領できたかもしれない。

朝鮮半島を三八度線で分割し、アメリカとソ連が南北を別個に占領するという計画を、アメリカ政府の委員会であるＳＷＮＣＣ（国務・陸軍・海軍調整委員会）が一方的に採択したのは、八月十日から十一日にかけてのことだった。八月十三日、トルーマン大統領はこの計画を承認し、フィリピンのマッカーサーの意見を求めた。バーンズ国務長官は、アメリカ軍の占領地域をもっと北部に延ばすよう主張したが、軍部は北緯三八度線でも、アメリカ軍が迅速に達するには遠すぎる境界線だとの意見だった[73]。この間に「ブラックリスト作戦」は再び修正され、沖縄戦を戦ったジョン・ホッジを朝鮮南部の軍政長官に任命した。

アメリカが三八度線での分割占領を急いで採択した背景には、蔣介石への配慮があった。さらにもし蔣介石が、朝鮮を未だに中国の朝貢国と考えていたなら、日本統治終了後アメリカが朝鮮を占領することに不快を感じる可能性がある。こう考えたトルーマン大統領とマッカーサーは、アメリカ軍が朝鮮占領をしても、朝鮮から中国沿岸に向けて派兵するようなことはしない、と彼に約束したほどだ[74]。

八月十四日、スターリンは、アメリカの朝鮮二分割占領案に賛成の意を表明した。ソ連軍は、朝鮮半島において圧倒的優勢を保っているのだから、その気になれば三八度線を越えてもっと南部に浸透できたはずだ。しかしアメリカ軍が朝鮮半島に到着する九月八日まで、境界線の北側にとどまり、取り決めを守った。

八月十四日午後十一時頃、朝鮮総督府は日本の正式な降伏に関する詔書の全文を、東京からの連絡でなく、同盟通信社京城支局の経由で知った。第十七方面軍参謀の種村佐孝は、関東軍との連絡役を命じられ、八月十七日夕方、満州国の首都だった新京（長春）、十八日に延吉、十九日に羅津へと赴き、各軍に停戦を伝達した。八月一九日までに、羅南付近の日本軍部隊は種村の指示で、ソ連軍司令部とともに武装解除について確認しあった[75]。種村はこうして確かに、ソ連軍を極東で出迎えてから戦争を終結させた。

八月十五日早朝三時、朝鮮総督府警察局は、朝鮮内における政治犯、経済犯の釈放を決定した。午前六時、総督府政務総監は、朝鮮民族主義左派のリーダー、呂運亨《ヨ・ウニョン》を招待した。呂は、ソ連、中国、インド、日本などに広い人脈を持つ穏健派で、新聞の発行も行っていた。警務局長は呂に、遅くとも八月十七日午前までにはソ連軍が京城に進駐してくる可能性があり、そうなったらソ連軍が日本軍を武装解除するだろうと告げた。その折に興奮した民衆が暴動を起こすのを防ぐために、あらかじめ日本の手で政治犯を釈放し、朝鮮人リーダーに治安維持協力を依頼したのだ。

ソ連軍はこの時点ですでに清津におり、列車で南下すれば京城まで二〇時間で到着できたので、総督府には張り詰めた空気があった。呂は協力に同意したので、警務局は呂のほかにさらに明治大学を卒業している民族主義右派の宋鎮禹《ソン・ジヌ》にも、治安維持のための協力を要請した。しかし宋は拒否し、朝鮮民族主義者間のイデオロギーの違いの深刻さを見せつけた。[76]

八月十五日、朝鮮の人々が日本統治からの解放を祝った日、呂は「朝鮮建国準備委員会」を発足させ自ら委員長となった。翌日の京城放送局からの放送で、同委員会は白頭山の下で成長し、全朝鮮の民族の力を世界文化建設のために捧げられるよう力を尽くすことを熱く語った。

呂はそれから八月末までに、朝鮮全土一四五ヵ所に「建国準備委員会」支部をつくり、新国家建設の方向性を示した。それで朝鮮の人々は少なからず、日本が降伏したと同時に自動的に総督府が消滅し、それに代わって呂の建国準備委員会が、朝鮮に新政権を樹立したと勘違いした。一方で日本側は、植民地統治構造を解体させるのは、朝鮮人でなく連合国軍の役割だと理解していたため、同委員会に混乱をまねく運動は控えるように要請したが、聞き入れられなかった。[77]

呂の委員会だけでなく、大戦中蔣介石の支配下で独立運動を行っていた右派が、自分たちこそが独立朝鮮の正統な指導者であることを主張したり、アメリカで亡命政府代表を名乗っていた李承晩を独立朝鮮の大統領にすることを唱導するものがあったりで、朝鮮の人々の声もいっこうにまとまらなかった。

ソ連軍が解放軍として京城に到着するといううわさが朝鮮の人々の間に広まると、京城駅にはソ連軍を歓迎する旗やのぼり、赤旗と太極旗を手にした人々が詰め掛けた。十八日夕方、ソ連軍の軍艦も元山に入港し、十九日には上陸を開始、以後着々と各都市に進駐していった。そして日本軍を武装解除し、朝鮮北部五道に朝鮮人の人民委員会を結成させ、日本の植民地政府からそれらに行政権を委譲させた。その結果、五道では呂の建国準備委員会は解散させられた。

八月二四日、ソ連軍二〇万の兵が平壌に進駐すると、東京の終戦処理会議は朝鮮総督に打電し、朝鮮の主権は、講和条約が批准されて、そこで朝鮮独立問題を規定する内容が明確になるまでは、法律上日本に存し続けると説明した。ただ、そのように植民地処理のことまでを詳しく定めた講和条約が締結される前に、ソ連軍とアメリカ軍が朝鮮占領を始めてしまう場合、日本の主権は事実上休止状態になってしまう、という不透明さのことも付け加えた。そして呂の独立準備委員会の活動には、ある一定の理解を示していくほうが、朝鮮人の民心を日本から離反させないで済むかもしれない、とも述べた[78]。日本もこの時期、一体誰がどこで、どのような権限のもとに朝鮮を統治することになるのかが全くわからなくなっていたのだ。

八月二七日、第十七方面軍司令部は、朝鮮北半分の停戦に関してはソ連流の措置が採択されつつあることを発表し、翌二八日には、三八度線以南の朝鮮にある日本軍部隊の停戦交渉は、アメリカを相手に行うべし、と伝達した。朝鮮の人々が、三八度線による朝鮮の南北分割のことを初めて知らされたのは、この時だった。[79]

九月八日、アメリカ軍はようやく朝鮮に到着したが、その一週間ほど前、SWNCCは、アメリカ、イギリス、中国、ソ連による朝鮮の四国管理計画を完成させていた。それによると四ヵ国は朝鮮半島を四分割した地域を占領統治し、各地域の統治において四ヵ国は互いに平等な権利を持つことになっていた。[80]ただしこの計画は、実現することはなかった。

日本が降伏したことで、朝鮮から最も大きな利益を得た国はどこだろう。アメリカは朝鮮で戦わずして、半島の南半分を獲得した。もしも日本が、ソ連参戦の前に降伏していたら、アメリカは朝鮮の全てを占領することができたはずだ。一方でソ連は、極東での戦争に参加して一ヵ月に満たない期間しか戦わなかったというのに、朝鮮の北半分を占領できた。ただし一九四五年初めの頃、ソ連政府は、アメリカが干渉しない独立朝鮮こそ好ましいと考えていたのだから、南半分をアメリカに「譲ってしまった」というのは、実は不本意だったことだろう。もしもアメリカが原爆を使用しなかったら、東アジア大陸方面において軍事的に圧倒的優位だったソ連は、朝鮮半島全域の占領を主張していただろうか。

日本の指導者・戦略指導者たちは、中国の戦後を考える際、中国共産党の成長に注目し、毛沢東はやがて中国統一を成し遂げると考えた。しかし朝鮮については、戦後どうなっていくのか誰も予想することができなかった。独立運動家たちの対立と離散、分裂の深刻さを知れば知るほど、彼らがいったいどのようなかたちの国家のあり方をめざしているのか読み込めなかったのだ。その結果、朝鮮を取り囲むソ連、中国共産党、国民党、そしてアメリカの利害対立ばかりに注目し、朝鮮の人々の存在は、分析対象にならなかった。

アメリカにしても、自らの手では部分的にしか「解放」できなかった日本の植民地に関して、戦後日本人に「教訓」を与えることはしなかったし、できなかった。もっともサイパン、テニアンなどの南洋群島について、アメリカは日本から「奪った」のち、自らが新しい主人として統治を始めたが、日本人の支配が間違っていたとも、自分たちの「統治支配」の方が正しいとも、島民たちに教えることはしなかった。占領下の日本人に対しても、このことは戦争の教訓として一切語らなかった。

いずれにしてもアメリカに不都合な「日本の植民地帝国の終焉」のエピソードは、戦後アメリカが監修する「日本の戦争の終結」の物語から抹消された。そして天皇制継続のことばかりが、日本の戦争の最後の局面で最も重要だったこととして、戦後に語り継がれていく。

第7章
消えた「戦争と終戦」の記憶について

マッカーサー率いるアメリカ占領軍が日本人に示した「戦争の歴史の教訓」とは、太平洋戦争において日本はアメリカに敗れ、アメリカの「自由と民主主義」が絶対的勝利を収めた、ということであった。日中戦争、日ソ戦争の結果は、アメリカ占領の遂行に有益な意味をなさない、むしろ忘れさせたい出来事であった。そういうアメリカによる歴史教育の成果なのか、日本人の自発的選択によるものなのか、戦後日本人は、日中戦争と日ソ戦争の歴史を、日本人としての集団の戦争記憶の中に刻んでいかなかった。

アメリカに負けたので、日本は民主主義国家に生まれ変わった、という因果関係はわかりやすい。

しかし日中戦争がどのように始まって、どのように終わり、その結果何がどうなったのか、そういった問いかけは、戦後日本人の日常生活の中で起こらず、日本兵が去った後の中国がどうなったのかすら、人々は関心を持たなくなった。日ソ戦争に至っては、それが日本を終戦に導いたデウス・エクス・マキナ（どんでん返しで物語を終わらせる神）であったことも忘れ、ソ連自体が日本人の意識から消えてしまった。朝鮮、台湾、樺太、南洋群島を失った体験も、「アメリカ民主主義の勝利の法則」では理解ができず、「戦争の歴史の教訓」から外された。こうして、戦後七〇年が過ぎていったのだ。

ポツダム宣言を知った瞬間から日本人は、太平洋戦争の結末と同じくらいに、中国の戦場、日ソ中立条約、そして植民地帝国の行方について、確かに考えていた。戦争開始の頃のように、ユーラシア大陸と太平洋にはさまれた日本をよく自覚し、日本海の向こうに横たわる大陸も見つめ続けた。日本人の世界観からユーラシア大陸が消滅し、太平洋のはるか向こうにあるアメリカしか見えなく（感じられなく）なったのは、アメリカ占領政策が着々と成功を収めた証拠である。

一九四五年夏、敗戦からアメリカの軍事占領が本格化していくまでの間、日本人は自分たちの戦争をどう見て、何を考えていたのか。記憶の再構築が必要だ。

日本人が見た戦争の終結とその後

一九四五年九月二日、日本政府と大本営は、東京湾上のアメリカ戦艦ミズーリ号上で降伏文書に調印した。調印式が終わるとダグラス・マッカーサーは連合国最高司令官として、全世界に向けたラジオ放送で、世界大戦がついに終結したことを告げた。バターン、コレヒドールにおける日本軍の連合国捕虜虐待にももちろん言及したが、それ以外にも、神の慈悲、霊的な復活などに言及したキリスト教的色彩の濃いスピーチだった。

ただマッカーサーは、日中戦争のことには触れなかった。彼がスピーチを行っている時点で、まだ北海道のすぐ近くで対日軍事行動を完全に止めていないソ連のことにも触れなかった。ミズーリ号の甲板に掲げたアメリカ国旗は、一八五三年ペリーが浦賀に来航したときの旗艦サスケハナ号に掲げていたものを、わざわざ取り寄せて使用したものだった。日本の戦争全体の教訓を、ペリー以来の日米関係の通史の中に刻み付けてしまおうとするアメリカの意図がわかる。

ただし日本人は、自分たちが戦ってきた戦争の全体を、そう簡単には「アメリカ色」に染めなかった。占領が始まり「アメリカ流民主主義」が導入されてきても、それで日本人はすぐに反共主義に傾いたわけではない。大戦中に反戦精神を貫いた社会主義者や共産主義者を、戦後日本人は高く評価した。一九四七年四月、衆議院議員総選挙が行われ、日本社会党が第一党となり、日本社会党委員長の片山哲が総理大臣となった。日本共産党も、一九四六年の総選挙で五議席を獲得し、一九四九年には三五議席に議席を伸ばした。

終戦前後の人々の言動を、特高はしばらく記録し続けている。日本が降伏に向かった理由について、降伏の後に待ち受けるであろう困難と課題について、日本各地にはさまざまな憶測やうわさ、デマがとびかっていた。ソ連がなぜ対日参戦してきたのか、アメリカが使ったという新型爆弾とはどういうものなのか、人々は意見を交わすことを止めなかった。

原爆に関しては、その正体を政府、軍が正確に把握するのに時間がかかり、新聞も広島、長崎への原爆投下のニュースにわずかなスペースしか割かなかった。原爆は、アメリカ人がそう信じているほどに、日本人を一瞬にしてアメリカの威光にひれ伏させたわけではない。八月六日から十五日までの間、日本人はまだアメリカを日本の戦争における唯一の勝者とはみなしていなかった。

九月から十二月にかけて、アメリカ軍は「米国戦略爆撃調査団」を日本に派遣して、戦略爆撃の効果や影響について調査し、将来の航空戦力の可能性と発展に役立てようとした。調査団が調べた原爆に対する日本の一般民衆の反応とは、その破壊力のすさまじさからくる「抑制できないほどの恐怖と不安」だったという。原爆投下直後の特高による調査でも、人々はそうした恐怖や不安を口にしていた。

ただし「恐怖」というのは、必ずしも、アメリカが「神のような力」を手にしたことに対する「畏怖の念」ではない。「恐怖」は、相手を軽蔑する心理や抵抗心を引き起こす。原爆のニュースを聞いて全国民が戦闘意欲を失い、その場に倒れこみ、その瞬間から、今後はアメリカに従っていこうと決心した、というのは、あくまでアメリカ人が想像した原爆投下の効果だ。[1]

広島と長崎のほぼ中間に位置していた福岡では、ある農民が「新型爆弾とやら、十四か十五個でも投下されたら日本全土は灰燼だ」と語っていたという。二個や三個ならまだ何とかなるという含みだろうか。しかも彼はこう述べる前に、食糧不足と日ソ開戦によってすでに「日本には勝ち目はない」とも言っている。ある証券会社の支局長も「広島の原子爆弾のために、恐怖感は非常に増大し動揺し出した」と言っているが、ソ連の恐怖も、原爆に負けないものだった。彼は「よもやソ連だけはと一縷の望みをかけていたのに、対日攻撃開始の発表に〝我々は嗚呼もう駄目だな〟と直感した」と続けて語っていたのだ。ある在日朝鮮人互助組織の指導員も、ついにソ連が立ち上がったことを残念と語り、ついで新型爆弾については「その性能が明確にされないから、一般に相当不安動揺が見受けられるのだ」と冷静な意見を述べていたという。

九州帝国大学学長も落ち着き払ったものだった。新兵器の出現で国民の間には恐怖感が広まり、厭戦感情が高まっているものの、新兵器というのは日時の経過とともに平凡化するものだから、今が我慢のしどころなのだ、と語った。小倉にある軍需工場で働いていた工員は、工員の戦意が低下しているとしたら、それは新型爆弾に対抗しうる兵器が日本にないので口惜しいのだ、とまだまだ前向きの様子だった。福岡義勇隊の隊長は、新型爆弾で無駄死させてはならない、当局は爆弾に対する知識を国民の間に普及させて、今後の投弾時の早期発見に備えるべきだ、と意欲を示した。

九月に入ると鳥取県では、町議と銀行支店長がそれぞれ別の場所で、原子爆弾の威力については、報道されているほどのものでもない、と話していたところを特高に聞かれた。彼らは、原爆の出現に驚いて降伏してしまったのなら早まったことをしてしまった、原爆の威力とやらには誇張がある、とも付け加えていた。[2]

このように原子爆弾に対する意見や反応は、原爆に関する情報や知識がなかったため、人々の間でばらつきがあったが、それに比較してソ連の対日参戦は、その理由と影響、それが日本に与える衝撃などについて、人々ははるかに具体的な、深みのある考察をしていた。特高の調査では、非常に多くの人々が日本の対米戦争の成否を分けるのは、対ソ外交次第だと理解していた。さらに日本の大アジア主義の成功も、ソ連がこの戦争で中立を保ち続けて、日本の植民地帝国に干渉してこないことが条件だったと考えていた。原子爆弾は、日本本土の二つの都市中心部を一瞬にして壊滅させて数十万の命を奪ったが、ソ連の参戦のほうは、一瞬にして日本の戦争能力を麻痺させ、植民地帝国自体を瓦解させてしまったのだ。このことを、当時の日本人は身に沁みてわかっていた。

特高の調査によると、ソ連の対日参戦やアメリカの原爆投下にもかかわらず日本は戦い続けるべきだと主張する人々も少数ながらいた。アメリカ、ソ連、中国を敵にまわしても、人口の三分の一を失うまでは抗戦し続けることができる、と言い張る者もいた。しかし多くの人々は、ソ連を相手にして日本軍はこれ以上戦えないことを冷静に理解していた。特高が兵庫県で、ソ連の対日宣戦布告への反響を調べ、八月十一日付で内務大臣に提出した資料によると、農民、工員から言論界・財界・政界のメンバーに至るまで、なぜソ連が参戦してきたのか、その利害は何なのか考えて、あちこちで自発的に意見を交わし合っているようだった。

例えばある工員は、日ソ中立条約を延長しないとソ連側が言い出した一九四五年の四月頃から、「どうせソ連は戦争の空気を見極め、日本に対して宣戦を布告するか挑戦してくるかのどちらかだと、日本政府と軍は覚悟していたと思う」と冷静に状況を分析した。また別の農民は、沖縄陥落、食糧不足に加え、ソ連が日本に挑戦してきたなら「もう駄目である」「ソ連が戦争を開始すれば、日本は一ヵ月と持たないと思う」と客観的に分析していたが、その一方で「乗りかかった船だ、買われた喧嘩だ、国民全員戦死するまでやらんとならん」と自暴自棄だった。[3]

八月十一日以前、ソ連の参戦とアメリカの原爆使用のどちらが、日本降伏の決定要素となるのだろうと、息をひそめて戦争の終わり方を見守っている人々もいた。加えて、アメリカとソ連が互いの軍事行動をどう見てどう動くのか、人々はさまざまに推測しあった。ほとんどの人が、日本の対ソ連外交は空振りに終わったことに失望していた。そしてスターリンがなぜ日本を裏切ったのか、それが解せないという人々も少なからずいた。

九州帝国大学のある教授と、同盟通信社福岡支局長の場合、ともにソ連参戦は、アメリカ・イギリスに対抗する政治的狙いに基づくものだ、戦後東アジアに台頭するつもりのアメリカに、ソ連が挑戦する気なのだ、と述べていた。福岡県のある代議士も、スターリンは東アジアに発言権を得ようとして戦争の最後のところで割り込んできた、これは彼の政治戦だ、と周囲に解説していた。ある予備陸軍大佐も同じことを指摘して、日本政府だって欧州戦が終わった時点で、日ソ戦が勃発するのを覚悟していたことだろうと語った。ただしスターリンが仕掛けた戦争の本質が、そういう政治的なものであれば、ソ連は「日本滅殺」というような目的は毛頭持っていないと思う、とも付け加えた。

福岡精工所のある工員は、政府がいつまでもソ連のご機嫌伺いばかりしていたから、「ついにうっちゃりを喰わされた、明らかに外交の失敗だ」と語り、もうこれで満州はソ連のものになってしまうと残念がった。ある飛行機会社の社長は、新聞に発表されたソ連の対日宣戦布告文を読むと、日本政府上層部が和平工作をうんぬんしていたようだが、日本から宣戦し返さないような国に成り果てたとは泣くに泣けない、と語っている。[4]

大分県で、八月十二日付で内務省に提出された治安報告によると、ソ連の宣戦とアメリカの新型爆弾使用が、ほぼ同時に起こっていることを見ると、二つの出来事には何らかの因果関係がありそうだ、と考える人物もいたようだ。すなわち、スターリンがアメリカの原爆使用に脅威を感じ、アメリカにソ連軍の力を誇示するために対日参戦したのではないかという分析だ。なお報告ではこの人物の素性は明確でなく、ただ「知識階級に属する人物」とだけある。[5]

ソ連の参戦に対して日本政府が宣戦をして返さず、しかもソ連に対する態度をも明確にしないことは、裏に何かがあると考える人々が少なからずいたことも、特高の調査でわかる。なぜ日本政府と軍は、ソ連軍が満州から朝鮮北部、南樺太と、日本の植民地帝国を包囲して進撃してくるのを、手をこまねいて見ているだけなのだろうと彼らは考えた。

福岡第一師範学校のある教師は次のように疑問を語っている。ソ連参戦布告からもう五日が経つのに、未だに日本政府と軍が「無言抵抗」の状態というのは不可解で仕方ない。ソ連に関して発する下村情報局総裁の談話も、まるで積極性を欠いている。「多分裏面に工作のあって居る事は確だ」と彼は述べた。

ある右翼団体の一員、大牟田市と福岡市の市議、それに西日本新聞社の総務部長、九州帝国大学教授なども、みな彼と同様に、ソ連の参戦に対する日本政府と軍の対応が不自然だ、何かを考えているのだろう、と怪しんだ。そもそもソ連が手に入れたがっていた満州を、日本は戦わずしてソ連にやってしまったようなものだ、きっとこの後何か良い取引ができるのだろう、という意見や、いっそソ連と単独講和を結ぶことで戦争から抜け出すつもりなのではないか、という発言が記録されている。[6]

内務省に八月十六日付で提出された徳島県における「終戦に関する反響」に関する特高調査からも、一般市民がソ連参戦の舞台裏をいぶかしむ様子がわかる。ある左翼系兵士は、ソ連が参戦したと同時に日本が「休戦した事」、「ソ連に対して殆んど抵抗して居ない事」などから考えるに、日ソ間に何か「黙契」でもあるのでないかと想像してしまう、と語っているほどだ[7]。新聞やラジオで得られるニュースや情報だけでも一般の人々はこれほどの考察ができた。それほどに大戦中の対ソ連関係というのは、注目すべき重要なことだったのだ。

日本降伏後、アジアにおけるアメリカとソ連の競争関係に、日本の人々は強く興味を持った。八月二七日付で内務大臣に提出した佐賀県特高による治安情勢調査によると、ソ連参戦がきっかけとなって県内の左翼系の人々の言動に勢いがついてきたとある。またそれに対抗すべく、反左翼系の人々もさまざまな持論を主張し始めたようだ。

ドイツ特派員の経験をもつある新聞記者は、とりあえず日本はアメリカの占領下に置かれるほうがよいと意見したそうだ。というのも万が一、日本がソ連の政治下に置かれた場合、今の世界情勢から想像するに、近い将来アメリカ、イギリスが対ソ連戦を仕掛けてくるのは必然である。そうなればソ連占領下にある日本本土に、アメリカ軍が攻め込んでくることになってしまう。逆の場合だったらソ連は、アメリカが押さえている日本に攻め込んではこないと思う。これが彼の解説だ[8]。

十月一日付で内務省に提出された三重県の治安状況報告では、逆の発想もあった。津市にある松下電器の製造所で働くある塗装工員は、今後数年以内に日本本土を戦場に、米ソ戦争が起こると話していた。そうなったらアメリカは日本人を徴兵するだろうから、日本兵は否応なくアメリカ軍の最前線でソ連と戦うことになる、どう考えても、このときが日本が亡びるときのような気がするのだ、と彼は語ったそうだ[9]。

八月十六日付で内務省に提出された徳島県の治安調査では、特高がある左翼の興味深い意見を入手して報告している。

今後アメリカとソ連が共に政治的に混乱する時がくるにちがない、そのときこそ日本が乗じて復活を果たすべきだ。

つまりこの戦争が終結したからといって、国際政治におけるあらゆる矛盾が誰もが納得いくように解決できたわけではない、中途半端な終結は、次の戦争の始まりに過ぎないので、日本はこの時点では降伏してもきっと再び成長するチャンスがある、という期待を述べているのだ。別の人物は次のように言った。

（今後アメリカに対して）ソ連がどういう手を打つのか、ソ連の出方によっては面白い見物が出来るかも知れんというはかない希望を持って生きていこうということだ。

日本はアメリカには降伏するが、そのアメリカが今後ソ連に苦しめられるのを見るのが、これからのせめての慰めだ、という意味だ。

東京の某所でも、ソ連とアメリカの対立をこれから日本が利用できるという戦略的発想が報告された。将来アメリカが本格的にソ連を敵と見るようになったら、日本を味方につけておくことは、アメリカにとって非常に大切になるから、日本に対してあまりに過酷な取り扱いはしないだろう、という意見だ。今後日本には、アメリカ流の思想と共産主義思想の両方が入り込んでくるだろうが、日本はどちらを支持することになっていくのか、人々の意見は未だ割れていた。[10]

政治家や官僚、さまざまな分野の指導者の考えも、こうした一般の人々とさほど変わらなかった。降伏後の日本が生き残っていくうえで、アメリカとソ連それぞれに、どういう態度で臨めばよいのか、すぐに答えは見つからなかった。アメリカが単独で日本の軍事占領を行うとしても、日本を取り巻く国際環境では、ソ連の存在を無視できない。九月三日、日本が降伏文書に調印した時点では、満州全域をソ連が占領していたのだ。日本政府は、アメリカとソ連両方に配慮することを心がけ、まず日本はアメリカだけでなくソ連にも降伏したことを強調することにした。

日本政府は、ポツダム宣言が最初に発表された七月二六日の時点で、スターリンがそれに名前を連ねていたような解釈をとった。八月十七日をもって再び外務大臣となった重光葵は、九月二日ミズーリ号上で行われた降伏文書調印式に出席して署名を行ったが、降伏後の日本外交の指針となるポツダム宣言を、あえてアメリカとソ連の共同宣言とみなした。そしてポツダム宣言の条項を実現していく際、それをアメリカ一国でなく、アメリカとソ連両国に対する義務の遂行として行っていくようにした。アメリカとソ連の間に増大する不協和音を、存在しないものとして気がつかないよう振る舞い、そのようにして日本が二国間の板ばさみになって身動きが取れなくなってしまうことがないように心がけたのだ。[11]

天皇すらもこの点を承知しているようだった。天皇は、日本降伏に関する「詔書」と「勅語」を、それぞれ八月十四日と十七日に発している。「詔書」のほうでは原爆を、そして陸海軍人に伝達した勅語のほうではソ連の対日参戦を、それぞれ降伏に至った理由として挙げ、降伏したのはアメリカだけではなく、アメリカとソ連両方であることを、日本国民と世界に宣言したのだ。

九月三日、降伏文書調印後に開催された枢密院会議で、過去に外務大臣も務めたことがある芳沢謙吉《よしざわけんきち》顧問官が、次のように発言した。ソ連の東亜への進出は日本への脅威で、どちらかといえば今後日本は、アメリカの好意をつなぐ方向に舵をとっていくことになる。しかし日本にいくらかでも有利と思われる点は、ソ連とアメリカが東アジアでも「競合牽制」する状況が出ていることだろう。重光もこれに同意した。ただし、アメリカとソ連を仲違いさせて、その結果を自国に有利に操作するだけの国力は日本にはないので、「漁夫の利」を狙うような真似は危険である、これから大切なのは、ソ連流とアメリカ流のどちらの民主主義をとるかを決めていくことで、正しい決断ができるかどうかは日本国民の信念に期待するしかない、と語った。[12]

日本降伏からわずか一ヵ月後、外務省は国民の間に見られる世界観に関する分析報告書を作成した。今のところ自国再建をアメリカとイギリスに委ねようとする人々と、ソ連や中国共産党が率いる中国と連携しながらアジアにおけるアメリカの覇権に対抗しようとする人々の両極がある、と報告書は述べた。ただその時点では、親米派と親ソ連派のどちらが戦後日本で有力勢力になっていくか、外務省でも予測できなかった。[13]

一九二〇年代から親英米路線をとってきた幣原喜重郎、宇垣一成などは、ソ連の存在がアメリカにとって不安材料である限り、日米友好は可能である、と予測していた。幣原は、首相に任命される直前の九月二九日に仕上げた『終戦善後策』でその考えを紹介している。列国の間に百年の友も百年の敵もない。現に連合諸国間には、すでに重要案件に関して利害を異にするケースが現われてきている。これまで抗争対立してきた諸国でも、時局の進展にしたがって協力しあって諸問題にあたることもあろう。幣原はこうして、これまで敵であったアメリカが、戦後の国際関係の変化の中で日本を友人とすることは必ずしも難しくないと述べたのである。

軍人として朝鮮総督、外務・拓務大臣を務めてきた宇垣も、敗戦国日本の次の一手を考え始めていた。近い将来、資本主義世界のリーダーシップをめぐってイギリスとアメリカが対立し、世界指導者の座をめぐってソ連とアメリカが抗争することが予想できる。日本としては、これから最も進歩した平和国家となって彼らの対立を調停し、破局から彼らを救い、世界平和を確立する指導的位置に立とうではないか。そうすれば日本はついに「八紘一宇」を実現することができるのだ。宇垣はこう日記に記した。

彼は、幣原内閣が発足する直前の十月八日にも、この思いを繰り返している。第二次世界大戦が終わるやいなや、アメリカとソ連の対立という「暗黒時代」が始まった。しかし日本の進路に一道の光明をみつけるためには、「媚米的」（アメリカに媚を売る）となって、できるだけアメリカに調子を合わせていくことも止むを得まい。宇垣は、日本人はこれから対米意識を抑えていくことが必要なのだと考えていた。[14]

アメリカとソ連という対立する勝者にはさまれた敗戦国日本が経済復興を果たすためには、アメリカとソ連の両者の経済圏で活動する方法を確保しなければならない。こういう認識に立って戦後構想を練った官僚たちも少なくなかった。敗戦とほぼ同時に、日本経済崩壊の危機を食い止めるべく、大東亜省、外務省などの若手役人がつくった「戦後問題研究会」では、そうした自覚が顕著に現われた。アメリカが頂点に立つブレトン・ウッズ体制と、ソ連が発展させていく共産主義経済体制は、たとえ遠い将来であっても、ついには統合されて新しい国際的経済関係ができ上がっていくであろう。それにしても日本としては当面のところ、二つの体制のどちらに所属するべきか。日本の地理的位置とは、アメリカ圏とソ連圏が接触する部分にある。アメリカ占領下に置かれるとはいえ、二つの勢力圏のどちらかに加担することはできるだけ避け、両者と等距離を保つべきだ。これが彼らの基本戦後構想である。[15]

後で詳しくみるが、アメリカ政府は日本を占領中に、日本をあらゆる意味でユーラシア大陸から切り離そうとした。アメリカの政治家や軍人は、太平洋をあえて「アングロ・サクソンの湖」と呼び、太平洋はアメリカとイギリスが所有するという自意識を強めていたが、日本を、その「湖」に位置する島国国家として再出発させようともした。しかし日本は、アメリカの軍事占領が本格化する前から、アメリカ一辺倒になることを極力避けて、国際連合の原則に則った中立主義を確立させようとしたのだ。この方針は、一九六〇年代、日米安保同盟が強化されていく一方、共産圏諸国とも経済・文化関係を維持しようとする「全方位外交」となっていく。

日本政府も国民も、ソ連とアメリカの対立に注目し、二つの勝利国とどういう関係を築くことで敗戦から立ち直っていくべきかという課題に向き合っていった。これまでの章で説明したように、こうした考察はすでに大戦中から始まっていたのだから、戦争が終わってから新たに出現した国際環境に対する戸惑いは少なく、実に適応は早かったようだ。これが日本が敗北から素早く態勢を立て直して、復興に向かい、国際社会に復帰できた理由の一つであろう。

ただし日本はアメリカとソ連の間で生き延び、再び成長を始めることばかりを考えすぎた。そして、アジア大陸での戦争がどう終わったのか、植民地帝国はどう崩壊しその後何が起こったのか、考え続ける課題のほうを、いつのまにか放棄してしまった。その結果、中国での内戦の行方、二つの朝鮮の問題は、日本人の世界から急速に消えていった。日本人は、アメリカとソ連にどう接するかは考えたが、中国と朝鮮に対して戦後どういう姿勢を取るべきかということは、全く考えなくなった。

そもそも日中戦争はどのように終わったのか。中国の戦場において日本軍が降伏したのは、国民党軍、共産党軍、ソ連軍であり、地域によっては欧米連合軍であった。批評家の江藤淳は「中国大陸はいわば三者鼎立のなかで終戦をむかえることになったわけで、〝敗者〟は存在しなかった」と解説している。[16]ポツダム宣言を受諾したといっても、それはアメリカのみとの交渉の結果そうしたのである。ましてや受諾したのはアメリカが単独で作成した「バーンズ回答文」だ。蔣介石が中国の指導者とは言いがたく、統一も達成されていない中国への降伏にはなり得ない。当時の日本人はこう考えたのだろうか。

中国の戦場における日本軍の「降伏」は、江藤淳が描くよりもはるかに複雑だった。例えば北支那方面軍の衛生兵として、山東半島で八路軍を相手に戦っていた桑島節郎の体験が、それを語る。八月十五日の深夜、桑島が所属する部隊の基地近くに「日本反戦同盟」のメンバーが忍び寄ってきた。そして国民党でなく八路軍に投降するように、そうすれば早くに日本に帰国できるように取り計らう、と演説を始めたという。八月十八日、彼の部隊は武装解除し、中国から撤退する旨の命令を受け取った。しかし周辺に中国国民党軍はおらず、ポツダム宣言条項が定めるように、国民党に降伏することはできない。それでやむを得ず、新たな命令が届くまでは八路軍と戦い続ける覚悟を決めた。

ところが自分たちが投降したわけでもないのに、八路軍はまるでこちらの事情をわかっているかのように、自分たちに猛攻をしかけてこないことに気がついた。国民党軍がようやく山東半島東部に到着したのは、それから五ヵ月後の一九四六年一月半ばだったが、この間に、彼の部隊の三〇名ほどの兵士が八路軍に投降し、自発的に中国共産党軍の捕虜となっていた。国民党軍が彼らの基地に到着する数日前の夜、再び「日本反戦同盟」のメンバーがやってきて、国民党軍でなく八路軍に投降するように誘ってきた。桑島の上司は、彼らに食糧を調達できないかと間接的にメッセージを送ったところ、豚肉、鶏肉、卵、野菜、酒類などが翌朝届けられ、桑島たちは驚き、心から感謝したという。[17]

戦後も中国に残留して戦い続けることを余儀なくされた日本人兵士の体験もある。軍閥の閻錫山《えんしゃくざん》は、辛亥革命以後に山西都督としてこの地域の発展を担当したが、ここを独立王国とする野望を抱いていた。閻は、山西省で降伏してきた二六〇〇人ほどの日本兵を自分の部隊に編入し、共産党軍と戦わせようとした。これはポツダム宣言条項に違反する行為だったので、いったん彼らを偽装解散させて、あらたに「特務団」を編成した。そして、アメリカ軍の監視団が来ると、彼らに帰国準備をしながら労務にあたるふりをさせた。彼らは一九四九年、中国内戦が終結した後、ようやく日本に帰国することができた。共産党軍との戦いで、残留を命じられた日本兵の五五〇人ほどが戦死した。[18]

八月十五日以降、南北に分断された朝鮮のその後の運命も、日本人の意識から急速に消えてしまった。降伏直前、朝鮮総督府から半島全体の秩序維持を託された呂運亨は、もしも統一朝鮮が出現していれば、そのリーダーとなる可能性があると見なされていた人物だったが、一九四七年夏に南朝鮮で暗殺された。李承晩や他の右派は、これを共産主義者の仕業と主張したが、巷では李承晩たち自身が政治的ライバルを片付けたのだろうとうわさされた。植民地時代から続く朝鮮人同士のイデオロギー対立と政争は、日本統治終了後に亀裂を深め、統一朝鮮のビジョンをますます曇らせてしまった[19]。

日本がアジア大陸に残してきた植民地の後始末は、アメリカとソ連が行うことになった。アメリカとソ連は、その任務を託すほどに日本を信用しておらず、一刻も早く日本を大陸から追い出すことを先決としたのだ。敗戦とともに、それまでの日本と植民地をつないでいたはずの「絆」はいとも簡単に消滅してしまった。

日本がもしもソ連参戦前に、ソ連が署名していないポツダム宣言を受諾していたら、どうなっていただろう。戦後七〇年たった今「もっと早くにアメリカに降伏しておけばよかった」という声は圧倒的である。前章でも指摘したように、ソ連が参戦してくる前にアメリカに降伏していれば、朝鮮の処理はアメリカが単独で行っていたかもしれない。中国においても、アメリカの指示のもと、日本兵は国民党軍のみに降伏し、満州国もアメリカに引き渡されたかもしれない。とすれば、もしも日本がソ連抜きのポツダム宣言を受諾していれば、それはアメリカにとって、東アジアに対する絶対的な支配力を獲得することになっていたのだろう。もしそうなっていたら、七〇年後の今朝鮮半島は、中国は、どうなっていただろう。そしてソ連という「もう一人の勝者」を意識せずに行われたアメリカによる日本軍事占領は、どのようなものになっていたのだろう。

「日本の戦争史」の変遷

一九四五年八月以降、日本の戦争についてさまざまな記憶の構築が始まったが、大きく分けて二つの異なる種類があった。一つは「太平洋戦争史」というもので、日本占領にあたったアメリカ軍政府が監督し日本人に教えた「正しい歴史」である。勝者アメリカの認定する「日本の戦争の〝正史〟」とは、太平洋を舞台に日本が無謀にもアメリカに歯向かったことから始まる、起こるべきでなかった愚かな戦争で、その暴走は最後にアメリカの原爆によって止められ、全て終わったことになっている。

「太平洋戦争史」は、占領下アメリカ軍GIの存在を目の当たりにしたり、ハリウッド製作の戦争映画を見たり、学校教育やマスメディアから学んだりした日本人が、次第にそれを「唯一の事実」と受け入れるようになっていった。一方アメリカ占領下で「アジアでの戦争史」について考え続け、帝国主義の性格、戦争と侵略の問題、植民地と搾取などの実態を明らかにしようとした人々も、少なからず存在した。

「太平洋戦争史」と「アジアの戦争史」は、登場人物、敵の定義、関心の向かい方や問題意識の設定、結末、教訓などにおいて共通項がほとんどなく、二つの叙述をただ並べるだけでは、日本人がこの二つの戦争を、二つの戦場で同時に戦っていたことは、にわかに信じられないようだった。さらに深刻な問題は、この二つの叙述のどちらにも、ソ連の存在が欠落していたことである。ソ連こそ、アメリカと中国の同盟国として、太平洋戦争と日中戦争の両方に共通項を与え、さらに日本の植民地帝国にも深く関与する存在であったのだから、それぞれの叙述からソ連の存在を排除すれば、当然二つの戦争は完全に切り離されてしまう。

戦争中あれだけ国を挙げてソ連の次の一手に注目して、ソ連が参戦したときは国中が動揺を隠せずに「なぜ」と考えたというのに、その後、ソ連は日本人の戦争の記憶から消えていく一方だったのだ。「太平洋戦争史」においては、日本政府がソ連に対米和平交渉の仲介を依頼した、というエピソードだけは消されずに残った。しかしソ連の対日参戦のくだりは、「太平洋戦争史」においては非常にあいまいな、もしくは存在しないエピソードとされてしまった。「アジアの戦争史」にしても、日中戦争に対するソ連の関わり、満州・朝鮮の抗日派とソ連の関係は、およそ顧みられなくなっていく。戦争の最後の場面で、日本の植民地帝国を力ずくで崩壊させたのはソ連軍だったということ自体が、およそ大切ではない出来事に「格下げ」されてしまったのだ。

戦争が終結してから十年もしないうちに、アメリカの軍事占領は終わり、日本はアメリカが主導する欧米先進産業国の「エリート・クラブ」の末席を占めることが許されるようになった。敗戦日本を襲う「アメリカ化」の波があまりに強烈だったせいか、その十数年前までは、ソ連が日本にとって身近な西洋文明の伝道師だったことも、日本のアジア主義にコスモポリタン的な色彩を添えてくれる貴重な存在だったことも、忘れてしまったようだ。そして今や「西欧」といえば、ユーラシア大陸の向こうでなく、太平洋のはるかかなたのアメリカ大陸を指すようになった。戦前、白系ロシア人が営む菓子屋で買ったチョコレートと、アメリカ占領が終わって生活が少しずつ豊かになった頃に口にしたチョコレートは、同じ味だったはずがない。

さらに戦後日本人の意識からどんどん消えていってしまったのが、大戦中の外交において、日本政府と軍が共産主義に対して柔軟で実利的な対応をしていた事実である。日本国内と植民地内では共産主義活動を禁止していても、ソ連がアメリカなどの資本主義諸国に対抗する力を持っていることは評価し、だからこそソ連と中立条約を結んだのだ。さらに日中戦争の末期、中国共産党を中国の独立政権として扱おうとした事実など、すっかり忘れてしまった。共産主義を忌み嫌うばかりに、国内で「赤狩り」という思想統制に走ったアメリカ社会と比べ、冷戦期の日本には、それほどの共産主義アレルギーがなく、共産圏の国々に対しても「悪の帝国」といったイメージは生まれなかった。その理由の一つに、戦前戦中の実利的なアプローチの体験があったのだろうか。

日本の戦争に関する記憶の形成と歴史叙述の両方で、ソ連の役割がどんどん小さくなっていく過程は、東京裁判ですでに始まっていた。中国への不当な戦争と、アメリカ、イギリス、オランダ、フランス、ソ連に対する侵略戦争における日本の犯罪が裁かれたが、日本としては、大戦中ソ連と結んでいた関係の本質や、ソ連観について多くを語らなかった。ソ連の対日参戦のことは予想していた、などと決して言わなかったし、ソ連に対しては徹底して「静謐保持」の姿勢を貫くという作戦も公にしなかった。ましてや大戦中から、アメリカとソ連との不仲を見抜いていた、などとも語らなかった。

逆に、大戦中の指導者たちは、ソ連に大いなる期待をして、最後まで中立を維持してくれるものと信じていた、アメリカと和平仲介をしてくれると思っていたが、それらは甘い計算であって、私たちは判断を誤った、というお話にすり替えてしまった。そしてソ連の対日参戦は、天地が揺らぐほどの驚きであり、許しがたい裏切りであった、というエピソードも、東京裁判で付け足してしまったのだ。

外務省も戦後早くから、日本の戦争史からソ連を消してしまう作業を行った。一九五二年外務省が『第二次世界大戦終戦記録』というポツダム宣言受諾前後の指導者たちの思惑や政策決定の様子を伝える一次・二次資料を編纂出版した際、ソ連に関して収録した資料は、対ソ外交記録と「ソ連を信じたが裏切られた」という筋書きの回顧録ばかりだった。外務省は、大戦末期からアメリカとソ連の摩擦を観察していたことには一切触れなかった。それどころか、アメリカとソ連の連合国同盟の絆の強さを読みきれず、当時の国際情勢を正確に判断できなかったことを「反省」してさえいる。

一九九〇年には新版が出版されたが、ソ連外交に関しては外務省の判断ミスだった、というスタンスは全く変わっていなかった。[20] 今日、麻布台のロシア大使館の斜向かいに建つ外務省外交史料館に保存公開されている大戦中の日ソ外交関係文書は、どれも「ソ連の和平仲介の可能性にすがった日本」の姿を裏付けるものばかりである。当時在モスクワ佐藤尚武大使がどれだけ、この外交は無駄であると言っても、東京の東郷外務大臣が聞き入れず、とにかく依頼を続けるよう命じ続けた結果が、今この史料館に「公式の日本外交史記録」として保存されているわけだ。

東京裁判においてソ連の存在感はすでに薄かった。ソ連は東京裁判に判事を派遣し、ソ連に対して日本が犯した「侵略」を、張鼓峰事件（一九三八年）とノモンハン事件（一九三九年）の二件と定義し、日本は有罪となった。ソ連判事の主張によると、日本はこの二件の侵略の後も、ソ連に攻撃をしかけて、ソ連の極東領土を奪おうという陰謀を抱いていた、ということで、この点でも日本は有罪となった。ちなみにこうした陰謀にもかかわらず、ついに日本がソ連を攻撃できなかったのは、日中戦争に束縛されすぎたから、というのがソ連の主張であった。[21]

つまり日本は一九三〇年代から、ソ連との衝突は不可避であるとみなしていたが、それは日本がソ連侵略を企んでいたからであり、それゆえつねに攻撃の機会を狙い続けた、というのが東京裁判における「ソ連の正史」になった。ソ連いわく、このように日本はつねにソ連に敵意を抱いたので、ソ連としては「防衛」のために対日参戦せざるを得なかったという「叙述」を世界に示し、ソ連の「正義」をアピールしたのである。しかし、このソ連発の「歴史の教訓」は、アメリカ占領下の日本では完全に無視された。

陸軍参謀本部参謀課のエリート中佐であった瀬島龍三《せじまりゅうぞう》は、日本の対ソ連戦略の実態を闇の中に葬った人物とされている。東京裁判では、ソ連が主張する日本の対ソ連陰謀に関して、ついに否定しなかった。その背景には、ソ連政府と彼個人との間に、何らかの取引があったからと見る人々もいる。

終戦時、瀬島はわずか三三歳だったが、戦争末期の対米、対ソ連軍事戦略立案と、そのために必要な情報収集を手がけた中心人物であった。一九四一年六月の「関特演」作戦作成に加わり、ソ連軍がドイツ軍の侵攻を受けている最中に、突然、関東軍の大規模増強を図って、世界を翻弄した。そして一九四三年二月に瀬島は、対米作戦作成の中心人物となり、ガダルカナルからの日本軍撤退を決定したりしている。一九四四年末には外交伝書使（クーリエ）を装ってモスクワに行き、帰国後には南九州と四国にアメリカが本土上陸してきた場合の上陸地点の予測を立てた。

一九四五年七月、ソ連の対日攻撃が迫ってきた頃、瀬島は満州の関東軍総司令部へ転出した。彼の任務は、ソ連軍との停戦を調整することであったが、ソ連軍に捕らえられシベリアに抑留された。こうして一九四六年九月、瀬島はソ連側の検事証人として東京裁判の証人席に立ったのだ。東条英機の弁護人であった清瀬一郎は、日本に対ソ連侵略計画はなく、ソ連こそが日ソ中立条約を一方的に破棄して日本に攻撃をかけてきたと主張したが、瀬島はついに日本の味方になるような証言はしなかった。

東京裁判に出廷後、瀬島は再びシベリア収容所に戻され、そこで「戦犯」として十一年間を過ごす。他の抑留者たちが後に語るところでは、瀬島はソ連から特別待遇を受けていた。一九五六年、瀬島はついに釈放されて、他の一一五人の日本人たちと帰国した。戦略家としての経験を活かし、伊藤忠商事を国際総合商社に発展させるなど、ビジネスにおいても才能を発揮し、一九八〇年代には当時の中曽根首相の行財政改革に参加した。

さらに瀬島は韓国への戦後賠償交渉にも関わっていた。瀬島はこうして大戦中の日本戦略を指揮しただけでなく、戦後日本の経済復興と国際社会への復興をも指揮した。二度目のそれは成功を収めたように見えた。しかし陸軍参謀として日本の戦争をどのように収めようとしたのか、最初の戦略を自分自身でどう評価するのか、ついに語ることはなかった[22]。

さて日本を占領したアメリカ軍政府は、日本の教育改革にとりかかり、「正しい日本史」を国民に教え、日本人の戦争についても「正しい真相」を国民の間に広めようとした。SCAP（連合国最高司令官総司令部）は、日本人の心理に戦争についての罪悪感を植えつけるためのさまざまな計画を実施し、日本人が太平洋戦争に関して深く反省するよう仕向けた。例えばSCAPは、日本の主要新聞に、太平洋戦争の「真実」を教える読み物シリーズを掲載するように命じた。新聞連載は、一九四五年十二月八日から十七日まで続き、一方でNHKに、十二月九日から翌年二月十日まで、類似の『真相はこうだ』という番組をラジオ放送させた。

SCAPが日本人に教えた「日本の戦争」とは、満州事変に始まり、満州国建設に対するアメリカとイギリスの反対への不満から、軍はパール・ハーバー攻撃をしかけ、太平洋上での軍事衝突は原子爆弾の投下でついに幕を閉じた、という相当に雑なあらすじである。[23] 話の途中にはしばしば、アメリカの科学技術と物量の圧倒的優勢のエピソードが強調されて登場し、それらは日本がアメリカに完全に降伏することになった大きな理由の一つとされた。日中戦争、日ソ戦争、植民地喪失などのエピソードは省かれ、そこから学ぶ「教訓」をSCAPは用意せず、連載記事やラジオ番組でもそれらは語られなかった。

SCAPはさらに、超国家的で人種差別的な意味合いを持つ「大東亜戦争」という呼称を、日本人が使用することを禁じて、なるべく早く日本人の意識から消し去ろうとした。「大東亜戦争」「アジア主義」という呼称が、白人国家アメリカからみて人種差別的というのは、それらが、白人をアジアから追い出す口実として使われたからで、よって白人差別の表れ、とみなしたのだ。

そして「欧米人をアジアから追い出そうとした」行為自体も、東京裁判では日本の戦争犯罪の一つとされた。つまり日本軍はイギリス、オランダ、フランスも「侵略」した罪で裁かれたが、それはそれらの西欧列強が東南アジアに持っていた香港、シンガポール、マレーシア、インドネシア、フランス領インドシナなどの植民地を日本軍が「侵略」して、彼ら白人から奪おうとしたことを指したのだ。

SCAPは占領下で、日本人の意識から「アジアはアジア人のために」「アジアをアジア人の手に取り返せ」といった戦争中のプロパガンダを消し去ってしまうため、「アジア」自体のこと、植民地帝国のこと、そして日中戦争そのもののことを考えさせないような教育内容やメディア活動を用意させた。[24]

戦後中国、東南アジア各地で共産主義者が活発に動き出し、アメリカをアジアにおける絶対的勝者として歓迎しない機運が高まった。SCAPとしては、この事実も日本人から隠そうとした。一九四八年八月にはアメリカが後援する韓国(大韓民国)が、九月にはソ連が支援する北朝鮮(朝鮮民主主義人民共和国)がそれぞれ独立した。中国では、一九四九年十月には毛沢東を主席とする中華人民共和国が誕生し、蔣介石は十二月に台湾に逃走し、アメリカが支援する中華民国の総統となった。こうして日本の周囲には、アメリカが「敵」と見なす中華人民共和国と北朝鮮が登場する。

SCAPは日本がアジアに勢力を拡大する共産主義に感染することがないよう注意を払った。このこともあり、例のSCAPお墨付きの「太平洋戦争史観」においては、中国共産党やソ連の存在は、ますます消される理由が強くなった。さらに共産主義運動が勢いづいて、反アメリカ姿勢が強まっているアジアに対して、日本人は二度と親近感さえ持ってはならないというSCAPの方針で、占領下の日本人が戦後の「アメリカ化」を正しく好ましいものと感じるよう、出版、教育、文化広報活動などを通じて教育を施した。

「太平洋戦争史」は、アメリカに歯向かった日本の愚かさと傲慢さ、それを許して日本を再教育するアメリカの寛大さの両方をテーマにし、戦後日本とアメリカの同盟こそが、日本の戦争の過ちを直す正しい道のりとなる、という内容に発展していった。

日本が朝鮮を植民地支配したことについて、SCAPは日本人に対して何の教訓も用意しなかった。その理由としてまず日本を半島から追い出して、朝鮮の人々を「解放」「独立」させるのでなく、自らが南半分を占領統治してしまったことがなぜ「正しい」ことなのか、日本人に説明できなかったということが考えられる。さらに北半分をなぜソ連に譲ったのかも、到底日本人に説明できることではない。こうしてSCAPが指導する戦後の歴史教育においては、過去と現在の朝鮮の存在自体が、タブーとなったのだ。

小学生用歴史教科書『くにのあゆみ』は、その末尾に「新しい政治がはじまりました。今度こそ、ほんとうに、国民が力をあわせて、日本を民主主義の国にするときであります」と結ばれるなど、新しい時代を印象づける教科書のはずであった。しかし明治以降の外交を紹介する第十一章「世界と日本」では、植民地統治に関する記述はあいまいなものにとどまった。日清戦争と日露戦争の結果、清国とロシアは台湾および樺太の南半分を日本に「ゆづる」ことになり、欧州大戦（第一次世界大戦）の結果、赤道以北の旧ドイツ領だった南洋諸島を日本が「治める」ことになったという。

さらに朝鮮に関しては、「韓国（朝鮮）とは日韓条約を結び、そののち、さらに相談をした結果」、日本が韓国を「併合」した、という無味乾燥な描写にとどまった[25]。以後、日本統治時代に朝鮮に起こった独立運動のエピソードを出版物に掲載しようとすると、SCAPの検閲にひっかかるようになった[26]。

朝鮮戦争が勃発し、冷戦がアジアで「熱い戦争」に深化していく中、アメリカは日本を同盟国として確保するために、予定より早くに占領を終了し講和条約を締結させようとした。一九五一年九月、サンフランシスコで開催された講和会議には、第二次世界大戦で連合国側に立った五二ヵ国が参加し、日本との交戦状態を正式に終了させ日本の独立を認め、日本の新しい領土を確定させた。奇妙なことに、参加国の約半分は、日本の戦争と無関係な、アメリカの勢力下にある西半球の国々、そしてイラン、イラク、レバノン、シリアといったイギリス、フランスの支配下にある中近東の国々だった。

日本の戦争の「主役」といえる中国（ただし中華人民共和国）は不在だった。一九四九年に誕生した中国は、朝鮮戦争で北朝鮮の側についてアメリカ軍（国連軍）と交戦中で、講和会議自体に招聘されなかった。蔣介石との講和に関しては、サンフランシスコ講和条約発効の日、日本政府は中華民国（台湾）と平和条約を調印し、戦争状態を終結させたが、中華人民共和国とは国交のない状態が続いた。日本が中華人民共和国との国交を正常化させたのは、一九七二年九月、「日中共同声明」に署名したときで、終戦から二七年がたっていた。ただしこちらを「中国」の正統政府」と認めた結果、台湾との国交は断絶となった。

もう一つの主役であったソ連は、参加はしたものの講和条約に署名しなかった。アメリカが単独で、自国の国益にかなうように日本を作り変えていく過程そのものが、ソ連への挑発であるとみなしたことが原因だった。さらにサンフランシスコ講和条約が、日本の新領土に樺太南半分とクリル（千島）列島を含まないということを明確にしていないことにも、ソ連は強く抗議した。これによって日本とソ連の戦争状態は継続し、それがようやく終結したのは一九五六年十月、日ソ共同宣言が調印されて国交回復したときであった。この頃にはもう日本の戦争においてソ連がどれだけ重要な狂言回しだったか、人々は忘れかけていたのではないだろうか。

日本は戦後しばらく韓国とも北朝鮮とも正常な国交を持たなかった。一九六五年六月、日韓基本条約が結ばれ、韓国を朝鮮唯一の政府とみなして関係を正常化させた。北朝鮮とは国交を持たずに今に至る。

「太平洋戦争史」の研究は、日本とアメリカの研究者が協力してそれなりに進んだ。その発展には、一九六一年、ケネディ大統領が在日アメリカ大使に指名したエドウィン・ライシャワーの貢献が大きい。ライシャワーは、戦前日本で宣教活動を行っていた父を持ち、本人も子供時代を日本で送っていた。戦後ハーバード大学で教鞭を執り、日本研究の第一人者と賞賛されるようになった。アメリカ政府は、日本の一般大衆が日米安全保障条約への反発から、反アメリカ感情を高めていることを警戒しており、日本とアメリカの友好を演出できる人材として、彼を抜擢したのだ。

アメリカ大使としてライシャワーは、さまざまな行事、講演会などに参加し、メディアに登場しては、日本の素晴らしさと日本とアメリカの友好の重要性を説いた。彼がとくに強調したのは、日本がアジアで近代化を達成した唯一の国であるということだった。ライシャワーの語る日本史と日米関係史は、次のような筋書きであった。

一八五三年のペリー来航以来、日本は「正しい近代化」の道を歩んできた。江戸時代以前にも、西欧文明でいう民主主義に似た制度はあったが、開国してから日本の近代化が成功したのは、何よりもアメリカの支援があったからだ。ファシズムと軍国主義が日本を圧倒してしまったのは不幸だったが、それも十年かそれくらいの「まわり道」である。その間に反アメリカ主義が生じたのも、軍隊内の悪意に満ちた手先の陰謀であり、それで太平洋戦争が起こってしまったのだ。しかし今こうして戦争が終わり、両国は再び友情を取り戻し、日本はアジアの輝ける道しるべとなった。そしてアメリカはそういう日本の成長を支援して、ともによりよい世界をつくる努力をしているのだ。ライシャワーはこうしてバラ色の日米関係を示してみせた[27]。

ライシャワーの日本近代論に隠されたメッセージは、共産主義を選んだ中華人民共和国は「誤った」方向に進んでいる、ということだった。しかも彼の言う「西欧化」というのは、ドイツやフランス、ましてソ連のことを含むのでなく、「アメリカ化」である。第1章で見たとおり、明治以来の日本が西欧世界に関わろうとした努力は、決してアメリカのみを対象にしていたわけではないのにもかかわらずだ。

そうした欠点にもかかわらず、日本を賞賛する「ライシャワー論」は、次第に日本人にとって、麻薬的な魅力を持つものになった。確かに黒船の衝撃を乗り越えた日本は、その後アメリカ化に向けてまっしぐらに努力し、紆余曲折はあったものの、戦後再びアメリカに占領されて、今のアメリカ化した日本になったのだ、と考えるようになっていった。そして「日本の戦争」も、こうした「アメリカ化した日本近現代史」の枠組みの中で再構築され、記憶された。

一九六三年、太平洋戦争研究の集大成『太平洋戦争への道』全七巻が、日本国際政治学会の編纂で完成した。論文を寄せた研究者たちは、戦争前後の日本の国際関係に関する政策決定過程の分析のみに焦点をあわせることにし、帝国主義、植民地主義、支配従属、といった当時マルクス主義者のみが用いるとされた「危険で偏見にみちた用語」を用いないことで同意した。さらに「日本の侵略」という表現も、今回の研究では一切用いないことにした[28]。どの論文もソ連を真正面から扱うことがなく、せいぜい対米和平仲介者の候補という脇役で登場させるくらいだった。
アメリカとの対立を克服して、今こうして協力の道に進んだことこそ、日本が戦争から学ぶ重要な教訓である、と信じる研究者や知識人、ジャーナリストたちは、日本が戦争に至る過程で犯した最大の過ちを、日米関係を破壊したことと定義するようになった。大戦末期にアメリカと和平交渉しようとした「和平打診者」たちは、朝鮮と台湾だけは植民地として譲らないと主張していたのだが、そうした事実は戦後抹消されて、いち早くアメリカに接近しようとした努力ゆえに、彼らは平和を愛する正義の味方のような扱いを受けるようになった。

「日本人の戦争の記憶」がどんどんアメリカ化していく現象に人々は流されていったが、日中戦争の戦場や植民地の記憶は、人々の深層心理の中で浮かび上がってきては沈み、を繰り返していたようだ。いくらアメリカが、「日本人が記憶していくべき戦いとは太平洋戦争のみである」と日本人の心理操作を行っても、日中戦争で死亡した四五万人の日本兵の事実は消えない。まして日本兵がアジアの戦場で行った戦闘行為と、市民を巻き添えにした残虐な行為も、記憶の中に澱のように残り続ける。
戦後は各植民地から、総計三〇〇万人以上の日本人一般市民が引き揚げてきたが、彼らもまた「太平洋戦争史」には含まれなかった。彼らは、植民地支配者としての体験と、その地位を失った日の記憶を日本に持ち帰ってきて、それを公に語る機会も与えられず、ひっそりと暮らしていくようになった。

SCAPの方針にかかわらず、アジアの戦場を忘れまいとする人々、アジアの戦場で何が起きたのかを知ろうとする人々は少なくなかった。石川達三が、日本軍の南京入城とそれの前後の民間人虐待の様子を描いた小説『生きている兵隊』は、『中央公論』一九三八年三月号に登場するやただちに発禁処分となったが、一九四五年十二月に再出版され、高い評価を得た。戦争中に起こった残虐行為について客観的に読むことで、戦争犯罪と向きあい、そういう悲劇を二度と起こさないように努力することができる、と読者はこの作品を賞賛した。[29]

一九四七年に出版された田村泰次郎の『春婦伝』は、中国の戦場を舞台にした日本人兵士と朝鮮人慰安婦の悲恋物語で、最後は二人の死で終わる。この小説も、軍の非人道性を告発していることに高い評価が与えられた。非常な人気で、小説出版後に一九五〇年と一九六五年の二度、映画化もされた。ちなみに一九五〇年の映画化の際、朝鮮人慰安婦の描写が、日本占領下でアメリカ兵に尽くす日本人売春婦の姿と重なり不都合であるということで、朝鮮人慰安婦は、慰問団の歌手という役柄に変えられた。[30]

五味川純平の大作『人間の條件』は、一九五六年から六巻シリーズで発表され、満州の鉱山で強制労働として酷使される中国人捕虜に対する日本人の残虐な仕打ちを描いて話題になった。[31] 主人公の日本人は、終戦とともにソ連軍につかまり、シベリア収容所で強制労働につくことになるのだが、加害者から被害者となる過程の彼の道徳的困惑を描き、同小説は一三〇〇万部を売る大変な人気となった。一九五九年には映画化もされた。アメリカ政府が教育した「太平洋戦争史」を、日本人は確かに受け入れたかもしれないが、その枠組みには収まらないアジア大陸での戦争の記憶は、こうして確かに戦後日本に生き残ったのだ。

アジア大陸における戦争の歴史を書こうとする研究者たちは、「太平洋戦争史」に真っ向から立ち向かうかたちで「日本のアジア侵略」について語った。太平洋戦争の研究が、政府、外務省、陸海軍における政策決定過程の分析に特化されがちであったことに対して、アジアでの戦争の研究は、マルクス主義研究者が行うことが多かった。

「太平洋戦争史」がパール・ハーバー攻撃から始まるのに比べて、「アジアの戦争史」ははるかに長い時間軸を取った。いわゆる親米リベラルと言われるライシャワー近代化論に賛同する人々は、明治以来の日本の富国強兵の成功を問題視しなかったが、マルクス派・左派の人々は、明治以来の産業化の過程に生じたさまざまな社会経済の歪みが、日本社会にファシズムを生み出させ、帝国主義競争に日本が参加したことが、植民地獲得競争へと日本を駆り立て、戦争への道を進む原因となった、と説明した。「アジアの戦争史」は、日本が帝国主義とファシズムの名のもとに犯した侵略の過ちを学び、それを繰り返さないことを誓ってこそ、戦後日本は平和国家として成長できる、と主張したのだ。日本が第二次世界大戦に突入する過程を、このようなマルクス主義の視点から解説した『昭和史』は、一九五五年に岩波新書として出版され、こちらも世代を超えたベストセラーになった。[32]

この頃には朝鮮戦争は休戦となったものの、それに続いてフランス領インドシナで内戦が深刻化し始め、東アジアは再び戦火にさらされようとしていた。日本は日米安保条約下の義務として再びアジアの戦場に引き戻されるのではないだろうか。こう不安に思う人々は、日米安保への不満を強め、戦後日本政府がアメリカと手を結ぶことにしたのは、資本主義的な国家復興をめざしたからで、このままでは日本はまた帝国主義の道を歩み、同じ過ちを繰り返す、と怒りを露わにした。日本の指導者が、戦前の世界観を脱却できず「太平洋戦争」の過ちだけは学習して、アメリカに歯向かうことはしなくなったが、「アジアの戦争」からは何も学ぼうとしていない、と安保運動の担い手たちは非難した。

出版界は、日本の戦争は一九四五年八月で終わらず、アメリカの占領下でも続いたというマルクス主義的解釈を採択する本を世に出し、高等教育用歴史教科書も、そうした解釈を採択した。一九五三年から一九五四年にかけて出版された『太平洋戦争史』は、歴史学研究会が編集した五巻シリーズだが、ここでは日本の戦争は、一九三一年の満州事変に始まり、一九四五年八月の時点では終わらず、サンフランシスコ条約と同じ日に締結された日米安全保障条約のもとに続いている、という解釈に立っていた[33]。一九四五年八月以降、アメリカの悪しき新帝国主義・資本主義と手を結んだ日本の保守的政治家を政権から追い出すまでは、戦争は終わらず、真の平和を手にすることはできない、というのが彼らの信念だった。

一九六〇年代にベトナム戦争が激化し、日米安保条約のもと日本がアメリカ軍の直接・間接的後方支援を進めると、左派の戦争観は勢いを得た。「太平洋戦争史観」は一九四五年八月に平和が訪れたというが、その後にも、アメリカとヨーロッパの伝統的帝国主義国、そしてその子分の日本によるアジア支配と搾取は続いているではないか、アメリカと日本という二つの帝国主義の国が和解したところで「アジアの戦争」は解決しなかったではないか、と彼らは政府批判を高めた。

ところがこうした左派の人々の戦争観にも弱点があった。「太平洋戦争史観」を支持する人々が、親アメリカ・反ソ連的であったのと逆に、マルクス主義に基づいて、日本の戦争を今も継続するものと批判する人々は、反アメリカ的であった。しかしそうした反アメリカ派の人々は、戦争中にソ連が、世界からファシスト政権と見なされていた日本政府と中立条約を結んでいた事実に、目をつぶった。

しかもスターリンの一方的な中立条約破棄や、日本人捕虜をシベリアに抑留して強制労働に使うという国際法違反から、北方領土占拠に至るまで、そうしたエピソードを、彼らの語る「日本の戦争」に含めることはしなかった。

マルクス主義派の人々の戦争論の弱点はまだあった。戦後、社会主義革命方法論をめぐり、モスクワと北京の対立が深刻化すると、日本人もその煽りを受けた。例えば日中戦争で活躍した「日本兵士反戦同盟」について語ろうとしたら、誰がモスクワの指示を受け、誰が毛沢東から直接の指示を受けたのかわからない限り、彼らの業績を評価しづらくなった。親ソ連派であれば、反戦同盟の存在自体を無視し、さらに戦後中国に残留し、毛沢東の軍とともに戦った約八〇〇〇人から一万人の日本兵の存在にも触れない語り口を選んだ[34]。

一九六〇年代、日本の戦争研究を進めていくうえで、親アメリカ派研究者と、マルクス主義派研究者の溝は埋まらず、太平洋戦争と日中戦争それぞれの理解は、ますます接点を失っていった。アメリカの財団が日本人のアジア研究者に奨学金を与える場合、戦後アメリカの対アジア政策を肯定するような研究に限っているのでないか、アメリカはそういう方法で、日本のアジア研究もコントロールしているのでないか、という不安が歴史学会に広まった[35]。

それにしても日本の人文社会研究界における日米関係に対する学術的関心は、日本社会のアメリカ化に比例して、およそ進まなかった。一九五五年から一九六四年の間に、学術雑誌に発表された日本の国際関係・外交史研究論本の対象国は、マルクス主義への関心の高さを証明するものだった。五一本が日中関係、三六本が日ソ関係、それに比べて日米関係に関する論文はわずか十三本だった。日韓・日朝関係史に関する論文も十六本発表されていたことを考えると、日本とアメリカの関係の本質的分析に取り組もうとする研究者がいかに少なかったかがうかがえる。アメリカが押し付けた「太平洋戦争史観」の稚拙さが、研究者たちの興味を削いだのだろうか。このことは、太平洋戦争研究の本格化が遅れた原因にもなった。[36]

一九七〇年代に入ると、ますます日米安保体制への反対運動は激化するものの、日本の経済成長はめざましく、それとともに日米関係はいっそう緊密化した。それに伴い、「太平洋戦争研究」と「アジアでの戦争研究」もいっそう異なる方向に進んでいってしまった。

マルクス主義の立場をとらないアメリカ研究者たちは、アメリカ流政治学の方法論を取り入れて、大戦中の内閣・外務省・陸海軍などの政策決定過程を分析し、正しい判断（日米友好）と過った判断（日米衝突）に彼らを導いた要因をそれぞれ探し出そうとした。さらに「正しい」日米関係（強い絆）を作り出すためにはどのような国家的・社会的・文化的条件が必要か、という問いに対する答えを過去のパターンから捜し出すべく、一種の心理研究も始まった。アメリカ文化と日本文化を比較し、異文化理解の成功と失敗のケースを分析する手法も盛んに試された。そして太平洋戦争に至った過程には、文化の違いから生じる相互不信や誤解があった、正しく相手を理解していれば戦争の悲劇は防げたかもしれない、という楽観的な戦争論が登場するようになった。明治以来の日本人の「正しい」アメリカ文化理解の軌跡を描くことも、アメリカ研究者の間ではやった。[37]

日米関係の歴史を肯定的に描いたからといって、一般の人々の間でアメリカに対する好感情が強まるとも限らない。日本にアメリカのポップカルチャーがますます流入してきても、パール・ハーバー攻撃を悔やみ、アメリカに謝罪を呼びかけるような世論は起こらなかった。戦後に生まれた若い世代にしても、アメリカに挑んで敗れた太平洋戦争を深く反省し、アメリカによる日本占領に感謝する声は上がらなかった。

それどころか、太平洋戦争においてアメリカ軍を相手に勇ましく戦う日本兵の姿は、若い世代にとって非常に魅力的な存在だったようで、少年向けの雑誌やマンガ本には、勇敢な日本兵を主人公にした娯楽要素の強い話が頻繁に登場し、平和教育を徹底させたいＰＴＡや教員組合の批判の対象になった。[38] 少女向けの戦争ものの話の場合、空襲の犠牲になるいたいけな子供たちが主人公となり、加害者のアメリカ・被害者の日本、という構造が子供心に焼き付いた。日中戦争の戦場で中国人兵と戦う日本兵は、およそ娯楽作品の主人公にはならなかった。戦前あれほど満州国国境のむこうで威容を誇ったソ連軍の姿は、いわずもがなである。

朝鮮戦争に続くベトナム戦争の泥沼化に苦しむアメリカを尻目に、日本経済は順調に復興し成長を続けた。「ライシャワー近代論」は、日本人の間に誇らしい「常識」として定着していき、それが日本の戦争は決して間違っていたわけでない、という主張の登場を促すのに時間はかからなかった。「優秀な」日本人が戦った戦争というのは、アジア人を欧米植民地支配のくびきから解放し、日本流の近代化を伝え、日本とともに成長させようとしたものだ、という戦前と全く同じ主張が華々しく復活したのもこの頃だ。[39]

一方、マルクス主義派のアジア研究者は、アメリカのベトナム戦争を批判する強い気持ちから、アジア人との連帯を謳うようになっていった。ところがこれは、大戦中の「アジア人のためのアジア」

という大アジア主義を彷彿させるものでもあった。

中国研究の第一人者である竹内好《たけうちよしみ》は、日本が近代化した過程で欧米帝国主義を無批判に受け入れてしまった誤りを指摘し、それこそが「十五年戦争」の原因になったとした。彼自身も日中戦争に従軍し、日本の侵略戦争の醜悪な現実を目の当たりにしたという。その後の中国共産党の勝利と中華人民共和国建国は、アメリカ型近代化に対抗しうるアジア型近代化の模範であり、太平洋戦争に敗れたからといって、中国の発展を見ぬふりをしてアメリカ型近代化に追従するのみの日本に、竹内は猛省を迫った[40]。ただ、竹内の主張は、日本とアジアが団結して欧米に対抗するべきだという大戦中のプロパガンダと重なるようでもあった。

一九八〇年代以降、日本の戦争研究は、冷戦下のアメリカとソ連の対立から徐々に距離を置くようになった。日本経済のさらなる発展で、日本の国際化が急速に進む中、ようやく日本の戦争を少しずつ国際的視点から見つめる作業が始まった。例えば人権問題を自国民だけでなく国境を越えて考えるような風潮が生じると、大戦中の日本と日本人が、戦場で、植民地で、占領地で、アジアの人々の人権をどのように蹂躙したかを考えるようになった。南京虐殺、七三一部隊、慰安婦問題などが新しい研究対象となり、日本軍の関与だけでなく、近代市民としての日本人の戦争責任について論争が始まった。

日本の戦争研究の新領域として、平凡な一個人が戦争では何をどう考えて行動するのか、それが戦争の性格や行方にどう影響するのかという研究も始まった。これはフランスのアナール学派の影響を受けたアプローチである。マルクス派研究者は、階級闘争や帝国主義闘争を戦って、勝利に向かう大衆の力を信じるのが建前であった。しかしそれではなぜ、ある国や社会では大衆がファシズムなどに負けて「間違った戦争」に加担するのかが説明できない。

アナール学派が開拓した「民衆史」における主役は、名もない町や村、都市部に暮らし、ささやかな人民戦線運動、草の根の反ファシズム運動を支えたごく普通の人々だった。そして彼らが、植民地主義、帝国主義、総力戦に立ち向かった姿を掘り起こし、彼らがどこまで大きな抵抗勢力となりえたのかを考察するものだった。

さらに普通の人々が大戦中に営んだ生活や文化の中で、反戦または戦争協力の姿勢を示していた場合、それは無意識か、自覚して行っていたのかを考える研究も始まった。個人の戦争体験の聞き取り調査も活発になった。各個人が戦争とどう関わったかを明らかにすることで、もしも彼らがどうふるまえば良かったかを知っていれば、戦争が起こらなかったのでないか、悲劇を避けるような方向に国家・社会を動かすことができたのではなかったか、という希望を見出そうとする試みだ。

ただこうしたアナール学派の方法論にはもちろん欠陥もあった。戦争における個人体験を掘り起こし、個人レベルで体験した戦争を再現することは、ときにそうした思い出を感傷的に美化してしまう危険があった。また「記憶」は個人の「印象」によるものでもあり、必ずしも「正確」とは限らない。また普通の人々の体験や記憶をいくら聞いても、そうした話を何万人分収集したとしても、政策決定者や軍事戦略家のビジョンや目的、策略、それらを実行に移した過程はわからない。「民衆史」だけでは戦争研究は進まないのだ[41]。

日本の戦争研究は袋小路につきあたった。日中友好の大アジア主義的なスローガンのもとに、またはマルクス主義的な信念のもとに、中国に対する侵略戦争を反省する、または日米友好の名のもとに、または戦後の資本主義的協力を礼賛して、太平洋戦争の愚かさを反省する、という二つのアプローチは、共通点を見つけることが困難であった。同じアジア人同士が戦った日中戦争と、異人種、異文化が衝突した太平洋戦争が、どのように異なる戦いだったのかを考える人も、答えを見つける人もいなかった。

そもそも第二次世界大戦においてアメリカは、ソ連が単独で戦った対ドイツ戦に頼りきったおかげで、国力を温存させながらドイツを倒すことができた。一方でドイツの同盟国であった日本は、ソ連との中立なくしてアメリカと戦うことは不可能だった。ソ連という、「善」とも「悪」とも定義できないトリックスターのようなプレーヤーを、日本の戦争における重要な登場人物にしないことには、日本が戦った全ての戦場で日本は一体何を目標に掲げていたのかを考えることは難しかったのだ。

終章　「ユーラシア太平洋戦争」理解のために

一九九〇年代は、第二次世界大戦が終結してから半世紀がたった節目ということで、世界中に大戦の意味を考える機会を提供した。日本の場合、自分たちの国は、どこの国々と何が理由で、何を目的に戦って、その結果どの国に降伏して現在があるのか、といった問いに対する明確な答えがなかった。戦後日本は確かに復興を果たし、平和外交路線を打ちたてたはずだ。だが「どのような戦争」において「誰に」敗れて、そこからどのような「教訓」を得て、どのような「建て直し」を図ったのかという問いに、比較的明確が答えが出せるのは、「太平洋戦争史観」においてくらいであった。

そもそも日本とアメリカが衝突したのは、満州国を中国に返還し日中戦争をやめるようにと、アメリカ政府が最後通牒（と日本政府が考えた声明）を提出してきたことから始まったのだ。ところが日本の満州支配を終わらせたのはソ連であり、中国を日本から解放したのはアメリカではなかった。太平洋戦争の終結、つまり「バーンズ回答文」を日本が受諾したことは、太平洋戦争の始まりの原因解決と何の関係もないことは、考えればわかる。しかし誰もそのような因果関係の矛盾を思い出すこともしなかった。日本の研究者、ジャーナリスト、教育者、政治家それぞれが相変わらず、日本の戦争全体の中から、自分たちの考える、自分たちの見たい部分だけを見て語ろうとするので、ますます日本の戦争はぼやけたものになってしまった。

一九九一年はパール・ハーバー攻撃五〇周年の年で、その記念行事は日本とアメリカ両国で華々しく行われた。しかしその年が、日中戦争の発端となった満州事変六〇周年の年であることを思い出す人々は少なかった。

一九九五年は第二次世界大戦の終結から五〇周年の年だったが、日本では日本の植民地帝国崩壊の年としてより、広島・長崎への原爆投下の思い出に関心は集まった。広島の原爆死没者慰霊碑には、「過ちは繰返しませぬから」と刻まれている。世界中の人々が犠牲者に対して反核の平和を誓ってほしい、戦争という過ちを繰り返さないでほしいという願いが込められているということのようだ。しかし「過ち」というのは、アメリカ政府が犯したことなのだろうか。それともアメリカに原爆を使用させてしまった日本の行いのことなのだろうか。

日本の行いが誤っていた、としたら、その過ちの始まりはどこにあったのだろうか。ポツダム宣言の「黙殺」、戦場での同盟国側捕虜虐待、パール・ハーバー攻撃、日ソ中立条約、枢軸同盟、満州国建国、ファシズムへの傾倒、植民地統治、いや日本の近代化の過程全部だろうか。アメリカの過ちだとしたら、日本人に対する人種差別、マンハッタン計画、核兵器開発など科学知識の軍事利用、アメリカとソ連の対立なども「過ち」に含まれるのだろうか。日中戦争に関する反省は、この慰霊碑の言う「過ち」に含まれているのだろうか。「過ち」が明確にされなければ、「繰り返さない」という努力はできないではないか。

一方でアメリカ政府は、原爆投下五〇周年を、戦勝記念行事の一つとして誇らしげに祝う準備を進めていた。アメリカの首都ワシントンにある航空宇宙博物館は、スミソニアン国立博物館の一つであるが、ここも、広島に原爆を投下したB29エノラ・ゲイの特別展企画を立てた。ところがその企画に、広島市の破壊状況や被害者の写真も同時に展示しようとしたところ、政治家、マスコミ、教育界、学界、軍関係者などを巻き込む一大論争となった。

原爆投下によって狂信的な日本はようやく降伏を決意し戦争が終結した、それによって日本本土決戦は不必要になり、アメリカ・日本両サイドに何十万という死傷者を出すことが避けられた、よって原爆投下によって世界平和がもたらされた、というのが原爆擁護者の信じる「歴史の真実」だ。彼らは、日本の原爆被害者の写真をエノラ・ゲイとともに展示することは、原爆という平和兵器を侮辱するだけでなく、太平洋戦争を命をかけて戦ったアメリカ軍兵士を貶めることに他ならないと抗議した。ついに博物館側は、予定した展示の変更を余儀なくされ、館長は辞任した。この論争中、アメリカは日本側の公式見解を求めようともしなかった。それにそもそも日本政府側には、原爆に関する公式見解などなかったので、ただ沈黙を保つのみだった。

日本の側には、アメリカ軍が本土上陸してくる前に、ソ連が満州に攻め込んできてそれで全てが終わる、という見通しがあった。それでもとにかくアメリカ軍との本土最終決戦に向けては一億玉砕も辞さず、と固く誓っていた指導者は確かにいただろう。

しかし日本の終戦戦略においては、アメリカが本土決戦に進攻してくる前に、ソ連が満州に攻め込んできて、それで全てが終わるはずだったのだ。ところが日本側はこのことを戦後もアメリカに伝えなかった。原爆使用を「日本に降伏を強いた正義の手段」と正当化するアメリカに対して、それは違うといわないで日本は五〇周年をやり過ごした。日本側からアメリカにおける原爆論争に一石を投じることもしないまま、一九九五年は過ぎた。

被害者であるアジアの人々への、日本の謝罪が論じられるようになったのは、この頃からだ。「アジアの戦争」において、日本人はアジアの人々の人権を蹂躙した。日本は加害者である。太平洋戦争においては、アメリカだけでなく、イギリス、オランダ、オーストラリア人兵士を捕虜として強制労働に使役したり虐待したことに対する謝罪が、この頃から始まった。

しかし、被害者・加害者という立場からすれば、太平洋戦争はアジア戦争と別物になる。日本はどうしても自分たちを加害者、アメリカを被害者と考えられない。ソ連が戦争の最後の段階で攻め込んできて、満州や朝鮮にいた日本人の人権を蹂躙したことについて、日本人は自分たちを被害者と考えている。しかしソ連を加害者と言い切ることもできず、日ソ戦争はそのかたちさえも、まだ見えてこなかった。

一九九〇年代を通じて歴史教育者協議会は、小学一年生から高校三年生まで数千人の学生を対象に、彼らが日本史に抱く意識調査を継続して行った。「日本の戦争」に関する大多数の意見とは、日本は絶対的物量を誇るアメリカ軍の攻撃の「犠牲」になったというものだった。女性・子供など一般市民を巻き込んだ空襲のイメージは彼らにとっても非常に強く、その中で最大・最悪の出来事が、広島と長崎への原爆投下だった。[1]

SCAPは日本人の心理から「アジアの戦争」を除去してしまい「太平洋戦争」と「アメリカの勝利」という教訓のみを脳裏に刻ませようとして、ある意味成功した。しかし「太平洋戦争」において、日本が侵略者であり、日本人は戦後その罪をアメリカに対してあがなわねばならないという発想は、どうにも根づかなかった。もっともアメリカにしても、日本に謝罪させるという発想はなかったようだ。

一九九〇年代には、ジェンダー論が活発化し、戦争における女性の位置・役割に焦点をあてた研究が始まった。慰安婦問題を日本軍と日本国家の責任として論じることもさることながら、日本人女性が他国の女性の尊厳を踏みにじるままにしてきたこと、母として妻としての日本人女性の倫理・道徳観を問うアプローチも起こった。[2]しかしこれはもっぱらアジアの戦場での話であった。

日本人の従軍慰安婦の問題は、なぜかあまり顧みられることがなかった。それにしても、アメリカとの戦いにおける日本人女性の役割というのが、一体どういうことになっていたのか、ジェンダー論で太平洋上の戦いを全く新しい視線で理解できるものなのか。アジア各地から太平洋上の戦場を転々とした慰安婦の女性たちの動線に、日本のユーラシア太平洋戦争の特殊性を明らかにするヒントは隠れているのだろうか。

ところで一九九〇年代に成長し、今の右派言論の基礎となった主張の一つに「自由主義史観」がある。政界、教育界、ジャーナリズム、学界などに身を置く人々の間に始まった日本史再解釈とは、日本の戦争とは、欧米の侵略からアジアを守り解放しようとした「正しい」戦争であったという主張を広めることであった。左派が行ってきた自省を求めるような戦争解釈を「自虐的アプローチ」と呼び、日本人が自国の歩みに、誇りと自信を持てるような叙述を取り戻そうとするものだ。例えば日本の植民地統治なども、植民地のインフラを発展させた面を強調した。[3]

しかし当時の日本人全てが「アジアをアジア人のために」と言って最後まで戦争を戦い抜いたわけでないことは、アメリカとソ連の対立に注目した終戦戦略を思い出せば簡単にわかる。ソ連進攻によって植民地帝国が崩壊した後、日本人はただ退却するのみで、戦後処理を自らの手で行わなかったこと、そしてそれを行うことを連合国側が許可しなかったとはいえ、その後長くアジアに対する関心と情熱を明確に示さないままであったことなどを、どのように理解すべきか。「大東亜共栄圏」の結末と、植民地帝国のその後の運命に、真っ向から向きあわなかったことは明白な事実なのだ。

一九九一年、ヨーロッパで冷戦が終わりを告げる頃、第二次世界大戦を国際的視野で理解しようとする手法が流行った。アメリカで活躍する歴史家の入江昭は、ヨーロッパにおける第二次世界大戦を背景に太平洋戦争と日中戦争の接点を明らかにする試みを早くから行っていた。それがこの頃になると、パール・ハーバーの起源を考える際、イギリス、ソ連、オランダ、フランス、中国などが、重層的に当時の日米関係に絡んでくる様子を分析する作品が発表されるようになった。太平洋戦争をアメリカの視点のみからでなく、国際的視野から多角的に理解しようとする試みが本格化したのだ。[4]

日本の軍事史学会が刊行する『軍事史学』も一九九〇年から一九九五年にかけて、第二次世界大戦における日本の位置を、外交、経済、政治などの分野において描き出すことを試みた。[5] 太平洋戦争と日中戦争、日ソ戦争を包括的に理解しようとする試みの成果は『太平洋戦争』(一九九三年)、『太平洋戦争の終結――アジア太平洋の戦後形成』(一九九七年)といった論文集として発表された。[6] 日本の戦争におけるさまざまな争点が、アジアを越えて世界的規模に広がる問題であったことを明らかにはした。しかし残念なことに、ヨーロッパからアジア、太平洋を舞台にした日本の戦争が狙ったものは何だったのかは論じていない。

一九九〇年代にソ連が崩壊して、ようやく日本の戦争研究の重要な側面として、日ソ関係と日ソ戦争の分析が考察されるようになった。[7] 日ソ戦の記憶を語る声も、市民権を得るようになった。日ソ戦を論じる際、両国の軍事作戦を明らかにしたり、戦いぶりを描写するもの、または戦後シベリアに抑留された六〇万もの日本人捕虜の体験談などに、関心が集中した。しかしソ連が、日中戦争と太平洋戦争という二つの「戦争」にまたがる共通項であったことを論じる研究はなかった。ましてや日中戦争におけるソ連の影響力まで考察する研究は、まだ現われなかった。[8]

今日の日本人は、戦後日本の経済成長の「奇跡」がどうして起こったと考えているだろうか。戦後アジアに冷戦が起こり、アメリカが日本を同盟国として重要視せざるを得なくなったために、太平洋戦争の憎しみを乗り越えて日本の経済成長を支援したから、というのが一般に広まっている解釈だろうか。アメリカで教える日本史・アジア史では、戦後日本の復興とは、アメリカとソ連の冷戦のおかげで可能になった、何とも好都合な巡り合わせということになっている。つまり第二次世界大戦における敗北で全く無力となった日本は、アジアにおける「反共・資本主義の砦」としての価値をアメリカに見出されて、幸いにも成長を「許される」ことになったという説明である。

日本人が指導者も一般の人々も含めて、大戦中そして戦後も国際情勢に全く無知な愚か者の集団で、第二次世界大戦後の世界がどうなるのか全く予想もつけられず、やみくもに戦っていたというのなら、このような解釈も可能であろう。しかしそれであれば、第二次世界大戦から冷戦への移行期に、日本は与えられた役割を演じるだけの全くの受け身でしかなかったことになる。つまり、日本は大戦をアメリカの原爆によって強制的に終結させられ、アメリカに占領される間に否応なしに「冷戦期」に引き込まれ、アメリカに与えられた役割を演じたところ、たまたま成功した、というだけのことになってしまう。

しかし日本人が大戦中から、それほど無知でも単純でもなかったことは明らかだ。日本の指導者たちは、侵略戦争を戦いながら、この戦争の後にアメリカとソ連のイデオロギー対立が世界を二分することを予測していた。そしてその知識があったからこそ、ある程度の終戦戦略に関する青写真を描いて、それに基づいて自分たちの戦争を終わらせ、植民地を捨てて身軽になって、戦後世界へと移行していったのだ。だとすれば、日本人は第二次世界大戦における「責任」を考えるだけでなく、「アジアの冷戦」起源に関して生じうる「責任」もあわせて考えていかなければならないのではないだろうか。支那派遣軍、満鉄調査部、朝鮮総督府、朝鮮軍などは一様に、アジアにおける共産主義者の優勢を、アジアにおけるナショナリズムの台頭の証拠と把握していた。そして日本は戦後、このことを戦勝国側に伝えなかったではないか。日本の植民地帝国も、アメリカとソ連に山分けさせるに任せてしまった。今後の日本の戦争研究においては、冷戦の起源に対する日本の関与について、もっと本格的に吟味していくべきであろう。

戦争末期の対ソ連戦略に関して、「一般市民に対する軍の責任」を考えるとき、満州に移住していた一〇〇万人以上の民間人に早期避難命令を出さなかったことは、注目に値する。ソ連の対日参戦が「予期しないこと」でなかったことは明らかである。関東軍が、または統治機関が、日本人移住者に避難命令を出さなかった理由として、日本はあくまで表面上「静謐保持」を保ち、ソ連の友好を信じるジェスチャーをし続ける必要があったからだった。日本人移民は、「突然」のソ連軍侵攻に着のみ着のままで逃げまどうしかなく、ソ連軍から逃げる過程で十八万人が命を落とした。[9] 作戦遂行のために、満州に暮らす一般市民は生贄となったのだろうか。

日本降伏後、中国とソ連において、それぞれ兵士として、捕虜として、強制労働についていた元日本兵の存在も、事実解明が必要である。ソ連軍は五六万三〇〇〇人の日本兵、一万一七〇〇人の日本人役人とエンジニアを満州で捕らえ、一九五六年まで彼らをシベリア各地の収容所で働かせていた。抑留中十万人以上が命を落とした。一説によると、前述の瀬島龍三などが、ソ連政府と秘密協定を結び、日本兵を労働力としてソ連に提供したという。[10] ロシア人研究者によると、近衛文麿が一九四五年夏、和平交渉密使としてモスクワに向かおうとした際、レーニンへの手土産として、関東軍兵士を労働力としてソ連に供出するつもりでいたともいう。[11]

一九四五年八月二九日、関東軍は終戦処理手続きの過程で、極東ソ連軍総司令官アレクサンドル・ヴァシリフスキーに対して、同様の申し出をしたという。二〇〇七年十二月、シベリアに抑留された三〇名の旧日本兵は、自らの兵士と国民を「売った」かどで日本政府を訴えた。[12] 日ソ戦の本格的研究が始まらなければ、日本の戦争研究はいつまでも欠損部分を抱えたままだ。

日本の戦争における「人種」と「文化」の重要性も再考が必要だ。戦後日本人は、日本の旧植民地帝国に暮らしたロシア人に東洋と西洋をつなぐ架け橋となることを期待していたことを忘れてしまった。このことをアメリカ占領下でも覚え続けていたら、日本の戦争が欧米の白人と真っ向から対立する類の戦いではなかったことを自覚しながら、戦争を振り返ることができたのではないか。

一九四五年八月以前の日本人は、自分たちがつくる植民地帝国を「単一民族・単一文化帝国」とは当然考えなかった。「島国でしか生きられない（島国から出ていってはならない）単一民族」というアイデンテンティを身に付けるようになったのは、戦後のアメリカ占領下においてである。

大日本植民地帝国は、北にはロシア人、ユダヤ人など、南にはチャモロ人、カロリニア人などが暮らす多民族空間だった。彼らの日本化が試みられたことを考えれば、一九四五年以前の日本人は、戦後考えられるよりよほど人種的、文化的にかなり柔軟な姿勢を持っていたかもしれない。例えば大日本帝国内での異人種間結婚、混血児などに対してかなりオープンな政策がとられていたことは、注目に値する。

アメリカの軍事占領下、日本人は自己の人種的・文化的アイデンテイティを、白人至上主義を国是とするアメリカの人種的規範の中に位置づけざるを得ず、白人コンプレックスを強めた。さらにアメリカも、メディア操作、街頭作法の導入などを通じて、そうした心理状態に日本人を誘導した。やがて日本との安保同盟を強化する必要が生じると、日本人に「名誉白人」としてのプライドを持たせるように、再度さまざまな心理操作を導入し、日本人もそれに従った。それで日本人は、白人コンプレックスを抱きながら、一方でアジア人としての意識をますます薄めていき、アジアにつくった植民地帝国の統治者であったことを、思い出すこともできなくなっていった[13]。

思い出すことができなくなることは、考えなくて済むということだ。日本人の人種的・文化的アイデンティティとはどのようなものだったのかを思い出さねば、太平洋戦争、日中戦争、日ソ戦争、そして植民地帝国全てのことを理解する大切なヒントを取り戻すことはできない。

戦後ロシア人が、日本人の生活空間から消えてしまったことも、日本人の白人に対する苦手意識を増幅させたかもしれない。戦争末期、東京近郊に暮らすロシア人は、軽井沢への疎開を余儀なくされ、警官の監視下に置かれて生活した。有名野球選手のスタルヒンは、無国籍のまま日本名「須田博」を名乗るようになったが、彼も自由を奪われた。東京に残ったロシア人は、板橋区の一角に集められたが、そこは「露助村《ロスケ》」という蔑称で呼ばれた[14]。東京大空襲は当然彼らをも犠牲にした。

戦後、彼らの多くはアメリカ、オーストラリアなどに移住したり、ソ連に「帰国」したりした。日本に残った人々は、日本人と結婚したりして、ロシア人としてのアイデンティティを消していった[15]。日大戦中あれほどロシア人を利用しようとして、戦争が終わった途端に用払いした、というのでは、日本人が植民地の人々に対して示した態度と同じではないか。そして日本に暮らした白系ロシア人のほとんどが、戦後日本にとどまらない選択をしたことは、戦前の日本は結局、彼らにとって良き定住先になり得なかったということだ。

これまでふり返られることもなかった、このような日本の戦争の側面を考えていくと、やはり戦後の日本は「アメリカを中心とする世界」に突然引きずり込まれていたことがわかる。マッカーサーも、太平洋を「アングロ・サクソンの湖」と呼んだが、それは白人国家であるアメリカが、イギリス（大英帝国）と協力しつつ、カナダ・アメリカ・オーストラリア・ニュージーランドの四ヵ国で太平洋を包囲して、自分たちの勢力圏にしてしまうという発想だ。

アジア大陸方面の世界との接点を戦争で失った日本は、戦後アメリカが所有する太平洋に属するようになったという自覚を持つようになったのだろうか。戦前、南洋群島を植民地として統治していた時代に、それら熱帯の島々と、そこに住む人々に対して感じていた親近感を戦後、失ったのではないだろうか。「太平洋戦争史観」のほうを、より多くの日本人が受け入れたからといって、日本人が「太平洋」を自分たちが活動する新たな世界と見たわけではない。

アメリカの同盟国として日本が属することになったのは、「偉大なる三日月」（a great crescent）といって、日本から東南アジアを通りインドを一巡してペルシア湾岸の油田にまで延びる三日月型の反共戦略地帯である。そこには、文化的・地理的・歴史的共通項はない。ソ連の崩壊で冷戦が終結し、そのような反共戦略地帯がとりあえず不要になったあと、日本はアジア大陸にも、太平洋世界にも、どちらにも戻れなかったのではないか。

戦後日本人は、大戦中の日本人が世界情勢の移り変わりに注意を払い、太平洋戦争と日中戦争そして日ソ戦争の三つの争いを、文化、人種、イデオロギー、地政学などさまざまなレベルから同時に考えながら、国家として生き延びる道を探した。アジアと欧米の関係、黄色人種と白人の関係、共産主義と資本主義の対決、ユーラシア世界と太平洋世界の接点などを考えながら、それを国家生存の指針にして、将来への舵取りをした。その過程で、それら二〇世紀の対立要素を融合させた植民地帝国を作り出そうとし、破産した。そしてユーラシア大陸からの撤退を余儀なくされたとき、植民地帝国の解体を冷戦の力学に丸投げして、比較的うまく逃げ出した。

日本はアメリカとソ連の冷戦を利用して、戦後復興を図った。敗戦からわずか十一年後の一九五六年、経済企画庁は経済白書において、戦後日本の復興が完了したことを指して「もはや戦後ではない」と宣言した。だがこれは、太平洋戦争の敗北からの脱却のみを意味しており、日中戦争終結時の混迷からの脱却を意味していないのは明らかだ。いやそもそも日中戦争の「戦後」、日ソ戦争の「戦後」を、日本人は生きていない。そして「太平洋戦争の戦後」のイメージには、崩壊した植民地帝国の瓦礫の跡はない。

大戦中の日本人が、国際情勢の移り変わりをよく理解して機敏に対応し、アメリカとソ連の対立だけでなく中国の内戦の行方をもかなり正確に予測していたことを、現代の日本人は知らない。少なくとも戦後日本人がそうと信じていたほどに、大戦中の日本人は無知ではなかった。もしもそれだけの知識と洞察力・分析力があったのなら、一九二〇年代、一九三〇年代をどのように生きていけばよかったのだろうか。いや、それよりもそもそも、自分たちが何をしているのか、政府が何をしているのかを承知して、世界がどう動いているのかを把握していても、戦争を戦っている限り、破壊と破滅と無辜の死を避けて進むことはできなかった、という事実こそ、より恐ろしい教訓ではないか。戦争の終わり方を知ることで、そこからさかのぼってこれから再発見していくこと、考えていくことは山のようにある。

注

序章

1 Akira Iriye, *Power and Culture: The Japanese-American War, 1941-1945* (Cambridge, MA: Harvard University Press, 1981) : 178.

2 立川京一「戦争指導方針決定の構造――太平洋戦争時の日本を事例として」『戦史研究年報』十三（二〇一〇年三月）二六～五五頁。

3 トルーマン政権が原爆投下を決定した理由をめぐるアメリカ研究者の論争に関しては、Tsuyoshi Hasegawa, ed., *The End of the Pacific War-Reappraisals* (Stanford, CA: Stanford University Press, 2007) 及 びSamuel Walker, "Recent Literature on Truman's Atomic Bomb Decision," *Diplomatic History* 29, no. 2 (April 2005) : 311-34を参照。

4 「外務省文書処理方針及臨時外務省文書委員会ノ設置ニ関スル件」（吉田裕『現代歴史学と戦争責任』（青木書店、一九九七）一三〇頁、「座談会　外交資料館の二十年と将来」『外交資料館報』五号（一九九二年）四三～四五頁。

5 「今後採ルベキ戦争指導ノ基本大綱ニ関シ御前会議経過概要（昭和廿年六月八日於宮中）」参謀本部所蔵編『敗戦の記録』〈明治百年史叢書〉（原書房、一九六七年）二六三頁、二七二～二七三頁。

6 「大陸命」とは「大本営陸軍部命令」の略。大本営が起案したものを参謀総長が天皇に上奏し、裁可を受けた後各指揮官に伝宣するものである。大陸命に関する参謀総長の指示および参謀総長隷下部隊に対する参謀総長の命令を「大陸指（大本営陸軍部指示）」と言う。原剛「陸海軍文書について」『戦史研究年報』三（二〇〇〇年三月）一一六頁。なお海軍関係命令に関しても同様の事態だった。吉田裕『現代歴史学と戦争責任』（前掲）一三二～一三三頁。

7 森松俊夫監修『「大本営陸軍部」大陸命・大陸指総集成』十巻（昭和二〇年）（エムティ出版、一九九四年）参照。

8 一九九八年、軍事史学会が編集し『大本営陸軍部戦争指導班　機密戦争日誌』上・下巻として錦正社より出版されている。この日誌の史的価値に関する考察は、一巻「解題」vii～xiv頁を参照。

9 一九三九年十二月から終戦直前まで、戦争指導班に最も長く所属し、日誌執筆を担当していた種村佐孝元大佐は、シベリア抑留から帰国後一九五二年にダイヤモンド社から『大本営機密日誌』を出版している。これは『機密戦争日誌』と同一のものでなく、種村氏の記憶や他の文献を元に、日誌を再現しようとしたものであった。種村は出版動機として、アメリカの日本占領が終了し日本が独立国家として再び歩み出すにあたり、戦時中政府と軍中枢部がどう動いたかを国民に知らせたかったからと述べ、その覚悟を元外務大臣・大東亜大臣重光葵が「本書に寄せる言葉」（一～二頁）で賞賛している。しかしこちらはあくまで種村氏の個人日記風エッセイであり、『機密戦争日誌』の内容と異なる記述も見られる。

10 「三国回談　ソ連に主導権――東部戦局と睨み合す」『朝日新聞』一九四五年二月一日二面。

11 「桑港会談期日に重大意義――注目されるソ連の態度」『朝日新聞』一九四五年二月六日一面。

12 小谷賢「日中戦争における日本軍のインテリジェンス」『軍事史学』四三巻、三～四（二〇〇八年三月）三二五～三三八頁。

第1章

1 曽田英夫『幻の時刻表』（光文社、二〇〇五年）一章。

2 「極秘　在露田中都吉大使発幣原外務大臣宛」（昭和五年二月一日）『日本共産党関係雑件――共産党とソ連邦との関係』［I-4-5-2-（3-3）］外務省外交史料館（東京）。

3 「対米英蘭蒋戦争終末促進に関する腹案（一九四一年十一月十五日）」参謀本部編『杉山メモ』上巻（原書房、一九六七年）五二三～四頁、中山隆志「日本の戦争・作戦指導におけるソ連要因——一九四一～一九四五年」『政治経済史学』三三三号（一九九四年三月）四三頁を参照。

4 例えばイギリスの日本史研究家ジョージ・サンソム（George Sansom）は終戦直後にこうした見解を紹介している。George Sansom, *The Western World and Japan: A Study in the Interaction of European and Asiatic Cultures* (1949; reprinted Tokyo: Charles Tuttle, 1950) : 45 を参照。

5 信夫清三郎『象山と松陰——開国と攘夷の論理』（河出書房新社、一九七五年）一〇一～二頁。

6 木村毅「日米社会運動交流史」開国百年記念文化事業会編纂『日米文化交渉史』（洋々社、一九五五年）四八七～九二頁。

7 Yukiko Koshiro, "Beyond an Alliance of Color: The African American Impact on Modern Japan," *Positions: East Asia Cultures Critique* 11, no.1 (spring 2003) : 192-95.

8 「極秘　東京地方裁判所検事局　クートベに就て（昭和三年九月）」『日本共産党関係雑件　本邦人主義者の在露東方勤労者共産大学留学関係』［I-4-5-2-3-7］外務省外交史料館（東京）。

9 「日本共産党事件発表に対するソビエト側の態度に関する件（昭和四年十一月九日）」『日本共産党関係雑件——共産党とソ連邦との関係』［I-4-5-2-（3-3）］外務省外交史料館（東京）。

10 園部四郎「ソ連対外政策の基本的考察」『改造』（一九三八年九月号）一七三～八一頁。

11 奥村剋三「新興芸術運動とロシア——ソ連」奥村剋三・左近毅編『ロシア文化と近代日本』（世界思想社、一九九八年）一三四～三七頁。

12 稲垣真美「もうひとつの反戦譜——戦中の落書、替え歌にみる」「旧制一高における非戦の歌・落書」「不敬・反戦反軍の記録」家永三郎責任編集『日本平和論大系十五』（日本図書センター、一九九四年）一〇四頁。

13 同上、十七～二四、四一～四八、六五～八二頁など。また、日本戦没学生記念会編集『きけわだつみのこえ

──日本戦没学生の手記』(岩波書店、一九八二年)にも同様の声が収められている。十七、一三九、一五七、一六四頁などを参照。

14 清沢洌『暗黒日記』(岩波書店、一九六〇年)五五、五九、七七〜七八、一一三〜一四、一六五〜六五頁。

15 斉藤良衛『欺かれた歴史──松岡洋右と三国同盟の裏面』(読売新聞社、一九五五年)八九頁、三輪公忠『松岡洋右──その人間と外交』(中央公論社、一九七一年)四九頁。

16 豊田穣『松岡洋右──悲劇の外交官』上巻(新潮社、一九七九年)一〇五〜一〇頁。

17 同上、八七〜九二頁。

18 同上、上巻、二六六〜六八頁、および下巻、一〇六〜一三頁。

19 William Miles Fletcher III, *The Search for a New Order: Intellectuals and Fascism in Prewar Japan* (Chapel Hill: University of North Carolina Press, 1982) : 109, 139; 野村実「日独伊ソ連合思想の萌芽と崩壊」『軍事史学』十一巻四号(一九七六年三月)二〜十四頁。

20 三輪公忠『松岡洋右──その人間と外交』(前掲)一七三頁、松岡洋右伝記刊行会編『松岡洋右──その人と生涯』(講談社、一九七四年)七八三、七九九頁。

21 Hosoya Chihiro, "The Japanese-Soviet Neutrality Pact" in James Morley, ed., *The Fateful Choice: Japan's Advance into Southeast Asia, 1939-1941* (New York: Columbia University Press, 1980) : 47, 50; 宮崎慶之「再考 松岡外交──その国内政治的要因」『軍事史学』二七巻二〜三号(一九九一年十二月)三四頁。

22 鳥居民『昭和二十年──重臣たちの動き』第一部一(草思社、一九八五年)三三五〜三九頁。

23 具島兼三郎「三国同盟と日ソ関係」『改造』二二巻二〇号(一九四〇年十一月)二八八〜九五頁。

24 馬場秀夫「日ソ中立条約の成立と意義」および、大久保徹夫「三国同盟より日ソ中立同盟へ」『改造』二三巻九号(一九四一年五月)一〇二〜四頁、一〇五〜九頁。

25 三輪公忠『松岡洋右──その人間と外交』(前掲)一七七頁、豊田譲『松岡洋右──悲劇の外交官』下巻(前掲)二六五〜六七頁。スターリンはグルジア人でありロシア人でない、それゆえ人種的偏見が少ないといった論は、大戦中にもしばしば登場した。ロシア文学者の長谷川濬も「ロシヤ人気質」『月刊ロシヤ』九巻五号（一九四三年五月）三四頁で、好意的にこのことに触れている。

26 Omer Bartov, "Germany's Unforgettable War: The Twisted Road from Berlin to Moscow and Back," *Diplomatic History* 25. No. 3 (summer 2001) : 413.

27 千葉了「スラブ民族史観と世界大戦」『月刊ロシヤ』九巻九号（一九四三年九月）四～十二頁。『月刊ロシヤ』はそれ以前にもしばしばソ連の民族問題を紹介している。今岡十一郎「ソ連邦の民族問題」『月刊ロシヤ』八巻九号（一九四二年九月）二〇～二四頁、牧野康一「戦時ソ連民族問題の一断面」『月刊ロシヤ』九巻五号（一九四三年五月）二四～二七頁など参照。

28 「外交時論　日ソ関係揺がず（日ソ新条約の意義）」『外交時報』九四五号（一九四四年五月一日）四頁。

29 東久邇稔彦『一皇族の戦争日記』（日本週報社、一九五七年）一〇三、一〇七、一三八～三九、一四七、一八四頁。

30 「内地在留外国人職業別人員表（一九二四年十二月）」『在本邦外国人に関する統計調査雑件』一巻［K-3-7-0-15］外務省外交史料館（東京）、内務省警保局「内地居住外国人職別人員表（一九三二年七月）」『在本邦外国人に関する統計調査雑件』一巻［K-3-7-0-15］外務省外交史料館（東京）。

31 Edwin Reischauer, *My Life between Japan and America* (New York: Harper & Row, 1986) 9-11, 20-21. 日本語版は、徳岡孝夫訳『ライシャワー自伝』（文藝春秋、一九八七年）二九～三三、四六頁。

32 古矢旬「アメリカ建国の理念像の変容」総合研究開発機構編『アメリカ建国の理念と日米関係』ＮＩＲＡ研究報告書、九四〇〇五一号（ＮＩＲＡ、一九九五年）八九頁。

33 同上、九三～九五頁。

34 アメリカ人日本研究者ジョン・ダワーは、一九三二年から一九四二年に在日アメリカ大使を務めたジョセフ・グルーが上流階級の日本人のみに関心を持ち、それ以外の日本人の動向に無関心であったことを指摘している。John Dower, *Empire and Aftermath: Yoshida Shigeru and the Japanese Experience, 1878-1954* (Cambridge, MA: Harvard

University Press, 1979) : 111.

35　「特高秘　軽井沢避暑外国人に関する件（一九三二年八月十六日）」『在本邦外国人に関する統計調査雑件』四巻［K-3-7-0-15］外務省外交史料館（東京）。

36　山形政昭『ヴォーリズの住宅――「伝道」されたアメリカンスタイル』（住まいの図書館出版局、一九八八年）、同『ヴォーリズの建築――ミッション・ユートピアと都市の華』（創元社、一九八九年）。

37　Robert Crowder, "An American's Life in Japan before and after Pearl Harbor," *Journal of American East-Asian Relations* 3, no.3 (fall 1994) : 260.

38　阿部行蔵「アメリカ精神とアメリカ基督教」太平洋協会編『アメリカ国民性の研究』（太平洋協会出版、一九四四年）五三～一〇九頁。

39　中村喜和「もっとも身近な西洋人」長縄光男・沢田和彦編『異郷に生きる――来日ロシア人の足跡』（成文社、二〇〇一年）八～十一頁。

40　バーバラ・ヘルト「ロシア文学に描かれた「日本人」――変容するアイデンティティ」中村喜和、トマス・ライマー編『ロシア文化と日本――明治・大正期の文化交流　国際討論』（彩流社、一九九五年）二〇二～二二二頁。

41　沢田和彦「日本における白系ロシア人の文化的影響」『異郷に生きる』（前掲）三一頁。

42　「在本邦外国人に関する統計調査雑件」一～二巻［K-3-7-0-15］外務省外交史料館（東京）、梶居佳広「イギリスから見た日本の満州支配1」『立命館法学』二九〇号（二〇〇三年四号）四九頁。

43　沢田和彦「日本における白系ロシア人の文化的影響」（前掲）三七～三八頁、同「女優スラーヴィナ母娘の旅路――来日白系ロシア人研究」『埼玉大学紀要』三二巻一号（一九九六年）七七～九五頁。

44　川又一英『コスモポリタン物語 since 1926』（コスモポリタン製菓、一九九〇年）。

45　沢田和彦「日本における白系ロシア人の文化的影響」（前掲）四〇～四一頁、ナターシャ・スタルヒン『ロシアから来たエース――三〇〇勝投手スタルヒンのもう一つの戦い』（ＰＨＰ研究所、一九八六年）、牛島秀彦『風雪日本野球　V・スタルヒン――もう一つの昭和史二』（毎日新聞社、一九七八年）。
46　徳岡孝夫訳『ライシャワー自伝』（前掲）二二頁。
47　「在留外国人名簿（一九四二年～一九四三年）」『在本邦外国人に関する統計調査雑件』四巻［K-3-7-0-15］外務省外交史料館（東京）。
48　ポダルコ・ピョートル「ロシア人はいかにして来日したか――第一波から第三波まで」中村喜和・長縄光男・長與進編『異郷に生きるII――来日ロシア人の足跡』（成文社、二〇〇三年）四二頁。
49　清水恵『函館・ロシア――その交流の軌跡』（函館日ロ交流史研究会、二〇〇五年）所収「ロシア革命後、函館に来たロシア人たち」三二三頁。
50　清水恵「サハリンから日本への亡命者」長縄・沢田編『異郷に生きる』（前掲）七九頁。
51　鈴木憲久「現大戦の本源検討」『外交時報』九四〇（一九四四年二月一日）十二頁。
52　清水恵「第二次世界大戦期の白系ロシア人の動向」中村喜和ほか編『異郷に生きるIII――遥かなり、わが故郷』（成文社、二〇〇五年）七一～八〇頁。
53　白浜研一郎『七里ヶ浜パヴロバ館――日本に亡命したバレリーナ』（文園社、一九八六年）、宮田治三『白鳥の使者エリアナ・パヴロバ』（揺籃社、一九九七年）。
54　佐藤俊子『北国からのバレリーナ――オリガ・サファイア』（霞ヶ関出版、一九八七年）。
55　清水恵「サハリンから日本への亡命――シュウエツ家を中心に」長縄・沢田編『異郷に生きる』（前掲）八三～八四頁。
56　「リュボーフィ・セミョーノヴナ・シュウエツさんに聞く」中村・長縄・長與編『異郷に生きるII』（前掲）十九頁。
57　野村進『日本領サイパン島の一万日』（岩波書店、二〇〇五年）一三六～三七頁。
58　梶居佳広「イギリスから見た日本の満州支配１」（前掲）四八～四九頁。
59　John Stephan, "Hijacked by Utopia: American Nikkei in Manchuria," *Amerasia Journal* 23, no. 3 (winter 1997-98) : 9.

60 清沢洌「モダンガール」『清沢洌選集』一巻（金星堂―大正十五年刊、千倉書房―昭和七年刊の合本複製、日本図書センター、一九九八年）。

61 『満州写真館』http://www.geocities.jp/ramopcommand/page035.html、「ハルビン絵葉書」『日本大学アジア歴史資料デジタルアーカイブ』http://ahj.chs.nihon-u.ac.jp/harbin/ などを参照。

62 文藝春秋編『されど、わが「満州」』（文藝春秋、一九八四年）。第一章「満州の春」に収められた回想記にはこうした生活様式が描かれている。

63 中村喜和『聖なるロシアの流浪』（平凡社、一九九七年）一二〇～三四頁。

64 中村敏『満ソ国境紛争史』（改造社、一九三九年）三八一頁。石橋湛山もこうした農村を訪れており、清潔で効率的な牧畜方法に関心を持ち、満州開拓民はこれを模範とすべきだと、著書『満鮮産業の印象』（東洋経済新報社、一九四一年）で述べている（『石橋湛山全集』十二巻（東洋経済新報社、一九七二年）四二四～二七頁に所収）。

65 満洲国史編纂刊行会編『満洲國史』（満蒙同胞援護会、一九七〇年）四二、一二八～二九、九三三、一一〇二、一一四五～四六、一二四三～四七頁。

66 松村都「新聞『満州の丘にて』（一～七九号）に掲載された日本関連記事をめぐって」『異郷に生きる』（前掲）一六二～六四頁、「エフゲニー・ニコラエヴィチ・アクショーノフ氏に聞く」『異郷に生きるⅡ』（前掲）三～十一頁。アクショーノフ氏は二〇一四年八月に九〇歳で死去。

67 尾崎秀樹『近代文学の傷痕――旧植民地文学論』（岩波書店、一九九一年）二三二頁。

68 「秘　第五二号　牡丹江付近における在満露人最近の動向に関する件（一九四二年三月六日）」『大東亜戦争関係一件　情報収集関係牡丹江情報』[A-7-0-0-9-9-8] 外務省外交史料館（東京）。

69 清水恵「第二次世界大戦期の白系ロシア人の動向」（前掲）七一～八〇頁。

70 波多野澄雄「重光葵と大東亜共同宣言――戦時外交と戦後構想」『国際政治』一〇九号（一九九五年五月）四七～五〇頁。

第2章

1　浅田喬二『日本知識人の植民地認識』（校倉書房、一九八五年）十四～十八、一二四～二五頁。

2　Stefan Tanaka, *Japan's Orient: Rendering Pasts in History* (Berkeley: University of California Press, 1995) : 61.

3　Stefan Tanaka, *Ibid.*: 193-98.

4　Jonathan Spence, *The Search for Modern China* (New York: W.W.Norton, 1990) : 260.

5　原覚天『満鉄調査部とアジア』（世界書院、一九八六年）。

6　原覚天『現代アジア研究成立史論――満鉄調査部・東亜研究所・IPRの研究』（勁草書房、一九八四年）。

7　エドガー・スノー「中国共産党の対日政策」『改造』十九巻六号（一九三七年六月）一四四～五九頁。

8　アグネス・スメドレー「西安事変と国共合作」『改造』十九巻六号（一九三七年六月）一五九～七一頁。

9　『編集だより』『改造』（同上）九六頁。

10　例えば、尾崎秀実「北支問題の新段階」『改造』十九巻八号（一九三七年八月）九四～一〇一頁、尾崎秀実「時局と対支認識」『改造』十九巻十一号（一九三七年十月）四三～五〇頁、猪俣津南雄「隣邦支那の前途」『改造』十九巻十一号（一九三七年十月）五一～七五頁等。

11　エドガー・スノー手記「毛沢東自叙伝」『改造』十九巻十二号（一九三七年十一月）三六二～七〇頁、張国平「第八路軍の全貌」『改造』十九巻十五号（一九三七年十二月）二五五～七三頁。

12　アグネス・スメドレー「共産党従軍記」『改造』二〇巻四号（一九三八年四月）三八二～八七頁。

13　波多野乾一「蔣政権と共産軍の今後」『改造』二〇巻七号（一九三八年七月）七二～七九頁、田中香苗「抗戦支那の内部情勢検討」『改造』二一巻一号（一九三九年一月）二一四～二四頁、横田實「一九四〇年の支那」『改造』二一巻十四号（一九三九年十二月臨時増刊）五一～五七頁、宮澤俊義「孫文主義と共産主義」『改造』二二巻一号（一九四〇年一月）七八～九六頁、「毛沢東・スノー対談」『改造』二二巻五号（一九四〇年三月時局増刊号）一六四～七七頁等。以上の論文の中には、国民党を擁護する意見もあり、『改造』は

決して一方的に中国共産党に肩入れしていたわけではないことがわかる。青葉「国民党と中国共産党——中国二大政党の比較」(『改造』二二巻十号、一九四〇年六月、六六~七八頁)は、元中国共産党党員であった筆者が転向して国民党員となり、国民党側から共産党に挑戦する趣旨の論文を*Shanghai Evening Post & Mercury*に発表したものを翻訳した記事である。訳者はその前書きで、国共分裂が迫りつつあることを伝えられている時期に、このような論文が中国に登場にしたことは「まことに注目に値する」と解説している(六六頁)。

14 南満州鉄道株式会社調査部支那抗戦力調査委員会編『支那抗戦力調査報告』(三一書房、一九七〇年)十~十五、六九~七七頁。

15 石川達三『生きている兵隊(伏字復元版)』(中央公論社、一九九九年)二〇五~六頁。

16 同上、一二〇頁。傍点部は、発表掲載時に伏字にされていた。

17 「第八路軍とは(一九三八年十一月)」内閣情報部『秘　防共調査資料』一号(一九四〇年三月二〇日)四六~五一頁、北支那方面軍司令部「極秘　共産党の我軍に対する思想的瓦解工作の真相と之が防遏方策」(一九三九年四月五日)粟屋憲太郎・茶谷誠一編・解説『日中戦争対中国情報戦資料』全十巻・別冊(現代史料出版、二〇〇〇年)三巻、三四五~四八頁。

18 北支那方面軍司令部「極秘　共産党の我軍に対する思想的瓦解工作の真相と之が防遏方策」(同上)三四一~八一頁。

19 北支那方面軍参謀長岡部直三「軍事極秘　北支に於ける共産党活動状況の件報告(一九三八年四月十四日)」粟屋憲太郎・茶谷誠一編・解説『日中戦争対中国情報戦資料』(前掲)二巻、二二五~二八頁、寺内部隊参謀部「北支に於ける共産党及共産軍の諸工作(一九三八年十一月十八日)」粟屋憲太郎・茶谷誠一編・解説『日中戦争対中国情報戦資料』(前掲)二巻、二四六~五三頁。

20 多田部隊本部「極秘　華北に於ける思想戦指導要綱(一九四〇年四月二〇日)」「極秘華北に於ける思想戦指導要綱付属書(一九四〇年四月二〇日)」粟屋憲太郎・茶谷誠一編・解説『日中戦争対中国情報戦資料』(前

掲）五巻、二一一〜二一六頁。
21 北支警務部「部外秘　昭和十五年北支高等主任会議録（一九四〇年三月）」粟屋憲太郎・茶谷誠一編・解説『日中戦争対中国情報戦資料』（前掲）十巻、三六二〜四一三頁。
22 北支那方面軍参謀部「軍事極秘　北支方面共産勢力に対する観察（一九四〇年十月一日）」粟屋憲太郎・茶谷誠一編・解説『日中戦争対中国情報戦資料』（前掲）五巻、五七〇〜八五頁。疑問符が付け加えられている部分は、五七六〜七七頁を参照。
23 登集団参謀部「秘　中国共産党及共産軍の概況（一九四〇年十二月）」粟屋憲太郎・茶谷誠一編・解説『日中戦争対中国情報戦資料』（前掲）八巻、三〇八〜二一一頁。
24 支那抗戦力調査委員会『支那抗戦力調査報告』（前掲）五七九頁。
25 浅田喬二『日本知識人の植民地認識』（前掲）一三三〜三四頁。
26 「北支共産軍の宣伝戦術（一九三九年三月）」内閣情報部『防共調査資料』一号（一九四〇年三月二〇日）一六九〜八三頁に所収。
27 北支那方面軍司令部「極秘　北支那方面軍占拠地域内治安情報（一九三八年十一月二五日）」粟屋憲太郎・茶谷誠一編・解説『日中戦争対中国情報戦資料』（前掲）二巻、一七一頁。
28 北支那方面軍司令部「極秘　共産党の我軍に対する思想的瓦解工作の真相と之が防遏方策」（一九三九年四月五日）粟屋憲太郎・茶谷誠一編・解説『日中戦争対中国情報戦資料』（前掲）三巻、三二九〜三三、三八〇〜八一頁。
29 「牢屋における佐野学の手記（一九二九年八月二二日）於在上海日本総領事館」『日本共産党関係雑件——佐野学逮捕関係』［I-4-5-2-3-13］外務省外交史料館（東京）。
30 エドガー・スノー「中国共産党の対日政策」『改造』十九巻六号（一九三七年六月）一四九〜一五〇、一五七〜五九頁。
31 鈴木茂三郎「北支の険悪化」『改造』十九巻八号（一九三七年八月）一〇四頁。

32 竹尾弌「ソ連民族政策の破綻と東方政策」『改造』二〇巻三号（一九三八年三月）一七三〜七五頁。

33 「中国共産党の党内分派とその勢力（日付不明）」内閣情報部『秘　防共情報』二号（一九四〇年三月十五日）九五〜九六頁。

34 北支那方面軍参謀部「軍事極秘　北支方面共産勢力に対する観察（一九四〇年十月一日）」粟屋憲太郎・茶谷誠一編・解説『日中戦争対中国情報戦資料』（前掲）五巻、五七〇〜七三頁。

35 「陸密第三八三三号　陸軍部内における軍紀および風紀に関する調査報告第六および関連事項配布の件（一九四二年十二月十七日）」藤原彰編・解説「軍隊内の反戦運動」『（資料）日本現代史』（大月書店、一九八〇年）一巻、三六二〜八六頁。

36 戸部良一「対中和平工作一九四二〜四五」『国際政治』一〇九巻（一九九五年五月）五〜七頁。

37 同上、十一〜十五頁、野村乙二朗「東亜連盟と繆斌工作Ⅱ」『政治経済史学』三一〇巻（一九九二年四月）二一〜三八頁。

38 草柳大蔵『実録満鉄調査部』上巻（朝日新聞社、一九八三年）三六〇〜六一頁。

39 在上海日本総領事館特別調査班「毛沢東の三風粛正への観察」『大東亜戦争関係一件　情報蒐集関係上海情報　一九四二年四月〜十月』二巻［A-7-0-0-9-9-6］外務省外交史料館（東京）。

40 「極秘　コミンテルン関係（一九四二年八月二七日）」『大東亜戦争関係一件　情報蒐集関係牡丹江情報』［A-7-0-0-（9-9-8）］外務省外交史料館（東京）。

41 “The Comintern has long ceased to meddle in our internal affairs” (May 26, 1943), in “Selected Works of Mao Tse-tung,” http:www.marxists.org/reference/archive/mao/selected-works/volume-6/mswv6_36.htm.

42 防衛庁防衛研修所戦史室編『北支の治安戦２』（朝雲新聞社、一九七一年）四九四〜九五頁。

43 同上、五一〇〜一一頁。

44 明石陽至「太平洋戦争末期における日本軍部の延安政権との和平模索――その背景」『軍事史学』三一巻一〜二号（一九九五年九月）一七六〜七七頁。

45 「対支作戦に伴う宣伝要領（一九四四年七月三日）」参謀本部所蔵編『敗戦の記録』（前掲）二八～二九頁。
46 畑俊六著、伊藤隆・照沼康孝編『陸軍 畑俊六日誌』続・現代史資料四（みすず書房、一九八三年）四七七、四八二頁。
47 防衛庁防衛研修所戦史室編『北支の治安戦2』（前掲）五二五頁、明石陽至「太平洋戦争末期における日本軍部の延安政権との和平模索――その背景」（前掲）一七七～七八頁。
48 軍事史学会編『大本営陸軍部戦争指導班機密戦争日誌』上下（錦正社、一九九八年）下巻、五〇五～六頁。一九四四年三月十七日および十八日の記述を参照のこと。
49 防衛庁防衛研修所戦史室編『北支の治安戦2』（前掲）五二三～二五頁。
50 「対ソ施策に関する件（案）（一九四四年九月七日）」参謀本部所蔵編『敗戦の記録』（前掲）一七二～七四頁。
51 「十六日「モロトフ」会談の続き（佐藤大使より重光外務大臣 緊急 館長符号 モスクワ九月十七日発本省十八日着）」参謀本部所蔵編『敗戦の記録』（前掲）一九〇頁。
52 同上、一九〇～一九一頁。
53 畑俊六『陸軍 畑俊六日誌』（前掲）四九五頁。
54 波多野澄雄「重光葵と大東亜共同宣言――戦時外交と戦後構想」『国際政治』一〇九巻（一九九五年五月）四八～四九頁。
55 防衛庁防衛研修所戦史室編『北支の治安戦2』（前掲）五五一～五七頁。
56 この点に関する最新の英語論文としては、Tohmatsu Haruo, "The Strategic Correlation between the Sino-Japanese and Pacific War," in Mark Peattie, Edward Drea, and Hans van de Ven, eds., *The Battle for China: Essays on the Military History of the Sino-Japanese War of 1937-1945* (Stanford, CA: Stanford University Press, 2011) : 423-45.

第3章

1 宮田節子編・解説『朝鮮軍概要史』〈十五年戦争極秘資料集15〉（不二出版、一九八九年）三～四頁。

2 Carter J. Eckert, "Total War, Industrialization, and Social Change in Late Colonial Korea," in Peter Duus, Ramon Meyers, and Mark Peattie, eds., *The Japanese Wartime Empire, 1931-1945* (Princeton, NJ: Princeton University Press, 1996) : 20-21.

3 Bruce Cumings, *Korea's Place in the Sun: A Modern History* (New York: W.W. Norton, 1998), 169-71; Carter Eckert, "Total War, Industrialization, and Social Change in Late Colonial Korea," *ibid.*: 4-7, 18-23.

4 宮田節子「解説」宮田節子編・解説『朝鮮軍概要史』（前掲）四～五頁。

5 朝鮮軍参謀部「秘　昭和十一年前半期朝鮮思想運動概観（一九三六年八月）」宮田節子編・解説『朝鮮思想運動概況』〈十五年戦争極秘資料集28〉（不二出版、一九九一年）三〇～三一頁。

6 同上、十九～二二頁。

7 宮田節子「解説」、宮田節子編・解説『朝鮮思想運動概況』（前掲）二～三頁。

8 Cumings, *Korea's Place in the Sun*, ibid., 154-62.

9 宮田節子「解説」宮田節子編・解説『朝鮮思想運動概況』（前掲）九頁。

10 朝鮮軍参謀部「秘　昭和十一年前半期朝鮮思想運動概観」（同上）六～十頁。

11 朝鮮軍参謀部「秘　昭和十一年前半期朝鮮思想運動概観附録（一九三六年八月）」（同上）七〇～七五頁。

12 朝鮮軍参謀部「秘　昭和十一年前半期朝鮮思想運動概観附録」（同上）七二～七四頁。

13 朝鮮軍参謀部「秘　昭和十四年前半期朝鮮思想運動概況（一九三九年八月三一日）」（同上）一六九～七十頁。

14 朝鮮軍参謀部「秘　昭和十四年前半期朝鮮思想運動概況」（同上）一七一頁。

15 朝鮮軍参謀部「秘　昭和十五年前半期朝鮮思想運動概況（一九四〇年八月）」（同上）二九七～三〇一頁。

16 北支警務部「部外秘　昭和十五年北支高等主任会議録（一九四〇年三月）」粟屋憲太郎・茶谷誠一編・解説『日中戦争対中国情報戦資料』（前掲）十巻、四一二～一五頁。

17 在中華民国（北京）日本帝国大使館警察「部外秘　北支領事館警察署長会議録」（同上）十巻、三四～三五頁。

18 北支警務部「部外秘　昭和十五年北支高等主任会議録」（前掲）四一六頁。

19 朝鮮総督府「第八十五回帝国議会説明資料（一九四四年八月）」近藤釼一編『太平洋戦下終末期朝鮮の治政』〈朝鮮近代史料2〉（巌南堂、一九六一年）、五三〜五四頁。
20 同上、五七〜五九頁。
21 同上、六五〜七一頁。
22 「機密　六月分牡丹江省治安概況報告の件（一九四一年七月二一日）」『大東亜戦争関係一件　情報蒐集関係　牡丹江情報』[A-7-0-0-(9-9-8)] 外務省外交史料館（東京）。
23 朝鮮総督府『第八十五回帝国議会説明資料（一九四四年八月）』前掲、七三〜七六頁。
24 同上、五九〜六〇頁。
25 鐸木昌之「朝鮮民族解放運動をめぐる国際関係——中国共産党および中国政府を中心に」中村勝範編『近代日本政治の諸相——時代による展開と考察』（慶応義塾大学出版会、一九八九年）三二五〜三三〇頁。
26 Michael Hunt, *The Genesis of Chinese Communist Foreign Policy* (New York: Columbia University Press, 1996) : 75, 79.
27 "For the Mobilization of All the Nation's Forces for Victory in the War of Resistance" (August 25, 1937), in "Selected Works of Mao Tse-tung" (Peking: Foreign Language Press).
http://www.marxists.org/reference/archive/mao/selected-works/volume-2/mswv2_02.htm
28 鐸木昌之「朝鮮民族解放運動をめぐる国際関係——中国共産党および中国政府を中心に」（前掲）三一八頁。
29 朝鮮総督府『第八十五回帝国議会説明資料（一九四四年八月）』（前掲）六一〜六二頁。
30 表明文は次の英語文献からの和訳である。Dae-Sook Suh, *Documents of Korean Communism, 1918-1948* (Princeton, NJ: Princeton University Press, 1970) : 412-413.
31 朝鮮総督府『第八十五回帝国議会説明資料（一九四四年八月）』（前掲）七六〜七八頁。
32 「官文第一三九号　各外地に於ける外国人関係統計報告の件——朝鮮総督府（一九三六年十二月）」『在本邦外国人に関する統計調査雑件』一巻 [K-3-7-0-15] 外務省外交史料館（東京）。
33 朝鮮総督府『第八十五回帝国議会説明資料（一九四四年八月）』（前掲）七六〜七八頁。

34 朝鮮総督府『第八十五回帝国議会説明資料（一九四四年八月）』（前掲）七八～七九頁。
35 Cumings, *Korea's Place in the Sun*, 158-59.
36 朝鮮総督府『第八十五回帝国議会説明資料（一九四四年八月）』（前掲）五九、六二～六三頁。
37 同盟通信社内情報局分室（秘）敵性情報「朝鮮独立運動（一九四四年八月十五日）」『大東亜戦争関係一件情報蒐集関係』［A-7-0-0-9-9］外務省外交史料館（東京）。
38 同盟通信社内情報局分室（秘）敵性情報「朝鮮臨時政府代表の苦情（一九四四年八月二二日）」同上。
39 同盟通信社内情報局分室（秘）適性情報「朝鮮独立期成大会（一九四四年八月三一日）」同上。
40 Cumings, *Korea's Place in the Sun*, ibid., 188.
41 Gye-Dong Kim, *Foreign Intervention in Korea* (Aldershot, England; Brookfield, VT: Dartmouth Pub. Co., 1993) : 15, 20-22.

第4章

1 Akira Iriye, *Power and Culture: The Japanese-American War, 1941-1945* (Cambridge, MA: Harvard University Press, 1981) : 170, 214, 222, 225.
2 松岡洋右伝記刊行会編『松岡洋右――その人と生涯』（講談社、一九七四年）一〇九七頁。
3 畑俊六著、伊藤隆・照沼康孝編『陸軍　畑俊六日誌』（前掲）三二九頁、中山隆志「日本の戦争・作戦指導におけるソ連要因――一九四一～一九四五年」（前掲）四四頁。
4 「最高戦争指導会議要領［御前会議］（一九四四年八月十九日）」参謀本部所蔵編『敗戦の記録』（前掲）四四～四六頁。
5 「別紙　世界情勢判断（昭和十九年八月十九日最高戦争指導会議に於て）」（同上）五一～五三頁。
6 守島伍郎『苦悩する駐ソ大使館――日ソ外交の思出』（港出版合作社、一九五二年）四一、一〇八、一一〇頁。
7 「対ソ施策に関する件（案）（一九四四年九月七日）」参謀本部所蔵編『敗戦の記録』（前掲）一七二～一七

四頁。

8 軍事史学会編『大本営陸軍部戦争指導班機密戦争日誌』（前掲）下巻、五八六～八七頁。一九四四年九月二一日の記録を参照。

9 同上、六〇八～九頁。一九四四年十一月十六日の記録を参照。

10 『第二次欧州大戦関係一件――戦後経営問題（一九四四年）』とくに三巻［A-7-0-0-8-73］外務省外交史料館（東京）および『第二次欧州大戦関係一件――戦後経営問題　英米ソ連関連（一九四四年）』［A-7-0-0-8-43-1］外務省外交史料館（東京）などを参照。

11 外務省編纂『日本の選択　第二次世界大戦終戦史録』上中下（山手書房新社、一九九〇年）中巻、四四八～五三頁、中山隆志「日本の戦争・作戦指導におけるソ連要因――一九四一年～一九四五年」（前掲）五二頁。

12 コンスタンチン・V・プレシャコフ「太平洋戦争・スターリンの決断」細谷千博ほか編『太平洋戦争』（東京大学出版会、一九九三年）一九一～九四頁。

13 「日ソ外交交渉記録」外務省編纂『日本の選択　第二次世界大戦終戦史録』（前掲）中巻、五七二～七五、五七九～八一頁。中山隆志「日本の戦争・作戦指導におけるソ連要因」（前掲）五二～五三頁。

14 守島伍郎『苦悩する駐ソ大使館――日ソ外交の思出』（前掲）二六～二七頁。佐藤尚武『二つのロシア』（世界の日本社、一九四八年）、佐藤尚武『回顧八十年』（時事通信社、一九六三年）、栗原健『佐藤尚武の面目』（原書房、一九八一年）なども参照。

15 外務省編纂『日本の選択　第二次世界大戦終戦史録』（前掲）上巻、三二八～三〇頁。

16 小林龍夫「対スウェーデン和平工作」植田捷雄監修『太平洋戦争終結論』（東京大学出版会、一九五八年）四九八～九九頁。

17 小林龍夫「対スウェーデン和平工作」（前掲）五〇〇頁、外務省編纂『日本の選択　第二次世界大戦終戦史録』（前掲）上巻、三四二頁。

18 外務省編纂『日本の選択　第二次世界大戦終戦史録』（前掲）中巻、四二三～二四頁。当時アメリカ政府が記録した藤村の要望については、次のような資料を参照。“Confidential: Memorandum for the President (4 June 1945),” NARA, Record Group 226, Microfilm Publication Number 1642, “Records of the OSS: Washington Director's Office Administrative Files, 1941-45,” Roll 62, Frames 870-72.

19 外務省編纂『日本の選択　第二次世界大戦終戦史録』（前掲）中巻、四一二〜一三頁。アメリカ政府側の資料は次を参照。“Confidential: The Memorandum for the President: Japanese Peace Feelers (16 July 1945),” NARA, Record Group 226, Microfilm Publication Number 1642, Roll 62, Frames: 893-95.

20 “Top Secret: Memorandum for the President (12 May 1945),” NARA, Record Group 226, Microfilm Publication Number 1642, Roll 62, Frames: 834-36.

21 “Confidential: Memorandum for the President (11 April, 1945),” “Central Intelligence Agency, Library, Center for the Study of Intelligence, “Memoranda for the President: Japanese Feelers,” https://www.cia.gov/library/center-for-the-study-of-intelligence/kent-csi/vol9no3/html/v09i3a06p_001.htm

22 “Top Secret: Memorandum for the President (31 May 1945),” NARA, Record Group 226, Microfilm Publication Number 1642, Roll 62, Frames: 861-63.

23 外交史家の入江昭は、冷戦の最中の一九八一年に発表した著書において、日本とアメリカが互いに資本主義国として共通の価値観を持っていることをもっと早く認識しあい和平を結ぶべきであったと主張していたが、大戦が終わらないうちにソ連を日米共通の敵と認識しあうことは不可能であった。Akira Iriye, *Power and Culture.* 170, 220-25.

24 小野寺百合子「ステッラ・ポラーリス作戦と日本」『軍事史学』二七巻四号（一九九二年三月）七三〜七九頁。

25 「近衛上奏文」をめぐる状況については、鳥居民『昭和二十年 第一部二（崩壊の兆し）』（草思社、一九八六年）第七章を参照。

26 鳥居民『昭和二十年　第一部二　崩壊の兆し』（同上）五七〜七七頁。

27　波多野澄雄「戦時外交と戦後構想」細谷千博ほか編『太平洋戦争の終結――アジア・太平洋の戦後形成』(柏書房、一九九七年)三〇頁。
28　小野寺百合子「ステッラ・ポラーリス作戦と日本」(前掲)七四頁。
29　小谷賢「日本軍とインテリジェンス――成功と失敗の事例から」『防衛研究所紀要』十一巻一号(二〇〇八年十一月)四五頁。
30　同上、四七～四九頁。軍司令部第三部五課(米情報)に勤務していた今井信彦中佐は「ニュースの裏に秘められた意図や行動を読む……(こと)が出来るようでなくては、本当の情報士官にはなれない」と戦後述懐していたという(小谷、四八頁に引用)。
31　外務省調査局第一課『米英蘇戦後対策の研究(戦争目的及戦後問題資料第八号)』(一九四四年二月)。
32　戦争末期に内務省警保局が全国で行った「民心動向」「流言蜚語」調査で明らかになったこのような意見については、第7章にて詳しく紹介している。
33　松田道一「莫斯科三国外相会談」『外交時報』九三八号(一九四四年一月一日)五～十二頁、米田實「ソ連対英米の一大問題」『外交時報』九四二号(一九四四年三月一日)五～十四頁。
34　直海善三「交錯する米英蘇三国の政略」『外交時報』九四五号(一九四四年五月一日)二五～三一頁、Michael Gueldry, *France and European Integration: Toward a Transnational Polity?* (New York: Praeger, 2001): 148-49.
35　鈴川勇「クェベックからモスクワまで」『朝日東亜年報』三号(一九四三年)一九一～二〇三頁、稲原勝治「ロシアの外交攻勢を観る」『外交時報』九四一号(一九四四年二月十五日)。
36　米田實「ソ連対英米の一大問題」『外交時報』九四二号(一九四四年三月一日)五～七頁。
37　西澤栄一「桑港会議の正体」『外交時報』九五五号(一九四五年三月一日)十二～十五頁、小室誠「米英世界征服の幻想」『外交時報』九五六号(一九四五年四月一日)一～五頁、松田道一「桑港反枢軸会議の本體」(同上)六～十三頁、田村幸策「桑港会議に関する若干の考察」(同上)十三～十八頁、吉澤清次郎「ダムバートン・オークス案に就ての二三の断想」(同上)三九～四三頁。

38 『第二次欧州大戦関係一件　戦後経営問題』一〜四巻［A-7-0-0-8-43］、『第二次欧州大戦関係一件　戦後経営問題　英米ソ連関連（一九四四年）』［A-7-0-0-8-43-1］、『大東亜戦争関係一件　情報蒐集関係』［A-7-0-0-9-9］などを参照。以上全て外務省外交史料館（東京）に収録。

39 TOKUBETSU LISBON No.126 (Sent Aug 23, 1944; Rec'd Aug 28, 1944). Lawrence Rosinger, "Disposition of the Japanese Empire," *Foreign Policy Reports* (June 1, 1944);『大東亜戦争関係一件　情報蒐集関係』［A-7-0-0-9-9］（前掲）。

40 TOKUBETSU LISBON No.139 (Sent Sep 12, 1944; Rece'd Sep 16, 1944) Demaree Bess, "What Is Our Future in Asia?" *The Reader's Digest* (July 1944);『大東亜戦争関係一件　情報蒐集関係』［A-7-0-0-9-9］（前掲）。

41 「秘　一九四四年十一月二三日ストックホルム岡本公使より一九四四年十一月二九日本省」及び "Stockholm No. 43 Walter Lippman Article;『昭和十九年　第二次欧州大戦関係一件 戦後経営問題　米英ソ連関連』［A-7-0-0-8-43-1］（前掲）。

42 Kathryn Weathersby, "Soviet Aims in Korea and the Origins of the Korean War, 1945-1950: New Evidence from Russian Archives," *Cold War International History Project*, Woodrow Wilson International Center for Scholars (November 1993) : 6-7.

43 森田芳夫『朝鮮終戦の記録——米ソ両軍の進駐と日本人の引揚』（巌南堂、一九六四年）一五七頁、長岡新治郎「南鮮と北鮮——その史的考察」『日本歴史』六四巻（一九五三年九月）、Bruce Cumings, *The Origins of the Korean War: Liberation and the Emergence of Separate Regimes, 1945-1947* (Princeton, NJ: Princeton University Press, 1981) : 121.

44 "Plans for a Vanquished Japan' American Mercury (January 1944)"『大東亜戦争関係一件　情報蒐集関係』［A-7-0-0-9-9］（前掲）に収録。

45 TOKUBETSU LISBON No. 126 (Sent Aug 23, 1944 ; Rec'd Aug 28, 1944), Lawrence Rosinger, "Disposition of the Japanese Empire," *Foreign Policy Reports* (June 1, 1944),『大東亜戦争関係一件　情報蒐集関係』［A-7-0-0-9-9］（前掲）。

46 「秘　一九四四年三月二一日ストックホルム岡本公使より　一九四四年三月二二日本省」『大東亜戦争関係一件　情報蒐集関係』［A-7-0-0-9-9］（前掲）。

47 高木惣吉「中間報告案（一九四五年三月十三日起）（手記）」『高木惣吉少将資料』［海軍九-高木-五三］防

衛省防衛研究所戦史研究センター史料室（東京）。

48 同上、三五〜三六頁。

49 同上、六、三三〜三四頁。

50 同上、二五〜二六、三二頁。

51 同上、三一〜三二頁。

52 同上、四一〜四三頁。さらに高木は、戦争責任者に対しては日本政府が自ら調査して適切な処置を下すこと、また日本降伏後、戦勝国に対して労働力提供を拒否できない場合は、食糧・衣料・燃料建築資材の供給と交換条件にすること等を提案しようと考えていた。また「教育の自主権維持」を主張することに加え、「東洋人部隊」が戦勝国として内地駐留することも阻止しようとしていたことは興味深い（四二〜四三頁）。あわせて注57も参照。

53 "Peace Rumors Concerning Japan (US), Zurich, May 2 (1945), Domei"『大東亜戦争関係一件 情報蒐集関係』[A-7-0-0-9-9]（前掲）。

54 "Peace Rumors Concerning Japan, London May 11 (1945), Reuters"『大東亜戦争関係一件 情報蒐集関係』[A-7-0-0-9-9]（前掲）。

55 Tsuyoshi Hasegawa, *Racing the Enemy: Stalin, Truman, and the Surrender of Japan* (Cambridge, MA: Belknap Press, 2005) : 41, 78-79.

56 高木惣吉「時局収拾対策（未定稿抜粋）（一九四五年六月）」『高木惣吉少将資料』（前掲）八、十一頁。

57 高木惣吉「時局収拾対策（未定稿抜粋）」（同上）八〜十三頁。加えて高木は、日本降伏後に日本に進駐してくる部隊に有色人種を入れないように要請すべきことを次のように表現している。「支那人、朝鮮人、黒人部隊の本土侵入に依り斎（判読不可）さるべき我が民族的自負心の蹂躙、先人未経験の民族相克の刺激は過敏なる邦人の復興の精神を掃滅せしむる莫大なり」六〜七頁

58 高木惣吉「時局収拾対策（未定稿抜粋）」（同上）一九〜二〇頁。

59 笠信太郎から下村情報局総裁に宛てた一般情勢報告に基づく結論と所見は、次の電信でスイスから東京に送られた。「極秘　第七五九号（時局情勢に関する件）加瀬公使より東郷外務大臣へ　ベルン一九四五年七月九日　本省十一日」『大東亜戦争関係一件　スウェーデン、スイス、バチカン等における終戦工作』一～十七頁［A-7-0-0-9-66］外務省外交史料館（東京）。

第5章

1 アメリカにおけるこのような研究動向をまとめた論文には次のものがある。J. Samuel Walker, "The Decision to Use the Bomb: A Historiographical Update." Michael Hogan, ed., *Hiroshima in History and Memory*. Cambridge: Cambridge University Press, 1996.

2 軍事史学会編『大本営陸軍部戦争指導班機密戦争日誌』（前掲）下巻、七一七頁。

3 同上、七一七頁。

4 同上、七二八頁。

5 屋代宜昭「太平洋戦争中期における日本の戦略――主戦場たる太平洋における作戦戦略の帰趨」防衛省防衛研究所『太平洋戦争とその戦略』（平成二一年度戦争史研究国際フォーラム報告書）（二〇一〇年三月）八二～一〇八頁。

6 防衛庁防衛研修所戦史室『関東軍2』〈戦史叢書73〉（朝雲新聞社、一九七四年）二八二～八三、三三二～二三、三三八～三九頁。

7 軍事史学会編『大本営陸軍部戦争指導班機密戦争日誌』（前掲）下巻、四五三頁。一九四三年十一月二六日の記録を参照。

8 防衛庁防衛研修所戦史室『関東軍2』（前掲）二七八～七九頁。

9 森松俊夫監修『「大本営陸軍部」大陸命・大陸指総集成』（前掲）十巻、十、十二～十三、三〇～三一、三九～四〇、四七～四八頁を参照、防衛庁防衛研修所戦史室『関東軍2』（前掲）二九〇～九一頁。

10 軍事史学会編『大本営陸軍部戦争指導班機密戦争日誌』(前掲) 下巻、六五〇〜六五二、六五三頁。
11 同上、六七二頁。
12 同上、六六三〜六四頁。
13 同上、六六四、六六七頁。
14 最高戦争指導会議報告第十号『世界情勢判断(昭和二十年二月十五日)』参謀本部所蔵編『敗戦の記録』(前掲) 二三〇〜三一頁。
15 防衛庁防衛研修所戦史室『関東軍2』(前掲) 三二三頁。
16 軍事史学会編『大本営陸軍部戦争指導班機密戦争日誌』(前掲) 下巻、六六九頁。
17 防衛庁防衛研修所戦史室『関東軍2』(前掲) 三七一〜七七頁、森松俊夫監修『「大本営陸軍部」大陸命・大陸指総集成』(前掲) 十巻、一五四〜五六頁。
18 軍事史学会編『大本営陸軍部戦争指導班機密戦争日誌』(前掲) 下巻、七〇二〜三頁。
19 中山隆志「日本の戦争・作戦指導におけるソ連要因――一九四一〜一九四五年」『政治経済史学』三三三号 (一九九四年三月) 五二頁。
20 防衛庁防衛研修所戦史室『関東軍2』(前掲) 三二三〜二五頁。
21 高木惣吉「中間報告案(一九四五年三月十三日起)(手記)」『高木惣吉少将資料』(前掲) 二五頁。
22 「総上陸電 第五九七号『米軍の進攻方向に関する諜報』(上海五月二六日発信)」十七方面軍参謀部作戦班『昭和二十年五月機密作戦日誌(乙綴)』[満州-朝鮮-六六] 防衛省防衛研究所戦史研究センター史料室(東京)。
23 「総上陸電 第五九七号「米軍の進攻方向に関する諜報」(上海五月二六日発信)」(同上)。この暗号電報の冒頭には「確度審査不能」と記されている。
24 アメリカ・スタンフォード大学フーバー研究所文書館 (Hoover Institution Archives) にあるウェデマイヤー・コレクション (Wedemeyer Collection) にも、この時期ウェデマイヤーが延安を訪問したことを示唆する記録はない。四月の接触に関しては次の資料を参照。"A Study: Chinese Communists in Relation to Planned Military Operations in China," (2nd draft, 3 April 1945) *Wedemeyer Collection*, Box 87, folder 7 (Hoover Institute Archives, Stanford University, California).

25 大本営陸軍部「重慶の敗戦に伴う延安側の政治的攻勢（一九四四年二月二二日）」臼井勝美・稲葉正夫編『現代史資料三八　太平洋戦争四』（みすず書房、一九七二年）三二六〜二七頁。

26 「国共関係の展望」『東亜』十七巻五号（一九四四年五月）二六〜四二頁。

27 Michael Hunt, *The Genesis of Chinese Communist Foreign Policy* (New York: Columbia University Press, 1996) : 145-50, 155-57. 詳細な分析は第3章を参照。

28 Michael Hunt, *The Genesis of Chinese Communist Foreign Policy*, ibid.: 153-54.

29 大本営陸軍部「最近米延軍事的取極成立と「ソ」延軍事同盟締結説に就て」（一九四四年十一月二九日）」臼井勝美・稲葉正夫編『現代史資料三八　太平洋戦争四』（前掲）三二九〜三三〇頁。

30 米田實「支那に於ける米国とソ連」『支那』三六巻一号（一九四五年一月）一〜八頁。

31 森松俊夫監修『「大本営陸軍部」大陸命・大陸指総集成』（前掲）十巻、十、十二、三一頁。

32 「パネルディスカッション2　二十世紀と太平洋戦争」（細谷千博ほか編『太平洋戦争』東京大学出版会、一九九三年に収録）におけるセルゲイ・ティハヴィンスキーの発言を参照。六四四〜四五頁。

33 Tsuyoshi Hasegawa, *Racing the Enemy: Stalin, Truman, and the Surrender of Japan* (Cambridge, MA: Belknap Press, 2005): 76.

34 加藤公一「中国共産党の対米認識とソ連の対日参戦問題　一九四四—一九四五年」『歴史学研究』七五一号（二〇〇一年七月）四二〜四三頁。

35 支那派遣軍総司令部「支那派遣軍対米作戦計画大綱（昭和二十年六月策定）」防衛庁防衛研修所戦史室『戦史叢書　昭和二十年の支那派遣軍二　終戦まで』（朝雲新聞社、一九七三年）四三八〜五四頁。

36 防衛庁防衛研修所戦史室『戦史叢書　昭和二十年の支那派遣軍二　終戦まで』（同上）四三六〜四八頁。

37 「御前会議経過（一九四五年六月八日）」参謀本部所蔵編『敗戦の記録』（前掲）二五七〜六五頁、「別紙　今

後採るべき戦争指導の基本大綱（昭和二十年六月八日　御前会議に於て）」参謀本部所蔵編『敗戦の記録』（前掲）二六五〜七三頁。

38 「別紙　今後採るべき戦争指導の基本大綱（昭和二十年六月八日　御前会議に於て）」（同上）二六六〜二六八頁。

39 同上、二六八頁。

40 大本営陸軍部『昭和二十一年春頃を目途とする情勢判断（一九四五年七月一日）』防衛省防衛研究所戦史研究センター史料室（東京）。

41 『昭和二十一年春頃を目途とする情勢判断』（同上）二〜三頁。

42 "OLYMPIC and CORONET: G-II Estimate of the Enemy Situation (April 25, 1945)," Records of the War Department General and Special Staffs, Operation Division (RG 165) NARA; Alvin Coox, "Needless Fear: The Compromise of U.S. Plans to Invade Japan in 1945," *Journal of Military History*, 64 (April 2000) : 435.

43 十七方面軍参謀部作戦班『機密作戦日誌（乙綴）』（前掲）。一九四五年五月二六日に上海から受信した前掲暗号電報を参照。

44 Gar Alperovitz, *The Decision to Use the Atomic Bomb* (New York: Vintage Books, 1996) : 63.

45 防衛庁防衛研修所戦史室『本土決戦準備２――九州の防衛』〈戦史叢書57〉（朝雲新聞社、一九七二年）四四七〜四九頁。

46 『昭和二十一年春頃を目途とする情勢判断』（前掲）十五頁。

47 同上、十五頁。

48 同上、八頁。

49 同上、二四頁。

50 森田芳夫『朝鮮終戦の記録――米ソ両軍の進駐と日本人の引揚』（巌南堂、一九六四年）二二一〜二二三頁。

51 軍事史学会編『大本営陸軍部戦争指導班機密戦争日誌』（前掲）下巻、六五〇〜五二頁。

52　中山隆志「日本の戦争・作戦指導におけるソ連要因——一九四一～一九四五年」（前掲）五一頁。
53　森松俊夫監修『「大本営陸軍部」大陸命・大陸指総集成』（前掲）十巻、四七～四八頁。
54　『第十七方面軍作戦準備史（第一案）（自昭和十九年至昭和二十年）』［支那—大東亜戦争全般—七八］防衛省防衛研究所戦史研究センター史料室（東京）十一頁。
55　朝鮮軍残務整理部『朝鮮に於ける戦争準備（一九四六年二月）』（宮田節子編・解説『朝鮮軍概要史』（前掲）一四七～五二頁および一五五～五七頁に収録）、森田芳夫『朝鮮終戦の記録』（前掲）十五～十八頁。
56　森田芳夫『朝鮮終戦の記録』（前掲）二三～二五頁。
57　第一復員局『本土作戦記録　第五巻　第十七方面軍』（一九四六年十月）（宮田節子編・解説『朝鮮軍概要史』（前掲）二一七～二二〇頁に収録）。
58　防衛庁防衛研修所戦史室編『本土決戦準備1——関東の防衛』〈戦史叢書51〉（朝雲新聞社、一九七一年）三〇五～七頁。
59　朝鮮軍残務整理部『朝鮮に於ける戦争準備（一九四六年二月）』（前掲）一六三～六六頁。
60　『第十七方面軍作戦準備史（第一案）（自昭和十九年至昭和二十年）』（前掲）十八頁。
61　朝鮮軍残務整理部『朝鮮に於ける戦争準備（一九四六年二月）』（前掲）一六七～六八頁。
62　森松俊夫監修『「大本営陸軍部」大陸命・大陸指総集成』（前掲）十巻、一五四～五八頁。
63　防衛庁防衛研修所戦史室『関東軍2』（前掲）三七八頁。
64　森松俊夫監修『「大本営陸軍部」大陸命・大陸指総集成』（前掲）十巻、三三九頁。
65　『昭和二十一年春頃を目途とする情勢判断』（前掲）十、十四頁。
66　「総上陸電　第七二八号『梅情』（上海六月二九日発信）」十七方面軍参謀部作戦班『機密作戦日誌（乙綴）』（前掲）。
67　「総上陸電　第七二九号『梅情』（上海六月二九日発信）」（同上）。
68　「総上陸電　第七五一号『梅情』（上海七月二日発信）」（同上）。

69 John Skates, *The Invasion of Japan: Alternative to the Bomb* (Columbia: University of Southern Carolina Press, 1994) : 44, 46-48 and 53-54.

70 Tsuyoshi Hasegawa, *Racing the Enemy*, ibid.: 79.

71 Gye-Dong Kim, *Foreign Intervention in Korea*: 41; U.S. Army Forces Pacific, "Basic Outline Plan for Blacklist Operations to Occupy Japan Proper and Korea after Surrender or Collapse," August 8, 1945 (Combined Arms Research Library, U.S. Army Command and General Staff College, Fort Leavenworth, KS, Digital Library). www.cgsc.edu/carl/

72 Tsuyoshi Hasegawa, *Racing the Enemy*, ibid.: 82-84.

73 Kathryn Weathersby, "Soviet Aims in Korea and the Origins of the Korean War, 1945-1950: New Evidence from Russian Archives," *Cold War International History Project*, Woodrow Wilson International Center for Scholars (November 1993) : 6-7.

74 「総上陸電　第七五一号『梅情』（上海七月二日発信）」（前掲）。

75 Gye-dong Kim, *Foreign Intervention in Korea*, ibid.: 25-26.

76 「社説　東亜問題の重大化」『朝日新聞』（一九四五年七月二七日）一頁。

77 「延安政権のねらい」『朝日新聞』（一九四五年七月二七日）一頁。

78 Michael Hunt, *The Genesis of Chinese Communist Foreign Policy*: 145-50, 155-57; 鐸木昌之「満州・朝鮮の革命的連繋——満州抗日闘争と朝鮮解放後の革命・内戦」大江志乃夫ほか編『岩波講座　近代日本と植民地六　抵抗と屈従』（岩波書店、一九九三年）二九～五九頁。

79 戦争末期の日本政府が、戦後アメリカとソ連が東アジアにおいて「競合牽制」する状況を作り出すことを視野に入れて、外交の中核的構想を立てようとしていった過程については、次を参照。波多野澄雄「戦時外交と戦後構想」細谷千博ほか編『太平洋戦争の終結——アジア・太平洋戦争の戦後形成』（柏書房、一九九七年）十八～二四頁。

第6章

1 例えばTsuyoshi Hasegawa, *Racing the Enemy: Stalin, Truman, and the Surrender of Japan* (Cambridge, MA: Belknap Press, 2005) : 59-60.

2 種村大佐『今後の対「ソ」施策に対する意見（一九四五年四月二九日）』及『対「ソ」外交々渉要綱（一九四五年四月二九日）』参謀本部所蔵編『敗戦の記録』（前掲）三四三〜五二頁。

3 矢部貞治『近衛文麿』下巻より（外務省編纂『日本の選択　第二次世界大戦終戦史録』上中下（山手書房新社、一九九〇年）中巻、七九三頁に転載）。

4 Stanley Goldberg, "Racing to the Finish: the Decision to Bomb Hiroshima and Nagasaki," *Journal of American-East Asian Relations*, 4, no. 2 (summer 1995) : 126-27; Carey Sublette, "The Nuclear Weapon Archives: The Guide to Nuclear Weapons." http://nuclearweaponarchive.org. Section 8.1.3 "Little Boy" and Section 8.1.4 "Fat Man." Michael Gordin, Five Days in August: How World War II Became a Nuclear War (Princeton, NJ: Princeton University Press, 2007).

5 鈴木貫太郎口述『終戦の表情』より（外務省編纂『日本の選択　第二次世界大戦終戦史録』（前掲）中巻、六九五頁に転載）。

6 『松本俊一手記』より（外務省編纂『日本の選択　第二次世界大戦終戦史録』（前掲）中巻、六九二〜九三頁に転載）。

7 下村海南『終戦記』より（外務省編纂『日本の選択　第二次世界大戦終戦史録』（前掲）中巻、六九六〜九七頁に転載）。

8 外務省編纂『日本の選択　第二次世界大戦終戦史録』（前掲）中巻、六八四頁。

9 アメリカの研究者の中には、トルーマン大統領とジェームズ・バーンズ国務長官が、故意にポツダム宣言において天皇制への言及をさせなかったと解釈する人々も少なくない。元国務次官のウィリアム・キャッスルは、彼らが天皇制について言明させなかったのは、アメリカが「原爆投下による終戦」というシナリオを望んでおり、その前に日本が降伏してしまっては、原爆を使用する機会がなくなってしまうことを嫌ったから、と述べている。つまりあえて日本が簡単にポツダム宣言を受諾させないようにしたということだ。さらにこの解釈に加えて、原爆投下によって日本を降伏させることで、ソ連に対してアメリカの力をみせつけ、戦後国際社会における優越を確保する意図も含まれていた、と主張する研究者も多い。Gar Alperovitz, *The Decision to Use the Atomic Bomb* (New York: Vintage, 1996) : 312-15.

10　軍事史学会編『大本営陸軍部戦争指導班機密戦争日誌』（前掲）下巻、七四五〜四六頁。

11　「神風賦」『朝日新聞』（一九四五年七月十七日）。

12　「対日共同声明か――東亜政策決定の報道」『朝日新聞』（一九四五年七月二七日）。

13　Tsuyoshi Hasegawa, *Racing the Enemy*, ibid.: 160-63.

14　アメリカ首府ワシントンＤＣの議会図書館には、戦後アメリカ政府が没収した日本政府関連書類をマイクロフィルム化したコレクションがあり、その中には「流言飛語発生検挙表、九州及び山口（一九四五年七月二十日）、兵庫（七月三十日）、大分（八月二日）」などの記録が含まれる。"Japanese Army and Navy Archives, 1868-1945," M5041, Roll 220［Microfilm Collection］アメリカ議会図書館（Library of Congress, ワシントンＤＣ）。

15　同上。Roll 220, Frames 90937-38.

16　憲兵司令官「極秘　米英支の対日共同宣言発表に対する帝都各層の反響に関する件報告「通牒」」（一九四五年八月四日）『昭和二十年八月　ポツダム宣言に対する国内の動向』［市ヶ谷台史料-八六］防衛省防衛研究所戦史研究センター史料室（東京）まえがき、五頁。

17　憲兵司令官「極秘　米英支の対日共同宣言発表に対する帝都各層の反響に関する件報告「通牒」」（同上）一〜二頁。

18　同上、二〜四、十四、二六頁。

19　「流言飛語発生検挙表　兵庫（七月三十日）」Japanese Army and Navy Archives, M5041, Roll 220, Frames 90933-34［Microfilm Collection］アメリカ議会図書館（Library of Congress, ワシントンＤＣ）。

20　憲兵司令官「極秘　米英支の対日共同宣言発表に対する帝都各層の反響に関する件報告『通牒』」（前掲）十

21 三〜十四頁。
22 同上、三五〜三七頁。
23 同上、三八〜三九頁。
24 同上、三七〜三八頁。
25 「対ソ交渉往復電報（外務省調書）」一九四五年七月二七日から八月二日の間、東郷大臣と在ソ佐藤大使の間で交わされた電報記録を参照。外務省編纂『日本の選択　第二次世界大戦終戦史録』（前掲）中巻、七〇三〜七一〇頁。
26 「対ソ交渉往復電報（外務省調書）」九七三号（一九四五年八月二日東郷大臣発）。外務省編纂『日本の選択　第二次世界大戦終戦史録』（前掲）中巻、七一〇頁。
27 森松俊夫監修『「大本営陸軍部」大陸命・大陸指総集成』（前掲）十巻、一八三〜二〇五頁。
28 軍事史学会編『大本営陸軍部戦争指導班機密戦争日誌』（前掲）下巻、七四五〜四七頁。
29 同上、七四六頁。
30 同上、七四七頁。
31 同上、七四七頁。
32 同上、七四七頁。この「デマ放送」とは「ザカリアス放送」かもしれない。ザカリアス海軍大佐は戦争情報局に所属し、一九四五年夏短波放送ラジオで日本軍降伏を勧告する宣伝放送を行っていた。七月末には、無条件降伏の意味を説明したり、その後も日本は主権を持つ存在として継続しうると述べたりして、日本政府内一部の関心を惹いていた。ザカリアス放送に関するアメリカ側の史料としては次を参照。U.S. Dept. of State, *Foreign Relations of the United States: Conference of Berlin* (Potsdam) 1945, vol.2, 126061.
軍事史学会編『大本営陸軍部戦争指導班機密戦争日誌』（前掲）下巻、七四五〜四八頁。なお種村は「朝鮮軍」に転出すると記録しているが、朝鮮軍は一九四五年二月に廃止されているので、正確には「第十七方面軍」である。

33 同上、下巻、七四三頁。
34 種村佐孝『大本営機密日誌』（ダイヤモンド社、一九五二年）二五〇〜五一頁。
35 Tsuyoshi Hasegawa, *Racing the Enemy*, ibid., 184-85.
36 Tsuyoshi Hasegawa, *Racing the Enemy*, ibid., 189-90.
37 David Glantz, *August Storm: The Soviet 1945 Strategic Offensive in Manchuria* (Fort Leavenworth, KS: Combat Studies Institute, 1983). http://cgsc.contentdm.oclc.org/
38 軍事史学会編『大本営陸軍部戦争指導班機密戦争日誌』（前掲）下巻、七五一〜五二頁。
39 「最高戦争指導会議構成員会議（八月九日）」参謀本部所蔵編『敗戦の記録』（前掲）二八二頁。正式の会議録でなく梅津参謀総長のメモである。
40 同上、二八三頁。
41 軍事史学会編『大本営陸軍部戦争指導班機密戦争日誌』（前掲）下巻、七五三〜五四頁。
42 豊田副武手記『最後の帝国軍人』より（外務省編纂『日本の選択　第二次世界大戦終戦史録』（前掲）中巻、七六七〜七七〇頁に転載。）
43 軍事史学会編『大本営陸軍部戦争指導班機密戦争日誌』（前掲）下巻、七五二頁。
44 同上、七五三頁。
45 同上、七五三頁、外務省編纂『日本の選択　第二次世界大戦終戦史録』（前掲）中巻、七九五〜九六頁。
46 外務省編纂『日本の選択　第二次世界大戦終戦史録』（前掲）八一三〜二〇頁。
47 「東郷外務大臣、加瀬在スイス公使及び岡本在スエーデン公使間往復電報」外務省編纂『日本の選択　第二次世界大戦終戦史録』（前掲）中巻、八一五〜一八頁。
48 Gar Alperovitz, *The Decision to Use the Atomic Bomb*, ibid., 418-19.
49 軍事史学会編『大本営陸軍部戦争指導班機密戦争日誌』（前掲）下巻、七五六頁。
50 同上、七六一頁。

51　「東郷外務大臣・マリク大使会談録（八月十日）」外務省編纂『日本の選択　第二次世界大戦終戦史録』（前掲）中巻、七五二〜五五頁。
52　同上、七五五頁。
53　Tsuyoshi Hasegawa, *Racing the Enemy*, ibid., 220.
54　バーンズ国務長官の四国回答文起草の経緯については、外務省編纂『日本の選択　第二次世界大戦終戦史録』（前掲）下巻、八四三〜四八頁を参照。
55　同上、八四九〜五〇頁、Tsuyoshi Hasegawa, Racing the Enemy: 225-27.
56　「渋沢信一手記」外務省編纂『日本の選択　第二次世界大戦終戦史録』（前掲）下巻、八五五〜五七頁、「東郷外相口述筆記（一九四五年九月）」（同上）下巻、八七五〜七六頁。同上、下巻、八七二〜八七三頁も参照。
57　軍事史学会編『大本営陸軍部戦争指導班機密戦争日誌』（前掲）下巻、七五七頁。
58　The Pacific War Research Society, *Japan's Longest Day* (Tokyo: Kodansha International, 1968): 73.
59　Yukiko Koshiro, *Trans-Pacific Racisms and the U.S. Occupation of Japan* (New York: Columbia University Press, 1999) : 37.
60　中山隆志『一九四五年夏——最後の日ソ戦』（国書刊行会、一九九五年）一九九頁。
61　同上、二二六頁。
62　Jonathan Spence, *The Search for Modern China* (New York: W.W. Norton, 1990): 484.
63　Michael Hunt, *The Genesis of Chinese Communist Foreign Policy* (New York: Columbia University Press, 1996) : 160-62; Chen Jian, *Mao's China and the Cold War* (Chapel Hill: University of North Carolina Press, 2001) : 26-27.
64　宇野重昭「中国大陸における『終戦』（敗戦）と国共内戦」江藤淳編『占領史録二　停戦と外交権停止』（講談社、一九八九年）十七〜十九頁。
65　「解説」江藤淳編（同上）一四三頁。
66　「支那派遣軍総司令部意向（谷大使より東郷外務大臣へ打電　第三七号　南京八月十四日発）」（同上）一三七〜三九頁。

67 「和平直後の対支処理要綱（一九四五年八月十八日）」（同上）一四八～一五一頁。
68 同上、一四九頁。
69 「往電　第十四号（支那情勢に関する件）（日本政府発「マッカーサー」司令部宛電報　八月二十日）」（同上）四三～四四頁。
70 「武装解除実施要領に関する対敵交渉の件（一九四五年八月二四日）」「大陸方面の情勢に対する帝国の措置に関する件（一九四五年八月二四日）」を参照。江藤淳編『占領史録二　停戦と外交権停止』（同上）五五～五八頁。
71 「往電　第四十四号（大陸方面第一線部隊の降伏及武器引渡状況に関する件）大本営発連合軍最高司令官宛電報（八月二五日）」（同上）五八～五九頁。
72 森田芳夫『朝鮮終戦の記録――米ソ両軍の進駐と日本人の引揚』（前掲）三五頁。
73 森田芳夫「朝鮮における日本統治の終焉」『国際政治』二二号（一九六二年）八六頁。
74 Donald W. Boose, Jr., "Portentous Sideshow: The Korean Occupation Decision," *Parameters*, vol. XXL (winter 1995-96) : 112-29. http://www.carlisle.army.mil/USAWC/Parameters/Articles/1995/boose.htm
75 森田芳夫『朝鮮終戦の記録――米ソ両軍の進駐と日本人の引揚』（前掲）九五～一〇〇、一五九～六〇頁。
76 同上、六七～七一頁。
77 同上、七六～八五頁、森田芳夫「朝鮮における日本統治の終焉」（前掲）八六～八八頁。
78 「終戦処理会議に於ける対朝鮮処理決定の件（八月二四日）」江藤淳編『占領史録二　停戦と外交権停止』（前掲）一二〇～一二二頁。
79 森田芳夫『朝鮮終戦の記録――米ソ両軍の進駐と日本人の引揚』（前掲）一五四～五五頁。
80 Gye-Dong Kim, *Foreign Intervention in Korea*, ibid.: 41-45.

第7章

1 The United States Strategic Bombing Survey, *Summary Report (Pacific War)* (Washington, D.C., U.S. Government Printing Office, 1946) : 22-25.

2 ここに引用した意見や感想が記録されている資料は次の通り。「ソ連の対日宣戦布告並びに新型爆弾に対する民心の動向に関する件（福岡県　一九四五年八月十一日）」粟屋憲太郎・川島高峰編集・解説『敗戦時全国治安情報』〈国際検察局押収重要文書〉全七巻（日本図書センター、一九九四年）七巻、一二二～二三、一二五～二六、一二九～三一頁、『現戦局に対する民心の動向に関する件（福岡県　一九四五年八月十三日）』（同上）一三五頁、「ソ連の宣戦などに伴う県民の動向の件（大分県　一九四五年八月十一日）」（同上）二三四頁、「敗戦の真相解明に対する反響内査の件（鳥取県　一九四五年九月九日」"Japanese Army and Navy Archives," M 5041, Roll 220, Frames 91263-67 [Microflm Collection] アメリカ議会図書館（Library of Congress, ワシントンDC）。

3 粟屋憲太郎・川島高峰編集・解説『敗戦時全国治安情報』（前掲）六巻、二七五～七七頁。

4 「ソ連の対日宣戦布告並びに新型爆弾に対する民心の動向に関する件』一二五～二七、一二八～三〇頁、『現戦局に対する民心の動向に関する件」（前掲）一三四、一三八頁。

5 「ソ連の宣戦などに伴う県民の動向に関する件（大分県　一九四五年八月十二日）」粟屋憲太郎・川島高峰編集・解説『敗戦時全国治安情報』（前掲）二四〇頁。

6 「ソ連の対日宣戦布告並びに新型爆弾に対する民心の動向に関する件」（前掲）一二五、一二八～三〇頁、「現戦局に対する民心の動向に関する件」（前掲）一三四～三五頁。

7 「大詔渙発に伴う措置並に反響等内査に関する件（徳島県　一九四五年八月十六日）」"Japanese Army and Navy Archives," M 5041, Roll 220, Frames 90996-97 [Microfilm Collection] アメリカ議会図書館（Library of Congress, ワシントンDC）。

8 「新事態下に於ける治安情勢に関する件（佐賀県　一九四五年八月二十七日）」"Japanese Army and Navy

Archives,"M 5041, Roll 220, Frames 90996-97［Microfilm Collection］（同上）。

9 「終戦後における左翼分子の動向に関する件（三重県　一九四五年十月）」"Japanese Army and Navy Archives," M 5041, Roll 220, Frames 91825-26［Microfilm Collection］（同上）。

10 「大詔渙発に伴う措置並に反響等内査に関する件（徳島県　一九四五年八月十六日）」Frames 90996-97［Microfilm Collection］（同上）、「警視庁情報課――街の声（自八月十五日 至八月三十一日）」Frames 91154, 91758,"Japanese Army and Navy Archives," M 5041, Roll 220［Microfilm Collection］（同上）。

11 波多野澄雄「戦時外交と戦後構想」細谷千博ほか編『太平洋戦争の終結――アジア・太平洋戦争の戦後形成』（前掲）二四頁。

12 深井英五『枢密院重要議事覚書』（岩波書店、一九五三年）四三六～三七頁。

13 波多野澄雄「戦時外交と戦後構想」（前掲）二四頁。

14 渡辺昭夫「『一つの世界』の夢と現実」渡辺昭夫編『戦後日本の対外政策――国際関係の変容と日本の役割』（有斐閣、一九八五年）十～十一頁。

15 渡辺昭夫「『一つの世界』の夢と現実」（同上）十一～十五頁。

16 「解説」江藤淳編『占領史録二　停戦と外交権停止』（講談社、一九八九年）一三九頁。

17 桑島節郎『華北戦記』（図書出版社、一九七八年）

18 池谷薫『蟻の兵隊――日本兵二六〇〇人山西省残留の真相』（新潮文庫、二〇〇七年）、Donald Gillin, "Staying On: Japanese Soldiers and Civilians in China, 1945-1949," *Journal of Asian Studies* 42, no.3 (May 1983) : 497-518.

19 Yi Tong-Hwa, "Yŏ Un-hyŏng and the Preparation Committee for the Reconstruction of the Nation," *Korea Journal* 26, no. 11 (November 1986) : 58; Hugh Deane, *The Korean War, 1945-1953* (San Francisco: China Books & Periodicals, 1999) : 46-47.

20 Sumio Hatano,"Sources in Japanese," Tsuyoshi Hasegawa, ed., *The End of the Pacific War: Reappraisals* (Stanford, CA: Stanford University Press, 2007) : 301-3. 終戦への過程で日本が取った行動に関する日本語の研究文献を紹介した研究ノートであるが、それらの研究はこうした外務省見解に沿った「終戦史観」を踏襲しているものが多い。

21 Richard H. Minear, *Victor's Justice: The Tokyo War Crimes Trial* (Princeton, NJ: Princeton University Press, 1971) : 134-38.

22 保阪正康『瀬島龍三——参謀の昭和史』（文春文庫、一九九一年）とくに一～二章、共同通信社社会部編『沈黙のファイル「瀬島龍三」とは何だったのか』（新潮文庫、一九九九年）とくに二～四章。

23 『朝日新聞』『読売新聞』などの主要全国紙に一九四五年十二月八日から十七日まで連載された「太平洋戦争史」を参照。

24 Yukiko Koshiro, *Trans-Pacific Racisms and the U.S. Occupation of Japan* (New York: Columbia University Press, 1999) : 62, 65.

25 文部省『くにのあゆみ』下巻（日本書籍、一九四六年）四〇～四三頁。なお満州国建設にいたっては、「昭和六年九月……南満州鉄道が、ふいに、ばくはされました」としか述べず、その結果満州にいた日本の軍隊が、奉天を攻めて占領し、「奉天を中心に、新しい政府ができ」、この政府はもと清国の皇帝であった溥儀を執政にして、「新しく満州国を建てました」と、こちらもまた実に「無色透明」な説明をしている（『くにのあゆみ』四八頁）。

26 Yukiko Koshiro, *Trans-Pacific Racisms*, ibid.: 115-6.

27 E・O・ライシャワー、中山伊知郎「対談　日本近代化の歴史的評価」『中央公論』七六巻九号（一九六一年九月）八四～九七頁、E・O・ライシャワー「日本歴史研究の意義」『朝日ジャーナル』三（一九六一年十一月五日）二八～三三頁。

28 日本国際政治学会太平洋戦争原因研究部編『太平洋戦争への道』全七巻（朝日新聞社、一九六三年）。この編集方針に対する史学会からの批判としては次を参照。古屋哲夫「一九六三年の歴史学界——回顧と展望」『史学雑誌』七三巻五号（一九六四年五月）一六五～六七頁。

29 石川達三『生きてゐる兵隊』（河出書房自由新書）一九四五年。

30 映画『暁の脱走』に対するSCAPが行った検閲については、Kyoko Hirano, *Mr. Smith Goes to Tokyo: Japanese Cinema under the American Occupation, 1945-1952* (Washington, DC: Smithsonian Institution Press, 1992) : 87-91; 日本語版は、平野共余子『天皇と接吻——アメリカ占領下の日本映画検閲』（草思社、一九九八年）第七章「『暁の脱走』

の場合」。
31 五味川純平『人間の條件』全六部（三一書房、一九五六〜一九五八年）。
32 遠山茂樹・今井清一・藤原彰『昭和史』（岩波新書、一九五五年）。
33 歴史学研究会編『太平洋戦争史』全五巻（東洋経済新報社、一九五三〜五四年）。
34 そうした日本兵に関する研究としては次を参照。古川万太郎『中国残留日本兵の記録』（岩波書店、一九九四年）〔『凍てつく大地の歌——人民解放軍日本人兵士たち』（三省堂、一九八四年刊）の改題〕。
35 「特集　現時点における歴史学のあり方——フォード・アジア両財団による資金供与の問題」とくに「フォード・アジア両財団の資金供与に関する資料」『歴史評論』一四三（一九六二年七月）一〜二六頁。
36 同上。
37 斉藤真・本間長世・亀井俊介責任編集『日本とアメリカ——比較文化論』全三巻、一巻「異質文化の衝撃と波動」、二巻「デモクラシーと日米関係」、三巻「生活のスタイルと価値観」（南雲堂、一九七三年）、加藤秀俊・亀井俊介編『日本とアメリカ——相手国のイメージ研究』（日本学術振興会、一九七七年）、亀井俊介『日本人のアメリカ論』（研究社、一九七七年）および『メリケンからアメリカへ』（東京大学出版会、一九七九年）など。
38 吉田裕『日本人の戦争観——戦後史のなかの変容』（岩波書店、一九九五年）八四〜九七、一一二〜一一五頁。
39 上山春平「大東亜戦争の思想史的意義」『中央公論』七六巻九号（一九六一年九月）九八〜一〇七頁。なおこの論文が収められた『中央公論』誌には、先に触れたライシャワー近代化論（注27）も掲載されている。
40 上山春平『大東亜戦争の意味——現代史分析の視点』（中央公論社、一九六四年）、林房雄『大東亜戦争肯定論』正・続（番町書房、一九六四〜六五年）なども参照。
41 竹内のアジア観に関する研究には、松本健一『竹内好「日本のアジア主義」精読』（岩波書店、二〇〇六年）などがある。
弓削達「総説（一九七八年の歴史学界——回顧と展望）」『史學雜誌』八八巻五号（一九七九年五月）一〜

六頁、樺山紘一「歴史理論」（同上）七〜十二頁。

終章

1 今野日出晴「疎外される歴史教育（特集 教科書裁判から継承すべきもの）」『歴史評論』五八二（一九九八年十月）七二〜八六頁。

2 上野千鶴子『ナショナリズムとジェンダー』（青土社、一九九八年）。

3 藤岡信勝・自由主義史観研究会『教科書が教えない歴史』全四巻（産経新聞ニュースサービス、扶桑社、一九九六〜九七年）。「自由主義史観」に関する歴史学会からの考察については次を参照。石井規衛「歴史理論（一九九八年の歴史学界――回顧と展望）」『史學雑誌』一〇八巻五号（一九九九年五月）七〜十二頁。

4 Michael A. Barnhart, "The Origins of the Second World War in Asia and the Pacific: Synthesis Impossible?" *Diplomatic History* 20 (April 1996) : 241-60, reprinted in Michael Hogan, ed., *Paths to Power: The Historiography of American Foreign Relations to 1941* (Cambridge: Cambridge University Press, 2000) : 268-96.

5 「第二次世界大戦と日本――開戦への軌跡〈特集〉」『軍事史学』二六巻二号（一九九〇年九月）、「第二次世界大戦二――真珠湾前後」『軍事史学』二七巻二〜三号（一九九一年十二月）、「アジア・太平洋地域と終戦（第二次世界大戦三〜終戦）」『軍事史学』三一巻一〜二号（一九九五年九月）。

6 細谷千博・本間長世・入江昭・波多野澄雄編『太平洋戦争』（東京大学出版会、一九九三年）、細谷千博・入江昭・後藤乾一・波多野澄雄編『太平洋戦争の終結――アジア・太平洋の戦後形成』（前掲）。

7 中山隆志『ソ連軍進攻と日本軍――満洲1945・8・9』（国書刊行会、一九九〇年）および『一九四五年夏最後の日ソ戦』（国書刊行会、一九九五年）、半藤一利『ノモンハンの夏』（文藝春秋、一九九八年）および『ソ連が満洲に侵攻した夏』（文藝春秋、一九九九年）など。

8 例えばTsuyoshi Hasegawa, *Racing the Enemy: Stalin, Truman, and the Surrender of Japan* (Belknap Press of Harvard University Press, 2005)［邦訳＝長谷川毅『暗闘――スターリン、トルーマンと日本降伏』（中央公論新社、二〇〇六年）］

は、アメリカとソ連の対アジア戦略のせめぎあいの中で日本が降伏する過程をたどっているが、日中戦争や日本植民地帝国崩壊への言及は少ない。この点については次を参照。Yukiko Koshiro, "Review of Tsuyoshi Hasegawa's Racing the Enemy: Stalin, Truman, and the Surrender of Japan," *Journal of Japanese Studies* 33, no. 1 (2007) : 211-16.

9 防衛庁防衛研修所戦史室『関東軍2』(前掲)三三九〜四〇、三五三〜五五頁。

10 保阪正康『瀬島龍三——参謀の昭和史』(文藝春秋、一九八七年)一章を参照。

11 ワシーリー・モロジャコフ「ユーラシアの戦士リヒアルト・ゾルゲ」白井久也・小林峻一編『ゾルゲはなぜ死刑にされたのか——「国際スパイ事件」の深層』(社会評論社、二〇〇〇年)二〇八頁。

12 京都第一法律事務所「棄兵・棄民の責任を問う——シベリア抑留国家賠償請求訴訟」http://www.daiichi.gr.jp/publication/makieya/p2008s/p-05/

13 Yukiko Koshiro, *Trans-Pacific Racisms and the U.S. Occupation of Japan* (New York: Columbia University Press, 1999). とくにChapters 1-2を参照。このような戦後の「脱亜」と比較して、戦前の日本人が自分たちの帝国内で、独自の異人種・異民族関係構築を模索していた様子については次を参照。Yukiko Koshiro, "East Asia's "Melting-Pot": Reevaluating Race Relations in Japan's Colonial Empire," Rotem Kowner and Walter Demel, eds., *Race and Racism in Modern East Asia: Western and Eastern Constructions* (Leiden: Brill, 2012) : 475-498.

14 外川継男(聞き手)「リュボーフィ・セミョーノヴナ・シュウエツさんに聞く」中村喜和・長縄光男・長與進編『異郷に生きるII——来日ロシア人の足跡』(成文社、二〇〇三年)一九〜二一頁。

15 ポダルコ・ピョートル「ロシア人はいかに来日したか——第一波から第三波まで」中村喜和・長縄光男・長與進編『異郷に生きるII』(同上)四三〜四四頁。

あとがき

二〇一五年八月、終戦七〇周年を記念するテレビの特集番組は、恒例のものだった。若者が戦争体験者の話を聞き、うなずき、わかりましたと平和を誓う。しかし何をどう「わかった」というのだろう。ユーラシア大陸と太平洋という広大な地域を舞台にした日本の戦争の正体とは何だったのか、結局今年も答えは出ないままだった。

これは無理のないことかもしれない。第二次世界大戦とは、人類史上未曽有の惨事で、その正体と全体像を、欧米以外の地域を含む真の意味での世界史の文脈で明らかにした研究は、まだない。戦勝国のアメリカ、イギリスでさえ、自分たちが世界のために「自由」と「民主主義」を勝ち取った戦いだったとは、時が経過すればするほど言いづらくなっている。一方、一九五一年九月に開催されたサンフランシスコ講和会議に招聘されなかったアジアの隣人たちが、二一世紀の今になって「戦勝国」

としての地位を新たに主張する。敗戦国である日本にしても、どの国に対してどのような理由で降伏したのか、明確に答えられる人々は、非常に少ないはずだ。

それにしても戦後七〇年間、日本人は自分たちが戦った最後の戦争について、型にはまった「常識」以上のことを知ろうとしてこなかった。これは、私自身の経験を振り返ると、おそらく同世代の人々に共通する体験として実感することができる。

私が生まれたのは、日本の戦争が終わってたった十三年しか経っていない横浜だったが、戦争の傷跡はほとんど残っていなかったように思う。上下白い単衣で布施を請う傷痍軍人、遊び場の崖の下に削られた防空壕だったらしいくぼみ、フェンスの向こうに建ち並ぶ本牧の米軍ハウスなどに、違和感を持った記憶はあっても、それらと日本の戦争を結びつけることは教えられなかった。

周囲の大人たちは、子供たちの手を引っ張って前へ前へと進ませ、後ろを振り向かせないようにしているようだった。家族だけでなく、学校の先生も近所の人たちも、テレビに出てくるタレントも、活躍するスポーツ選手も、全ての人たちが「戦争」という古い殻を脱ぎ捨てて、新しく生まれた存在のようにふるまっていたように思う。

私の家族の場合、たった一つの例外は、親戚の集まる新年会で、毎年のように祖母がした横浜大空襲の思い出話だ。もっともそれは、面食らった祖母がおひつを抱えて、子供たちと外に飛び出したというエピソードで、叔父叔母と皆が一斉に笑い出す光景を、私も妹も従兄弟たちもよく覚えている。不思議な明るさと安堵感が漂っていて、横浜大空襲とは、白昼に都市の中心を狙った異例の戦争末期の爆撃で、一万人近くが命を落とした大惨事だったとは、みじんも感じさせなかった。

私の父は、私が小学校高学年になると、本当に少しずつ断片的に、自分の戦争体験を話したように記憶している。父は台湾高雄の海軍通信隊で終戦を迎えたのだが、私が覚えているのは、台湾ではバナナが食べ放題だったという、何やら楽しげな話だ。ごく最近母から、父が日本に引き揚げたのは一九四六年だったことを聞いた。終戦からそれまで台湾でいったいどのように過ごしていたのか、今となってはもう聞けない。

母の場合、女学生に与えられた選択は、小学校の代用教員になるか軍需工場などで働くかのどちらかで、祖父の指示で前者をとったそうだ。一九四五年四月から、学童たちを連れて神奈川県津久井郡に疎開していたということは、だいぶ後になって、ぽつりぽつり語り始めたことだが、それでもその頃子供たちに何をどう教えていたか、何を考えていたかは、今でも語らない。

高度経済成長の時代に育った子供たちは、少なくとも「戦争はいけない」という抽象的で普遍的な真理を学校で教わった。当時読んだ本や漫画、見た映画などにも、そのメッセージは強く反映されていた。だが日清戦争、日露戦争について「間違っていた」と教わった記憶はない。文明開化は、横浜の郷土史に欠かせないエピソードだったから、日本が欧米諸国のように強くなっていくことは自慢だったはずだ。図鑑を読んでいて、日本がアジアの一部であると知って驚愕したくらいだから、どのみち日清戦争から始まった「大東亜共栄圏」への道のりなど、当時の現代っ子には、すでに無縁のことだった。私の世代の世界観と歴史観とは、かくも混乱していた。

私が小学生の頃、戦争といえば、ベトナム戦争のことだった。米軍のジェット戦闘機が耳をつんざく爆音とともに厚木基地から飛び立つと、小学校のプレハブ校舎の壁、天井は地震が起こったかのように震え、窓ガラスが揺れた。いつか自分たちの上に落ちてくると怖かった。

ベトナム戦争は私が高校生になるまで続き、アジアの民族闘争と米ソ冷戦が、私の世代にとって、間接的ではあっても生々しい現実の戦争だった。私の通った県立高校は、当時の多くの高校がそうであったように、政治意識が高いキャンパスだったが、ベトナム戦争に反対し、アメリカの新帝国主義と日本の安保体制を批判することには熱心でも、日本の第二次世界大戦のことは、まず生徒たちの話題にはならなかった。

日本が戦ったのはどのような戦争で、どうしたら日本はその戦争に向かわずに近代化の道を進み、今の繁栄を手にすることができたかを考える講義は、高校でも大学でも、大学院でもなかった。現実の世界での戦争は、日本の外で後を絶たず、私が専攻した国際関係論も、そうした紛争分析のほうに、より熱心だった。

日本の戦争と向きあうことを余儀なくされたのは、一九八四年にアメリカの大学院に留学してからである。ニューヨークで出会った各国からの留学生やアメリカ人学生は、広島・長崎について、そしてパール・ハーバーについて、話しかけてきた。カナダ人の友人は、日本人はなぜ原爆に対してもっと怒らないのか、と私に迫った。顔見知りになった、学生向けのダイナーで働く中近東出身の調理人は、アメリカを真っ向から叩いたのは、世界でも日本のパール・ハーバー攻撃だけじゃないか、日本人は根性がある、と大声で笑ってみせた。どちらの場合も、私は目を瞬かせるだけだった。

日本の戦争の話が、遠慮もなく、唐突に、日常生活の中に出てくる中で、日本以外の国の人々は忘れていないことを実感した。そして「戦争を引き起こした当事者」である日本人自身が、どう考えているのか、彼らが知りたがっていることもよくわかった。一九九〇年代に向かう頃になると、特攻隊、自決に加えて、南京虐殺や植民地支配など、「日本人なら誰もが知っているはず」の詳しい事情や背景の説明を、授業中にも求められ、私個人の見解も聞かれた。焦った。

アメリカの大学院を終えて、一九九〇年代初めにアメリカの大学で日米関係と東アジア国際関係の歴史を教えるようになると、どこへ行っても、日本の戦争に関する授業を教えるように要請があった。

アメリカの大学生を教える中で実感したことは、アメリカ人は世代に関係なく日本の戦争について関心を持っているが、それが哲学的に深遠な問いかけであったり、洗練された事実関係の理解と把握に基づいているわけでは決してないということだった。パール・ハーバーを忘れることは絶対になくても、それがなぜ起こったのかを説明できるアメリカ人学生は、ほとんどいなかった。日本との戦争について、とんでもなく奇妙で、間違った、身勝手な見方をしていることも少なくないことにも気がついた。

深刻な問題は、当時のアメリカにあった日本人をはじめとするアジア人に対する偏見であった。アジア人というのは、その社会文化的特殊性ゆえに、欧米人のような理論的思考ができない（しない）と信じている人々が、大学生や知識人を含めても少なからずいた。そのような日本人の手にかかった戦争は、およそ普遍的文明観に基づいた長期的展望、科学的戦略など持たず、狂信的な愛国心に駆られた野蛮な破壊と略奪以外の何物でもない、というステレオタイプが根強く残っていた。

確かに日本人は、自分たちの戦争を忘れようとするばかりで、正確に理解する努力をしてこなかった。一方でアメリカ人は、日本人が始めた太平洋戦争について決して忘れず、覚え続けていた。しかしだからといって、なぜ日本人がパール・ハーバーを攻撃し、その戦争がどう終わったのか、深く正確な理解を探してきたわけではない。戦争の実態を見極めようとする作業は、どちらの側にも足りていなかった。戦争を「覚えている」にしても「忘れた」にしても、その正体は、勝者も敗者も同等にわかっていないなかったのだ。

ちょうどその頃、日本のバブル経済が勢いを増していたこともあり、「そうではない」と日本人の視線から日本の戦争を語ることに、少しの自信と責任感を持つことができた。ちょうど日本国内でも、戦争研究の国際化の試みが始まった頃だ。

太平洋戦争だけでなく、日中戦争も取り上げて、日本の反戦運動、植民地統治問題、戦時中の生活と文化、人々の声、どのようなトピックでも取り上げて、日本の戦争を多角的に見る努力を始めた。そして、日本の思考行動パターンにしても、全ては理由とともに説明できるものであることを示そうと努めた。

行き詰まったのは、原爆投下について教えたときだった。終戦五〇周年を迎えた一九九五年、アメリカ社会では原爆投下を正当化し、それを祝う気運が高まっていたので、その頃担当したゼミで、原爆なしで日本が降伏した可能性を学生たちと考えてみた。よく利用されている資料には、日本人の手によって編纂されたものであっても、思考能力を失って、誤った情報に踊らされて迷走する指導者たちと、それに盲従して玉砕する覚悟の国民の姿ばかりが描かれていた。これは私が問題視していたアメリカ人が持つステレオタイプそのものだった。日本の降伏に関する叙述は実に単調で型にはまっていて、パール・ハーバー研究よりずっと遅れていることに、気がついた。

戦争の「始まり」の部分もさることながら、「終わり」の部分の研究も非常に重要であると考えるようになった。「始まり方」より「終わり方」のほうが、戦後社会のあり方により大きな影響を及ぼしているはずだ。それに「始まり」の時期より「終わり方」のほうが、私が生まれ育った時代に少しでも近い。戦後日本人が戦争について口を閉ざす理由、戦争の跡を素早く消してしまった原因の一つ、ふたつが見つかるかもしれない。

アメリカで教えながら、夏冬の休暇を利用して日本に戻って来るたびに公文書館で史料を読み漁っていくと、「戦争をどう終わらせるか」を真剣に考える当時の指導者の姿が見つかった。これまで顧みられたこともないような、忘れられた事実のかけらが、当時の新聞、雑誌、機密書類、人々の日記や書簡などから、後から後から浮かび上がってきた。これまで知らされていなかった「戦時中の日本が身を置いていた世界」にのめり込んでいったが、同時になぜこうした事実が戦後に語り継がれなかったのか、考えてもわからなかった。

ソ連の存在や中国の内戦、そして何よりも植民地帝国の価値が、日本の戦争において最後の瞬間まで非常に大きな意味を持っていたことがわかればわかるほど、終戦に関する通説においては、それらの要因の重みが全く欠落していることが不思議だった。日本の戦争は「鬼畜英米」を倒すことのみに全力をかけていたが、原爆によってアメリカから容赦なく打ち倒されて降伏した、というような「通説」では、ソ連や中国、そして朝鮮や満州国を含む日本の植民地帝国が、そこには存在しえない。それでは日本が戦った戦争の姿は、見えてこない。それを戦争体験した人々は知っていたはずである。それなのに、彼らは戦後それを語らなかった。

重要な「理解」と「記憶」が、幾重にも欠損したままであれば、戦争の全体を思い出せるはずがない。戦後の日本人は、戦争のどの部分を思い出したくなくて、あえて核心的な部分を、闇に埋めることを選んだのだろうか。それとも、それは新しい支配者アメリカが、そのように仕向けたのだろうか。それとも、それは戦後世界で提携することを選んだアメリカと日本の共謀だったのだろうか。

終戦七〇周年の夏に「わかりました」と、決然とした表情をする若い世代を見て、不安になる。私は決して、日本の戦争や大東亜共栄圏を肯定してみることを薦めようとしているわけではない。戦争について「わかっている」ことのほうが、「ずっと語られず、隠されてきた事実」に比べてまるで少ないことを認識することが大切なのだ。戦争について、「わからない」ことを自覚するほうがよほどよい。そうすれば、その正体について、これまで言われなかったことを、貪欲に探し出し、そして「なぜ」と考えられる。「わかって」しまっていては、これ以上先に進めないのだ。

本文で何度も強調したが、戦時中の日本人は、戦後私たちが想像した以上に、外の世界の情報を持っていた。外務省にしても、軍にしても、諜報活動をしてかなり正確な情報を持っていた。情報を持っていたからこそ、米ソ冷戦が始まることを見抜き、ドイツとともに降伏する道を選ばなかった。一般人にしても、自分たちの戦争が完結する前に、早くもアメリカとソ連の新しい戦争が始まりかけていることを皮肉っていた。そして実際に、日本の戦争が終わるか終わらないかのうちに、戦場と日本の植民地の両方でアメリカとソ連の対立が明確になって、日本の戦争の痕跡を覆い隠し始めていた。

先に述べたように、私自身の意識の流れの中でも「日本の戦争」は、米ソ冷戦とベトナム戦争に上書きされて、消去されていたのだから、なるほど、このような日本の戦争の終わり方は、私の世代の世界観にも大きな影響を及ぼしていたわけだ。すると、私が生まれ育った頃には「すでに戦争の影もなかった」と言うことは、重大な誤りとなる。つまり私たちの世代も、日本の終戦の余波から全く抜け出していなかったわけだ。そしてそれを指摘する人がいなかったから、気づかなかっただけなのだ。

当時の日本の指導者は、集め得る情報に基づく最善の判断をしたのだろうか。中国や朝鮮の内情について、あれほど情報を持っていたのなら、なぜ戦後、手のひらを返したように、アジア大陸に背を向けてしまったのだろう。アメリカが単独で日本の降伏のお膳立てをしたことを、なぜ日本は受け入れ、それまでのソ連重視からアメリカ重視に切り替えることを決めたのだろう。研究を続けていくべき問題は、山積みだ。

戦争の全てに対して「間違っていた」「誤っていた」という「反省」をするだけでなく、「タブー」を暴いて「事実関係」をもっともっと探って、考えていくべきだ。使い古された通説と、硬直化した抽象論だけを鵜呑みにした「反省」は、空虚だと思う。

日本の戦争の正体を少しでも可視化させて、日本が実際に戦った戦争の実態を知れば、生き延びるための英知と洞察力、歪曲した正義感と、したたかな卑劣さなどが、指導者にも一般の国民にも入り混じっていたことがわかる。そしてそれを戦後世代も、知らないうちに受け継いだのではないか。曽祖父母から両親の世代が口を閉ざした背景、私の世代もまた関心を持てなかった理由を考えていくことも、戦争研究の重要な一面だと痛感する。

最後になったが、この本を出版するにあたりお世話になった人々に、感謝の意を表したい。まず何よりも、人文書院編集部の赤瀬智彦氏。そしてアメリカ、日本だけでなく、世界各地で、この研究を支援してくれた研究者、出版関係者の方々も、敬称を略したかたちで紹介させていただき、謝辞に代えたい。

キャロル・グラック、アンダーズ・ステファンソン、入江昭、マイケル・バーンハート、ブルース・カミングス、ガー・アルペロビッツ、サム・クレーン、デニス・グラフリン、ボブ・イマーマン、レイ・ムアー、ロナルド・リチャードソン、マッジ・ハンティントン、デニス・リベロ、ロジャー・ハイドン、リズ・H・リー、平野健一郎、渡辺昭夫、「八王子サロン」のメンバーの方々、（故）小浪充、杉田米行、伊藤隆、阿久津博康、藤和彦、松本ウィリー、松本綾子、安川崇、呂彤鄰、劉峰、そして日本大学国際関係学部の同僚とスタッフ、と枚挙にいとまがない。

妹の小代乃理子には、原稿の最終チェックも含め、何かと手伝ってもらった。母の小代水戸子は、恥ずかしいので絶対に謝辞などやめるようにと言う。なのでこの夏、三島市にないイタリアン・ローストのコーヒー豆を何度も差し入れて、目を覚まさせてくれたことに感謝をしたい。

索引

［著者紹介］

小代有希子（こしろ・ゆきこ）

東京外国語大学、東京大学大学院を経て、フルブライト奨学生として米国コロンビア大学院に留学し一九九二年歴史学博士号を取得。米国大学で教鞭をとった後、二〇〇六年より日本大学国際関係学部教授を務める。著書には本書の原著 *Imperial Eclipse: Japan's Strategic Thinking about Continental Asia before August 1945* のほか、*Trans-Pacific Racisms and the US Occupation of Japan*（二〇〇一年大平正芳賞受賞）がある。

1945 予定された敗戦 ―― ソ連進攻と冷戦の到来

二〇一五年十二月二〇日　初版第一刷印刷
二〇一五年十二月三〇日　初版第一刷発行

著　者――小代有希子
発行者――渡辺博史
発行所――人文書院
〒六一二－八四四七
京都市伏見区竹田西内畑町九
電話　〇七五（六〇三）一三四四
振替　〇一〇〇〇－八－一一〇三
装　丁――田端恵
印　刷――亜細亜印刷株式会社
製本所――坂井製本所
©Yukiko Koshiro, 2015, Printed in Japan
ISBN978-4-409-52062-8　C0021
（落丁・乱丁本は小社郵送料負担にてお取替えいたします）

好評既刊書

中井久夫

戦争と平和　ある観察　2300円

今年は、戦後70年、神戸の震災から20年の節目の年となる。精神科医としてだけではなく文筆家としても著名な著者が、あの戦争についてどう考えどう過ごしてきたかを語る。加藤陽子（歴史学者）、島田誠（元海文堂書店社長）との対談も収録。

福間良明

「聖戦」の残像　3600円

——知とメディアの歴史社会学

戦争表象から戦時・戦後の博覧会、民族学や日本主義の変容まで、近代日本における戦争・知・メディアの編成と力学を多様なテーマで描き出す、歴史社会学の濃密なエッセンス。著者10年間の主要論考1000枚をここに集成。

富田武

シベリア抑留者たちの戦後　3000円

——冷戦下の世論と運動　1945-56年

従来手つかずだった抑留者及び遺家族の戦後初期（1945 − 56年）の運動を、帰国前の「民主運動」の実態や送還の実情も含めてトータルに描く。帰還者団体の機関紙、日本共産党文書、ロシア公文書館資料、関係者へのインタヴューをもとに実証的に分析した待望の一冊。

山室信一

複合戦争と総力戦の断層　1600円

——日本にとっての第一次世界大戦

青島で太平洋で地中海で戦い、さらには氷雪のシベリア、樺太へ。中国問題を軸として展開する熾烈なる三つの外交戦。これら五つの複合戦争の実相とそこに萌した次なる戦争の意義を問う！

中野耕太郎

戦争のるつぼ　1600円

——第一次世界大戦とアメリカニズム

「民主主義の戦争」はアメリカと世界をどう変えたのか。戦時下における、人種・エスニック問題の変容ほか戦争と国民形成にまつわる問題群を明らかにし、現在に続くアメリカの「正義の戦争」の論理と実像に迫る。

福家崇洋

戦間期日本の社会思想

——「超国家」へのフロンティア　5800円

大正デモクラシー下の普通選挙運動がファシズム的要素と結びつく可能性を明らかにするとともに、これまでファシズムと同一視されてきた日本の国家社会主義運動の軌跡の中に、個人が国家に埋没しない、近代国家をこえる新たな共同性への契機を掘り起こす。

一ノ瀬俊也

戦艦大和講義　2000円

——私たちにとって太平洋戦争とは何か

1945年4月7日、特攻に出た大和は沈没した。戦後も日本人のこころに生き続ける大和。大和の歴史は屈辱なのか日本人の誇りなのか。歴史のなかの戦艦大和をたどりながら戦後日本とあの戦争を問い直す。

表示価格（税抜）は2015年12月現在